U0058553

走過那個時代

時代

王凌雲 ○ 著

作者是八九學運領袖王丹的母親，北京大學歷史系畢業，在天安門旁的中國革命博物館——現更名為「國家博物館」工作數十年。這部回憶錄，正是見證中國現代史上所發生的諸多重大政治事件。

目錄

序言

第三章　快樂時光

第四章　北大春秋

一篇兒子為母親寫的序——王丹

在母親八十歲生日的時候，我就暗自做了一個決定：督促並協助她寫一本自己的回憶錄，而且，儘管我其實可以找到出版社出版這本回憶錄，但我一定要完全由我個人自費來為她出版。這樣的決定，處於兩個原因，一個為公，一個為私。

先說「私」的部分。我從小本來是一個讓家長省心的小孩，愛讀書，功課好，如果我沿著這條路走下去，可能是任何家長最願意看到的事情。但是當我有了自己的思考之後，慢慢地走上了持不同政見者的道路，然後組織學運，參加絕食，兩次被捕，坐牢六年半，甚至連累母親也跟著坐牢，最後流亡美國，至今不得返鄉。我必須承認，我是一個最不讓家長省心的孩子。

但是，我母親從來沒有抱怨過我一句，從來都是毫不猶豫地站在我的身後，堅定地支持我。為了讓我在監獄中能夠安心，她甚至一直隱瞞自己也被捕坐牢的事情，一直到我從別處得知。我常常講，在所有的中國政治犯中，我大概是最幸運的人之一，因為我的家人，尤其是我的母親，對我的支持三十多年來，沒有過

半分猶豫。這使得我可以沿著我認為符合良心的道路一直堅持下去。讓子女能夠按照自己的決定走自己想走的路，雖然內心煎熬但依然堅定支持，所謂母愛，莫此為甚。

現在我已經人到中年，我常常想，要怎樣才能回報母愛，哪怕是一點點？因此我想到了回憶錄這件事。我母親年事已高，不會用電腦打字，她是一字一字把自己的回憶手寫到一張張稿紙上的；我再一字一字地輸入電腦。之後，我在美國，她在中國，我們每週一次，在電話中一字一字地校對。如此周折，費時幾年，到現在才得以出版，全書十六萬字。整個過程中，我可以花錢請人打字，也可以花錢請人校對，但我再忙，還是決定自己做，一字一字地做。在我看來，這個過程，多多少少，是我的一點心意，一點回報。這是於「私」的部分。

於公，是希望留下一份歷史記憶。我母親年輕時進入北京大學歷史系讀書，畢業之後到革命博物館（現在在天安門旁邊的國家博物館的前身）工作，一直到她退休。在北京，在天安門廣場旁邊，在中國的心臟工作了幾十年。這之間，歷經了一九五七年反右運動以後的一系列瘋狂的政治運動，又歷經了一九八九年民主運動，在最近的距離旁觀了那段歷史，自己更是經歷了株連之罪的折磨，在看守所中度過了一段人生最艱難的日子，可謂見識

了中國當代政治的幾乎所有風雲變幻。所有這些，都是中國當代史的見證，而個人敘事，更是珍貴的歷史資料，值得記錄下來，值得保留下去，值得後人反覆玩味，以認識真實的歷史。這在當權者不遺餘力地試圖掩蓋真實歷史的今天，對我母親和我，兩代出身北大歷史系的歷史研究者來說，是不可推卸的歷史責任和專業操守。在黑暗的時代，也許我們不能改變什麼，但至少，我們可以把這樣的時代記錄下來，讓「惡」不會被掩蓋，讓「善」不會被忘記。

最後，我，同時代表我母親，向那些在我們經歷的苦難中給予過我們支持的數不清的朋友，表達感謝；同時也要感謝美國的 Summer Star（夏季星辰）歷史研究基金對我致力於歷史記憶工作的鼓勵和支持；我父親和其他家人，對本書的出版也作出了程度不同的貢獻。

希望這本回憶錄，也能得到廣大讀者的支持。

第一章 故土情懷

一、花菓之鄉

趙王李莊

我的家鄉趙王李莊，位於城東北，距菏澤縣城十里路程。趙王李莊，顧名思義，村中的居民有三大姓：趙姓，王姓和李姓。李姓居村東端，王姓居村西端，中間居住的是趙姓。這是一個較大的村落，現今有居民約兩千餘人。在我兒時的記憶中，只到過村東頭一回，那是因為李家有一個小雜貨鋪，我跟著大人去買顏料。當時，覺得很遠很遠。

趙王李莊自明，清以來出了一些有「功名」的人，據父親回憶，在他少年時，還記得村內臨街有一座破舊不堪的院落。在快要倒塌的大門上，高懸著一塊褪了顏色的匾額上有「進士及第」四個大字。父親的兩位啟蒙老師就是本村的秀才，本村秀才最多的時候有八、九位。這在附近鄉裡是少有的。

趙王李莊座落在趙王河畔。這條河據說是在宋朝時開鑿的一條漕運河，因宋朝開國皇帝姓趙，故因此而得名。它當時西起宋朝國都汴梁（今開封），東與大運河連接。在我的記憶中，這是一條很美的河流。春末夏初，三五成群的鷺鶯，也就是白鷺，在河中停留，雪白的身軀，細長細長的雙腿和脖頸，頭頂上還有幾根白羽毛。牠們那副悠然自得的神態，令我難忘。夏天，也時不時的有幾個八、九歲的小男孩，在河的淺水處「打嘭嘭」（小孩戲水玩耍的一種叫法），但卻沒有誰去驚嚇那些可愛的鷺鶯。河堤上有一排排柳樹和白楊樹，是夏天老人納涼的好去處。母親曾經給我講過，我的名字就是我的老爺爺（曾祖父）搬著一個小馬紮，坐在河堤上想出來的。老爺爺雖是一位貧苦農民，但卻略通文字，也許是眼前的美景給他以暢想，為我起了「凌雲」這樣一個在當時不同於一般女孩子的名字。老爺爺在我出生不到一年便去世了，不曾聽到重孫女叫他一聲「老爺爺」！

河水、白鷺、戲水的小男孩、柳堤、老翁，那一幅人與自然和諧的畫面，深深留在我的記憶中。

王姓家族住在村西頭，鄰近趙王河，土地肥沃，菓樹成林。我家就擁有柿子行、杏行、山楂行、核桃行。菓樹排列成林，我們稱為「行」（hang，發二聲）。除此之外，我家還栽了少數牡丹。

每年從春暖花開到深秋霜降，那一片花菓之林，便成了孩子們的樂園。

話說柿子

我家的柿子行連成一片，柿子樹高大粗壯，足有近百年的樹齡。柿子花什麼樣，我一點印象都沒有了，可能是因為樹太高大，但是可以肯定花不是很漂亮。小青柿子長出後，若是結得太多太密，待長到一定大小，便會自行淘汰。適者生存，被排擠的柿子便會紛紛落地。撿拾小青柿子便是女孩子們的任務。撿回家來，大人們便把它放進瓦缸裡，缸底打一個小洞，插一根秸稈作為引管，經過數日自行釀造，順著引管滴下的便是清醇的柿子醋，可謂自給自足。

柿子長成後，柿子行一片火紅，又香又甜的柿子招來許多饞嘴的小鳥。牠只要在柿子上叼一口，又紅又大的柿子便會很快潰爛落地。驅趕小鳥令孩子們樂不可支。我舉著一根大竹竿，滿樹行間奔跑，既覺得使命重大，又覺得好玩。這時節，一些小販會挑著擔子，走村串列，收購柿子。我們就用一種特製的「咬子」，將熟透的大柿子小心地摘下來，碼在地上。等待小販來收購，所得錢款，爺爺都給我們作為哄鳥護柿的報酬。

入秋以後，霜降以前，是家人最忙碌的日子。爺爺坐鎮柿子行，指揮雇來的工人做搭建曬台，摘柿子等體力活，奶奶則率領各房兒媳婦「旋」（xuan，發四聲）柿子，就是用一種簡單的機械原理，在小木架上裝上刀片，右手搖動，左手握著柿子，很輕鬆地就可以將柿子皮「旋」下來。光溜溜的柿子碼在曬臺上。最忙碌的時候，還要挑燈夜戰。這也是孩子們最高興的時刻。待到柿子曬軟以後，便要全家人動手，把柿子逐個捏成餅，經過晾曬，香甜味醇，皮薄無核的柿餅便打包待售了。我記得家裡西園子的房子裡，堆滿了裝柿餅的蓆包。捏柿餅時，散落一層白花花的柿霜，收集起來另裝出售。「旋」下的柿子皮，曬乾後留給家人自己吃。據父親回憶，抗日戰爭爆發前，全村的「耿餅」（柿餅又稱耿餅，是因為原產於菏澤縣的耿莊）產量每年約在十萬斤以上，為全縣之冠，銷往四面八方。

故鄉何處是

先民們安穩地生活在這片土地上，經受著一年四季的溫暖與寒冷，領受著風雨過後的寧靜。他們辛勤耕耘，喜盼收穫，一代又一代地傳承。

令人痛惜的是，上世紀四十年代至五十年代初，一場土地革命及其後的「合作化」，「公社化」，打破了鄉村的安寧，農民

過著朝不保夕的日子，農村生產力遭到極大的破壞。趙王李莊幾乎所有的菓木樹林都遭受了斧鉞之災，被砍伐殆盡。我家的柿子行、杏行、山楂行等菓樹及耕地，除了留下家人賴以生存的極少部分以外，全部被政府沒收，分給少地或無地的窮人。他們不善經營；同時，據我推測，別人家的東西，放在自己家，雖說已經歸己所有，但心中總是不踏實，不如將樹砍了燒成木炭，還可以換幾個現錢。這正應驗了孔子的大弟子顏淵的一句話：「外財不富窮命人」。生長了近百年的柿子樹，就這樣付之一炬。我家還有一處不小的核桃行，據老人說，核桃樹木質細密，是做槍托的好材料，同樣也被燒成了木炭。

趙王李莊原是一個花菓之鄉，菓樹成行，花卉似錦。開春之後，杏花如雪，桃花芬芳。夏天瓜菓滿園，秋天柿子似火。可謂春華秋實。後經戰亂及接連不斷的政治運動，使得趙王河河水斷流，堤壩坍塌，菓樹無存。昔日風光不再。

儘管如此，村民們仍然頑強地守望著這一片沃土，菓樹沒有了，便種植牡丹，栽種芍藥，還有大片的莊稼地，生活還算安逸。不料，近年來，一場徵地風潮波及到了趙王李莊，政府一而再、再而三地徵地，使得生於斯、長於斯的鄉親們頓時成了失地農民。他們沒有社會保障，沒有養老金，更讓人揪心的是，隨著賴以生

存的田地被徵收，各家祖墳也隨之化為烏有，先人們無處安魂。如今鄉親們已經陷入生無地可種，死無土可埋的窘境，真正是「故鄉何處是，忘記除非醉。」昔日的花菓之鄉，今已無蹤可尋，完全變成了記憶。

近日我看到一份材料，就在距趙王李莊不遠的桑海村，如今還保存著一幢《果木柿餅菸苗免稅碑》，碑額題「草木銜恩」四字，立於中華民國五年，即一九一六年，碑文大意是：桑海村、趙王李莊一帶「人繁地寡，贍養無貲「，故地方政府立碑，對鄉民賴以生存的菓木、柿餅等予以免稅，進行保護。何曾料到，三十多年後這一帶的菓樹，悉數化為灰燼。這些樹木，都是經過多年的保養，可以說是鄉民的共同資產，一旦摧毀，再行栽培成林，不知要等何年何月。

二、大家庭

辛勤持家的祖輩

我家是一個大家庭。祖父、祖母生育六個兒子，一個女兒。父親王永瑞排行第二。一家兄弟妯娌和睦相處，吃穿無憂。我的童年就是在這樣的一個大家庭中度過的。

據父親講，他的祖父家境貧寒，作過佃戶，當過雇工，也曾

經靠親友資助，做過小本的牡丹花生意。他曾多次將含苞待放的牡丹花趕在舊曆新年（春節）前，運往廣州或香港。在一百多年前那種交通閉塞的狀況下，從地處偏僻的曹州（今菏澤）將那麼嬌嫩的鮮花，運往千里之外的地方，一路的艱辛是今天的人們難以想像的。

爺爺王錫祜，十五歲便撐起了家業。他略通文字，精通農活，頗有經商頭腦，打得一手好珠算。爺爺為人忠厚，以酒交友，勤儉持家，精打細算，對兒孫輩嚴格要求。他不論冬夏，雞鳴即起，每天揮舞著一把大竹掃帚，在院子裡「嘩啦！嘩啦！」，一邊掃地，一邊喊各房兒媳婦起床的情景，好像就在昨天。秋天要是一夜颳起一場大風，爺爺便早早把孫女們叫起來，趕快到村外去撿拾落葉，以備冬天燒火做飯。我每次都是睡眼惺忪地走出屋門，很不情願，但又不敢怠慢。

經過爺爺三十多年的苦心經營，至一九四九年中共進行土地改革前夕，我家擁有土地二百多畝，大小院落六處，城裡還有兩處藥鋪。所有耕地，一部分在外村，租給佃戶耕種，秋後收田租；在本村的耕地，曾僱兩位長工。農忙時，則全家人都參加田間勞動。有位長工叫王金運，自我記事起就在我家，單身，過年也不回家。他和爺爺平輩，父母和叔叔嬸嬸都叫他「二叔」，孩子們

都親暱地叫「二爺爺」。一家上下都沒有把他當外人，每當過年過節吃飯，他都同爺爺奶奶平起平坐。土地改革後，他回了自己的家，但有時還來我家走動。

麥收在當時的農村是一件大事。開鐮前，男人們磨鐮霍霍，一把把彎如月牙的鐮刀掛在牆頭，等待出征。婦女們則在廚房忙著蒸煮，準備乾糧。孩子們跑前跑後，像過年一樣高興。第二天，男男女女頂著滿天星斗，開赴田間，大一點的孩子也被從被窩裡拉出來，隨大人一起出征。爺爺當時在村內有多少麥田，我不清楚。他為了減少臨時雇工，便讓各房兒媳婦一起上陣，婦女都參加割麥子。一連三、四天下來，也非常辛苦。女孩子們則跟著各自母親的身後，撿拾遺落的帶穗的麥稈，日後換點「體己」錢。

我跟在母親身後，名為「遺落」，實際上是母親故意將手中割下的麥稈，用鐮刀一勾，甩在身後，我趕忙拾起。用現在的話說，就是揩「大集體」的油。就這樣，每天我都滿載而歸。記得有一年，我拾麥子的「體己」錢，居然用來買了一件白底綠點的綢子衫，非常得意。至今，每當夏天聽到布穀鳥的叫聲，便會把我帶回到童年時麥收季節甜甜的回憶。

奶奶也是一位勤儉持家的農家婦女，但她卻不像爺爺那樣寬

厚，對待兒媳婦尤其嚴苛。伯母、母親和嬸子們，除了生兒育女，哺養孩子外，還要擔當一家老小的吃飯和穿衣。她們一年到頭要碾米、磨麵、紡線、織布、縫衣、做鞋、洗衣、煮飯，除繁重的家務勞動外，農忙季節，她們還要參加割麥、摘豆、削穀穗等力所能及的田間勞動。即使有時回娘家，奶奶也往往給她們派一堆做鞋、縫衣等針線活。這不但是一個大家庭的正常生活，也是自給自足自然經濟的真實寫照。

在我的記憶中，母親經常在晚飯後，安頓好我和弟弟睡下，便在昏暗的豆油燈下，趕做奶奶派給她的針線活。母親不但是妯娌們中，也是我們王姓大家族裡，數一數二的巧手，裁衣、縫製、剪花樣、繡花及高難度的「吊」皮襖，左鄰右舍都找她。我們這個大家庭的細活、難活，都得交給母親完成。母親年輕時體質就弱，繁重的家務勞動，損害了她的健康。在我模糊的記憶中，母親得了一場大病，病得很厲害。娘家人都來了。幸虧我們家城內有中藥鋪，用了貴重的藥，病情才慢慢得以緩解，但從此留下了「癆傷」病根。

奶奶對兒子和兒媳婦，一不如意，就加以訓斥，他們都敢怒不敢言。在當時那樣的封建家庭裡，女孩子一旦嫁到婆家，便沒有了自己的名字，長輩一般都依她自己的第一個孩子的名字稱呼

她。如，我母親姓李，先被稱為「李大姐」，我出生後，便被稱為「凌雲她娘」，外人稱「李大姐」則是一種客氣稱呼。奶奶對孫子孫女們都還疼愛。分家之前，我冬天經常跟奶奶睡一個被窩。我不怕她。至今我還記得，大約在我十歲左右，奶奶讓我到村頭的大水坑邊上，去給她洗一條被褥單（那時農民家中沒有水井），我說什麼也不去，又哭又鬧，她只好讓小我四歲的四叔家的妹妹去洗。不久前，同堂妹聊起奶奶，她還記得這件事。她記得當時奶奶對她說：「她厲害，咱不惹她。」

分家

民國年間，戰爭頻仍，土匪橫行，社會動盪，百姓生活很不安定。日偽軍等各路雜牌軍時常進村騷擾，徵糧派捐，派工派飯。我們這個大家庭再也維持不下去了。爺爺決定分家。

當時，五叔六叔尚未成家，爺爺奶奶決定，將大伯家、四叔家和我們家分出去過，每家分給十幾畝地，大伯家給一處院子，我家和四叔家同住一處院內，四叔家住三間正房，我家則住三間西房。爺爺奶奶帶著三叔一家及五叔六叔，住在新蓋的大院。院子很大，建築在我看來很「雄偉」，堂屋西間為兩層小樓。這在趙王李莊當時也是屈指可數的。在我的印象中，好像議論分家的那幾天，大人們都沒有笑臉，氣氛很沈悶。有一天，蒸了很多饃，

每家分給一筐，象徵從這一天起，分家另過。大家庭從此瓦解。這一年，大約是一九四二年。

當時，父親在抗戰大後方的四川讀書，菏澤已經成為日軍佔領的淪陷區，無法同家中通信。不滿三十歲的母親帶著六歲的我和三歲的弟弟獨自撐起這個家業，孤兒寡母怎麼生活！在那兵荒馬亂的年月，一個家庭若是沒有男人，日子是很難過的。就是用水，也得求人去擔，因為水井都在村外。最難的還是雜兵游勇時常進村派飯，輪到我家，往往是飯做好後，母親年輕，不便出面，每次都是同院的四叔帶著我去送。我跟在四叔身後，給當兵的送飯的情景，成為至今難以驅散的陰影。看到一堆東倒西歪的大兵，有人正在擺弄槍枝，我很害怕，放下飯回頭就跑。按照常理，爺爺奶奶應該把我們一家三口留在身邊，哪怕是暫時的呢。這件事，母親一直耿耿於懷。

今天回想起來，前面所寫的奶奶讓我給她洗褥單，我堅決不給洗，大概是源於此。分家後，我很少去新院。一則是不喜歡叔叔們看到我時那種嫌棄的眼神，二則是他們養了一隻大白鵝，很兇，見了小孩和陌生人便咬住不放，我很害怕。直到一九四六年父親大學畢業後，在陝西謀得一席教職，母親帶著弟弟前去團聚，把我留在奶奶身邊，這才住進了那座寬敞漂亮的大院。

三、童年趣事

快樂的記憶

童年的記憶是清純的，也是有趣的，它永遠保存在歲月的流光中。

八、九歲的農村女孩，生活也豐富多彩。每當春暖花開的季節，村外盛開的桃花、杏花，一片花海。我們脫下厚厚的冬裝，換上夾衣，一身輕鬆，在花樹下奔跑嬉戲，那種快樂，只有童年才能感受。杏樹下，不時地破土生出幾株幼苗，大一點的孩子便會認出：這是杏樹！大家便爭相去挖，小心翼翼地捧回家，栽在院子裡，精心呵護，盼望它快快長成大樹。這種小苗移栽，會很快夭折。第二年再尋覓，樂此不疲。秋天，撿拾落葉是女孩子們的任務。農村做飯全靠燃燒枯樹枝、秸稈和樹葉。女孩子們在左胳膊上挎一個大籃子，右手拿一根長長的鐵簽子，將樹葉一片一片撿起來，積滿一串，然後放在籃子裡。即省力、又快捷，經常是一群女孩子相互邀約，來到樹下，你爭我搶，嘻嘻哈哈，滿載而歸。冬天則是學紡棉線、繡花、踢毽子、做遊戲，但卻沒有哪一家女孩子進學堂讀書。

姥爺家在曹莊，距趙王李莊有十幾里路程。當時路況不好，全是黃土路，颳風的時候黃土瀰漫，下雨的時候泥漿四濺。交通

工具多是人推的獨輪車，稍富裕的人家則有牛拉的太平車。這種車有四個鐵皮包的軲轆，木製車廂。平時母親帶著我們回娘家，一般是請人推一輛獨輪車。若是春節回娘家拜年，則坐牛或騾子拉的太平車，這是婆家身份的象徵。這時候也是孩子們最高興的時刻，可以穿新衣服。女孩子更是會被打扮一番，用一塊貼對聯的紅紙，在臉蛋上擦一擦，比抹胭脂還好看。小辮上再插兩朵小絹花，就別提有多美啦。坐在慢悠悠的牛車上，看著車下同齡的玩伴，自己感覺很得意。也就是如今所謂的優越感吧。

曹莊棗樹很多，每當棗花盛開時，便招引來許多蜜蜂。姥爺養了一窩蜂。有一天，一群蜜蜂突然朝著同一個方向飛去，大人小孩一起去追，自然無濟於事。原來是其中一個新生蜂王，大概是因為一山不容二虎，便拉出一支隊伍另闖天下去了。姥娘家後院種了幾棵棗樹，每當秋天棗長成時，便捎信叫我和姨表姐表妹來曹莊。棗樹高大，只能用大竿子往下戳，紅棗滾落一地。孩子們歡蹦亂跳地撿拾落棗，甭提多高興了！不用說，姥娘自然會煮一鍋又甜又香的大棗犒勞我們。

初入學堂

一九四六年春，母親帶著弟弟離家後，我便時常住姥娘家。這一年，二舅在外村辦了一所小學，便收了我這個學生。當時我

已經十歲了。這所學校距曹莊有三、四里路，教室就設在村子外的一座廟堂裡，至於村子的名字，現在已經記不起來了。二舅既是校長，又是老師，一人獨辦一間學堂。記得一年級的國文課本的第一節是：「天亮了，姊姊妹妹快起來，先刷牙，後洗臉，運動過後再吃飯。」二舅要求學生很嚴格。有一次，一段課文我沒有完整地背誦下來，他便用戒尺打手心，不一會兒，手心便紅腫起來。我眼含著淚花卻不敢出聲。這是我求學生涯中受到的唯一的一次體罰。

學生們每人有一塊比課本稍大一點的小石板，用石筆在上面寫字，寫滿擦了再寫，反覆使用，非常方便。石板和石筆商店可以買到，這就是當時的小學生使用的作業本，既節約又環保。課本是不是人手一冊記不得了，但可以肯定的是沒有家庭作業。三、四里地的路程，上學下學都是步行，都是和大舅家的表妹同行。正值早春季節，路兩旁開滿了梨花、海棠花，行走在花叢中，小小年紀竟萌生出一種朦朧的陶醉感。

經歷戰亂

中華民族是一個多災多難的民族。一九四五年，中國人民飽受八年日本侵略者的蹂躪之後，取得了抗日戰爭的勝利。老百姓渴望過上平靜的生活。豈料一年之後，國民黨同共產黨打起了內

戰，戰火很快蔓延到大半個中國。一九四六年八月，國民黨軍隊在山東定陶同共產黨的晉冀魯豫野戰軍開戰。此後，魯西南大地幾度成為國共兩軍廝殺的戰場。

國民黨的飛機時常騷擾百姓。有一天，我跟姥爺到村北的棉花地裡摘棉花。時值中午，田野裡一片靜悄悄，我們正準備回家，一架飛機發現一老一少，突然向我們追蹤而來。姥爺一把把我拉過來，讓我趴伏在地上，順手拉過來一把瓜秧蓋在我身上，他也蹲在棉花稞中間。就這樣，我們算是躲過了一劫。

為了躲避國民黨的飛機轟炸，許多村民都挖了防空洞。姥爺家也不例外。有一天下午，飛機又來騷擾，大人們都要去防空洞，我和小我一歲的表妹說什麼也不肯去，他們只好讓我們趴在桌子下面，桌子上放了厚厚的一堆棉被。現在想來真是後怕。那天這房子一旦被子彈射中，我們倆不被炸死也得被燒死。那時，即便是裝備精良的國民黨軍隊，所謂飛機轟炸，不是投擲炸彈，而是在飛機上，用機槍向下掃射。那一天，飛機又對著村民射擊，我們兩人從桌子下爬出來，打開屋門，只見一顆顆子彈像一串串明珠，落在我家西邊的院子裡，看得真真切切。兩人像看過年時的煙花一樣，高興得又叫又跳，大人們的囑咐早已經忘到九霄雲外了。飛機遠去後，我倆興致勃勃地跑到西院去撿拾「砲皮」（子

彈殼），卻一無所穫，原來子彈都落在了幾十米遠的村外。後來學物理課我才知道，那是拋物線的原理。

這次飛機「光臨」本村，是為了追趕一批從北邊的解放區過來的難民，所幸沒有人員傷亡，只聽說炸死了一頭牛。奇怪的是，這頭牛雖死卻仍然站立著，耍起了牛脾氣。

一九四七年六月三十日，劉伯承、鄧小平率領的晉冀魯豫野戰軍，突破國民黨軍隊在鄆城一帶的黃河防線，強行渡過黃河，向大別山挺進。記得那一年麥收後的一天，晚飯後，我跟著奶奶在村西邊的曬穀場上納涼，忽然，一支軍隊由北往南從村西的一條大路上經過，幾名戰士向曬穀場上的村民要水喝。小孩子們看到背槍的士兵，都膽怯地依偎在大人身旁不敢出聲。待士兵離去後，我發現自己珍愛的一把絲綢做成的，上面印有梅花的小摺扇不見了。大人們議論紛紛，認為肯定是剛才那幾個當兵的拿走了。我大哭一場。不久，解放軍的一支隊伍駐紮在趙王李莊，他們的電台就設在奶奶家大院的西屋，院子裡樹了一個高高的木桿子。白天，他們都在屋裡睡覺，晚上，屋子裡也很安靜，聽不到人說話的聲音，只聽見「嘀！嘀！嘀！」的響聲。有一天晚上，我鼓足勇氣，闖進了西屋，說他們的軍隊從村口路過，偷走了我的扇子，一定要他們賠我的扇子。我不依不饒，他們只好把用過的一把鉛筆給我，算作補償。

2014.3.21　一稿

第二章 異鄉記憶

一、一路風塵

一九四七年八月，父親冒著砲火回到闊別近十年的故鄉。

一九三七年七月，發生「盧溝橋事變」，日軍攻陷北平、天津後，大舉南下。父親所就讀的山東省第六中學（今山東省菏澤一中）大批師生不願作亡國奴，在山東省教育廳的率領下，背井離鄉，千里跋涉，流亡到當時的大後方四川省，繼續讀書。他大學畢業那年，適逢日本投降。八年抗日戰爭勝利結束，本應該是大局穩定，謀得一份稱心的工作，闔家團圓，過上安定的生活。豈料，不久國民黨和共產黨的軍隊又打起了內戰。父親有家難歸，便在陝西謀得一席教職。

一九四六年春天，他將母親和弟弟接到陝西。在接家人的途中，還有一段有趣的插曲。父親同爺爺先前約好，在開封相見。

我記得是爺爺和大舅（母親的大哥）駕一輛牛拉的鐵輪木廂的太平車送母親去開封的。我還記得，母親臨行前向我的堂嫂借了一條新棉褲，由此可見走得是多麼匆忙。父親來到開封後，原住在一位朋友家，當晚，不知為什麼，員警突然破門而入，將主人連同客人一起帶走。第二天，父親被釋放後便住在一家小旅館裡，令他意想不到的是，爺爺一行人先他一天也住在這裡。離別八年後，竟然在此相見，彼此的驚喜可想而知。這也許就是天意。

父親是一九三八年初離開故鄉和家人的，那時是日軍揮師南下，國土淪喪。九年後他冒著國共兩軍內戰的砲火返回故鄉，仍然是民不聊生，局勢動盪。

父親這次冒險回鄉，一是探望雙親，二是接我去陝西，全家團聚。父親離家時，我剛滿兩週歲，對他沒什麼印象。如今再見，我已經是將滿十二歲的小姑娘了。母親離家時，我尚梳著一條長髮辮子。她走後，我跟奶奶生活，她家務事很繁忙，顧不上給我梳辮子，自己又不會打理，無奈之下，便給我剪成了短髮，這在當時的農村是少見的「洋派」。在那兵荒馬亂的日子裡，奶奶怕招惹是非，所以，每當從村裡過「隊伍」，她便用一塊布把我的頭髮包起來，活活像個鄉間小媳婦。我滿心不情願，但又無可奈何。

是哪一天跟父親離開趙王李莊的，我已經不記得了。只記得離家的那一天，我們是從菏澤城裡坐汽車前往開封的。不要說這是我平生第一次坐汽車，就是菏澤城裡，我也是第一次光顧。從小跟著大人走親戚，也就是從趙王李莊到姥姥家曹莊，途中經過幾處村莊，其中一處名為孔樓的村莊，只見圍牆高築，村裡高樓鱗次櫛比，十分威嚴神秘。所謂高樓，也就是當時的感覺，實際上也只有兩三層。一般過路的人，都不從其村中經過，多從村外繞行，因為裡面住的多是「大戶」人家。這就是當時我心目中的「大地方」。至於距趙王李莊只有十里路之遙的菏澤城裡，母親和伯母、嬸子輩可能都沒有去過，甭說一個黃毛丫頭了。

　　我們乘汽車到開封後，便轉乘開往鄭州的火車。一天之內，進了菏澤城，乘汽車、轉火車，經歷了三個「第一次」，高興得心都快跳出來了。我坐在火車上正望著窗外一晃而過的田野、村莊，浮想連篇時，突然間，只聽見正在行駛的火車「咯噔」一聲，嘎然而停，車內乘客一片驚呼，原來是火車脫軌了。這時，天色已近黃昏，人們焦急地等待著。小小的花園車站也十分荒涼。有的人大概是怕遭土匪搶劫，便下車另尋途徑去了。我們沒帶什麼值錢的東西，便坐在火車上安心等候。所幸沒等多久，火車便修好了，一聲長鳴，開離了車站。坐在車上，看著先前下車的人眼巴巴地望著開行的列車，那副絕望的神情，小小的我竟動了惻隱

之心，很為他們惋惜。火車到達鄭州，已經很晚了。父親敲開一位朋友的家門暫住了一夜。

第二天，我們繼續乘火車，不知到了什麼地方，只覺得火車搖搖晃晃，越來越厲害，我很害怕。因為經歷了昨晚的脫軌事件，不知又會發生什麼事情。父親說：不要怕。火車已經過了洛陽，現在正在橋上行駛。這座橋叫「八號橋」，是用木料和鐵釘修成的簡易橋。父親還對我說，膽子小的外國人經過這座橋時都不敢乘坐火車，而坐人力車。我趴在窗戶上往下看，橋下真是一片黑乎乎看不見底的萬丈深淵，令人不寒而慄。

二、黃土坡之家

大約兩天後的一個傍晚，我們一路風塵，到達西安以西的蔡家坡的家中，母親看到父女二人平安歸來，喜出望外。這時，我又添了一個小弟弟，母親抱在懷裡。來到這樣一個和山東老家不一樣的家，我怯生生地站在那裡，不知所措。離開母親雖然只有一年多的時間，但卻感到幾分生疏。大弟弟也許是為了打破這突如其來的僵局，便拿來一個又紅又大的菓子，說是西紅柿，給我吃。我咬了一口，說不清是一種什麼味道，完全不是老家柿子的味道，便順手把它扔到了地上。弟弟很委屈，但還是把它撿了起

來，因為在當時，西紅柿也是屬於稀有之物。到家不久，我還鬧了一場笑話。一天早飯後，突然一架飛機飛臨父親執教的扶輪中學上空，聽到飛機的轟鳴聲，我情不自禁，迅速地鑽到了桌子下面。母親、六叔和弟弟都驚呆了，直到飛機遠去，我才爬出來。待父親從學校回來，才知道原來是那位飛機駕駛員的女朋友在扶輪中學就讀，他駕機前來，是為了給女朋友投遞情書。可憐的我則是在山東老家被飛機轟炸嚇怕了。

我剛到鄭州的第二天，父親便給我換上了母親給我做的藍底白花的短袖旗袍，這是我第一次穿旗袍，也是第一次聽說「旗袍」二字。在山東老家叫「大褂」，只有男的才穿，沒有見過女孩子穿大褂的。畢竟小孩子接受新鮮事物快，何況女孩子有愛美之心，很快我便喜歡上了這件花旗袍。冬天，母親又給我做了一件綠色的棉旗袍，還做了一條與其相應的短棉褲。在我的記憶中，一生只穿過兩、三件旗袍。幾年後，便只能穿黑灰色的「列寧服」。服裝也打上了時代的烙印。

一九四七年秋季，學校均已開學。我將怎樣入學，父母犯了愁。論年齡，我已將滿十二週歲；論學歷，在家鄉雖然進過幾個月的學堂，但卻連自己的名字都寫不全。有一天，學校派人到家發送蠟燭（那時這裡沒有電燈，用蠟燭照明），來人要求簽收，

我只能寫「王○雲」，「凌」字不會寫。民國時期，小學學制為初級四年，高級二年。我已經是讀高級小學的年齡，但卻連自己的名字都寫不全，顯然不能讀高小，父親決定送我到黃土坡下面的一所名為「蔡家坡小學」插班三年級。在學校裡都學了些什麼樣的功課，已經全然不記得了，只記得在同一個學校上學的還有四、五個同學，都是教職員的孩子。因為上學路途荒涼，為防野狼出沒，幾家父母輪流接送我們。大人們手裡舉著一根木棍，作為與狼戰鬥的武器。

蔡家坡位於陝西關中的岐山縣，今稱蔡家坡鎮。岐山縣是西周的發祥地，今存有周岐邑遺址。隴海鐵路上有一站即蔡家坡站。扶輪中學是交通部創設的一所學校，一九五零年後改為鐵路中學。學校座落在兩個土坡之間的一條夾溝中，我家住在黃土坡上，和房東同住一個院。蔡家坡的風土人情，以當時一個兒童的視角觀察，給我留下深刻印象的，有以下記憶：高坡上住家都是平房，坡下的居民住窯洞，住家零零散散，不像老家趙王李莊，有街有巷（胡同）。這裡家家戶戶的房檐上都掛滿了一串串鮮紅鮮紅，又細又長的大辣椒，當地人稱為秦椒。據說，當地一家人一年吃的秦椒粉不是用升而是用斗來計量。這裡的人愛吃「臊子麵」，通常是用蘿蔔丁、豆腐丁、土豆丁、一點肉丁等做成鹵，澆在麵條上，有一種說不清的味道，母親也常做給我們吃。至今我還嚮

往關中鄉間的「臊子麵」。幾次到西北出差，也到過鄉間，在小城吃飯，每每都點「臊子麵」，但都不是小時候吃過的那種味道了。

　　這裡的婚喪嫁娶留在我的記憶中的是，有一天，房東要嫁閨女，大門外的樹上拴著一頭毛驢，毛驢頭上掛了一塊紅布。我聽見堂屋裡有哭聲，不一會兒，姑娘的哥哥背著一臉淚水的新娘出了家門。姑娘騎在等候在那裡的毛驢身上，哭著離開了生於斯長於斯的娘家，邁向那陌生的全新的生活。新娘哭嫁，從人性上可以理解，必須兄長背出，不知是何講究，家裏沒有兄長又怎麼辦呢？這只能有待民俗學家去研究了。當時我只是覺得很新鮮，所以記憶至今。又有一天，房東通知母親，晚飯後，我們一家人都得出去，不能留在房間裡，理由是他家的一位先人的魂這一天晚上要回家，不能有外人在場。記得我們在外面遛了很久，房東才派人叫我們回去。天空一片黑暗，原野寂靜無聲，走進院子頓覺陰森可怕，我們誰都沒有出聲。一進屋門，我反覆問大人，「鬼走遠了沒有」？至今還覺得遺憾的是，那位先人的魂到家後，後人是怎樣待他的？傳遞給他一些什麼外人不能在場的資訊？

三、逃難

　　一九四八年春，在國民黨和共產黨的兩軍內戰中，由八路軍

改稱的解放軍，於一九四七年六月，晉冀魯豫野戰軍突破黃河防線，挺進大別山。從此，解放戰爭由防禦轉入進攻。一九四八年三月，西北野戰軍攻克陝北宜川，蔡家坡的人們紛紛謠傳，「八路軍要打過來了」，人心惶惶。聽大人談話的意思是，大家對解放軍固然疑慮重重，但更害怕的是，因為扶輪中學座落在兩個黃土坡的夾溝中，地處偏僻，兵荒馬亂中土匪猖獗，擔憂土匪乘機搶劫，性命難保，學校的大部分教職員工紛紛逃離。父親帶領全家也準備到距此地不遠的寶雞縣的一位朋友家暫避。記得那天下著小雨，我們一家冒雨來到蔡家坡火車站，月臺上已經擠滿了逃難的人。火車進站，車廂裡面已經擠得水洩不通。父親母親帶著兩個弟弟奮力擠進了車內，十九歲的六叔帶著十二歲的我爬上了車廂外的頂棚上，這裡也早已扒滿了人。幸虧火車不堪重負，也可能是顧及車頂上這一群不要命的人們，開得很慢，幾乎是在爬行。火車終於平安地到了寶雞車站，我們一家六口住在父親的一位朋友家。

不記得過了幾天，聽到遠處的槍砲聲，大人們議論紛紛，不知道將會發生什麼事情。這種聲音，我已經習以為常了。那是一年前，晉冀魯豫野戰軍強渡黃河，在魯西南同國民黨軍作戰，先後攻克定陶、曹縣。現今，我們來這裡，本來是為了躲避戰爭，不料又陷入了戰火中，砲聲越來越近。大人小孩都躲在家中，誰

也不敢出門。大約過了兩三天的時間，槍砲聲停了下來，寶雞城又恢復了平靜。原來是彭德懷率領西北野戰軍主力，於這一年的四月十七日從陝北洛川出發，向西府（今鳳翔，寶雞地區）行進，四月二十六日攻克寶雞城。兩天後，解放軍又主動撤出寶雞。待戰局稍稍平靜後，我們一家又回到了蔡家坡，學校又恢復了正常生活。不知道為什麼，我家從原上搬到原下的窯洞裡。那時候的窯洞很簡陋，沒有院牆，出門便是一片曠野，夜裏還時常聽到野狼的嚎叫。鄰居是一位姓鍾的老師，好像也是山東人。他家女主人和母親關係很好，他家的女兒和我同齡，我時常背著一歲多的二弟到他家去玩。

據父親回憶，他是一九四六年一月到蔡家坡扶輪中學任教的，每月薪金是二十萬法幣（國民政府發行的一種紙幣），當時，二十萬法幣可以買到十袋麵粉。可是到了一九四八年底，他每月的薪金增至三千八百萬元的金圓券。金圓券是國民政府在法幣崩潰的情況下，於一九四八年八月發行的一種紙幣，三千八百萬元卻只能買兩袋麵粉。在我的記憶中，每次上午發薪，父親下午就趕緊去買麵粉。第二天，可能一袋麵粉的錢就只能買回來半袋了。物價飛漲，一個月的收入難以維持一家六口人的生活，再加上內戰不斷，戰火再次向關中逼近。為了生活和安全計，父親應好友，成縣師範教導主任李榮光之邀，舉家遷往甘肅成縣，到成縣師範任教。

四、成縣小城

過秦嶺

　　我們是一九四九年初離開蔡家坡的，所乘的交通工具是馬車，車廂上紮了一頂帳篷。車夫笑話我們，沒見過誰家長途搬運還帶上鍋碗瓢勺，可見父母生活的艱辛。一月初的大西北，天氣還很冷，車過秦嶺時，路上還有積雪。天冷路滑，車夫趕著馬車，走得很艱難。真是如韓愈《自詠》詩中所寫：「雲橫秦嶺家何在，雪擁藍關馬不前」的情景。父親雖不是「夕貶朝陽路八千」，但舉家漂泊的艱辛，年幼的我是無法體味的。一家大小六口偎縮在一頂小小的車棚裡，車內的哈氣和棚外的冷氣相遇，棚子頂上便結了一層冰。有一次，停車休息，別人都下去了，我哭喊著下不了車，原來是我靠著車廂的邊緣坐，緊靠著棚布，一頭亂髮牢牢地被凍結在了棚布上，動彈不得。車到距成縣不遠處，供馬車行走的路到了盡頭，只好換乘馬或毛驢。父親抱著小弟弟，其餘的人一人騎一匹馬，五匹馬一路前行。馬儘管很溫順，又有馬夫牽著，但我還是很害怕。不料，馬群走上一條林間小路，馬夫一時疏忽，我的「座騎」便獨自下道走到樹林中，樹的間距很密，橫著的馱子無法通過，而馬逕直前行。說時遲，那時快，還沒等我反應過來，便把我和馱子一起甩了下來。不知是被摔痛了，還是受了驚嚇，我痛痛快快地哭了一場。

成縣小城

　　成縣偏處甘肅南部，南邊過康縣便是四川省，東邊過徽縣便是陝西省。成縣處在一處群山環抱的小小的平原中，非常幽靜。小城內也沒有喧鬧聲，偶爾有山民下山賣柴。奇怪的是，幾乎所有山民的脖子都很粗，甚至有的人脖子的前邊像一個布袋垂在胸前。原來是嚴重缺碘所造成的甲狀腺腫大。

　　成縣師範學校座落在縣城中心，是當地一所最大最好的中等專業學校。我家就住在校園內，生活很平靜。我和大弟弟都入學讀書。我所就讀的小學在城外，讀高小一年級，也就是小學五年級。全校包括我在內只有三名女生，我們這三朵僅有的校花便成了好朋友，形影不離。他們二人的名字已經忘記了，只記得我和姓苗的同學是外省人，同是師範學校教員的子弟。另一位白白胖胖的同學姓王，是本地鄉間一個「大戶」人家的閨女，是我們兩人的大姊。我們仨人居然還照了一張合影，不可思議的是我還保留至今。面對著七十年前三個純情少女，不禁怦然心動。在學校裡，不論是男生還是女生，相處得都很好，友情很清純。我記得同班的一位年齡比較大的男同學，向我借了一本《小學生模範作文選》，看過後，執意要到我家裡來還書，還特意帶了一籃子杏，彰顯著農家孩子的純樸。

學校座落在山坡上。我入學時，正值初春，滿山遍野開滿了桃花和杏花，這在蔡家坡的黃土高原上是看不到的。見此情景，我好像回到了故鄉。

兵荒馬亂

這種安逸平靜的生活，維持了僅僅半年。

一九四七年七月，中共中央軍事委員會決定，第一野戰軍主力部隊向西北進軍。七月上旬，第一野戰軍在彭德懷的指揮下進軍西北，八月二十日兵臨蘭州城下，二十六日攻克蘭州城。國民黨省政府瓦解，甘肅省換了政權。而位於甘肅東南邊陲的成縣，仍然是國民政府的統治區。而成縣師範原屬於省立學校，教職員工的薪金由省政府下發。這時，我們的生活便斷了來源，學校也停了課。本地的教師都回了家，剩下的五位外省老師只能自謀生路。

時值秋天，幾位老師結夥到附近山裡去收購柿子、核桃等挑到城裡來賣，但也賺不了幾個錢。當時，成縣縣政府已經癱瘓，縣長逃之夭夭，人心惶惶，敗退下來的散兵游勇充斥街市。母親夜以繼日地趕做布鞋，賣給那些敗兵們，同時還做包子讓大弟弟去賣。弟弟也才十歲，他挎著一籃包子，蹲在廣場牌坊腳下，一

聲不吭，不敢也不會叫賣。天黑了，只好將包子原封捄回家，一個也沒有賣出去。無疑，全家改善了一次生活。

天無絕人之路，父親中學時的一位同學何思成叔叔，這時來到成縣。他是國民黨軍隊駐防成縣的一位「軍需」，也就是負責軍隊物資供應的軍官。他給我們送來一大袋小麥，真真正正的「雪中送炭」。年僅二十歲的六叔，為了減輕父親的負擔，孤身一人到附近的徽縣去教小學。大約在這一年的十一月末，國民黨軍潰退，解放軍進駐成縣，六叔卻再也沒有回到我們這個家。原來是國民黨軍撤退時，裹挾一批年輕人，六叔就是在這時隨國民黨軍由隴東退到川北。最後在川北被解放，他在從川北廣漢回山東故鄉的途中失蹤。估計是在兵荒馬亂，貧病交加的情況下死於歸鄉途中。這椿不幸事件，令父親抱痛終生。

成縣解放後，西北野戰軍的一支部隊駐防成縣。沒過幾天，他們便在縣城小廣場搭臺子，掛標語，開大會，悼念四位烈士。臺子上掛了四個人的頭像，應該是畫像，會場很熱烈。這種場面以前從來沒有經歷過，所以留下了很深的印象。當時只聽說四位紅軍戰士被敵人放火燒死在山洞裡。後來學了歷史，經查證，是一九三六年八月，紅二方面軍和紅四方面軍長征經過甘肅南部北上，部隊經過成縣留下一些傷病員。躲在山洞裡的四人，可能是

被地方武裝殺害的。

　　另一件事與我有關。解放軍駐軍的文藝工作隊住在師範學校內，和我家同住一個院子。男男女女的隊員們也就十六、七歲，比我大不了幾歲。很快，我便同他們混熟了。因為當時學校還沒恢復上課，我在家沒事，天天看他們排練節目。他們教我學打「霸王鞭」（一種舞蹈）。他們在學校禮堂演出話劇《血淚仇》，控訴地主對農民的壓迫，向我借了一件花棉襖給演員穿。文工隊缺少人員，動員我加入他們的隊伍。此時，我剛滿十四週歲，已夠參軍的年齡。因為我跟隊員們玩得很開心，所以很想跟他們走，便央求父母，母親堅決不同意。理由是，女孩子當兵，對外名聲不好聽。再則，當兵就得打仗，此一去，便杳無音信，作母親的肯定捨不得。就這樣，我人生征途中的第一步，便失之交臂。

　　一九五零年春節過後，學校正準備開學。我高級小學一年級只讀了一個學期，後因戰亂，學校停課半年。此時，已經十四歲的我不願意再回原來的小學讀書，正準備報考成縣師範。正在這時，父親接爺爺來信，催促我們全家返鄉。

回故鄉
　　這年二月，父親攜妻帶子，一路顛沛，飽經憂患，回到了故鄉。

這裡，一九四九年進行了一場「土地改革」，我們這個大家庭，經過這場「暴風驟雨」，已面目全非。爺爺被劃為地主，他那一處寬敞漂亮的大院子已經換了主人，兩位老人被趕到西邊一個荒園子內的兩間土坏房居住。所幸還給我們家保留了原住房，免除了掃地出門之災，但母親的原有傢俱則被掃蕩一空。伯母和各房嬸嬸家的遭遇，大體與我們家相同，都是家徒四壁。後來聽堂嫂說起這樣一件事：她家的一張吃飯桌子分給了姓趙的一戶人家。那家在天黑後偷偷的又還給了嫂子，農民協會的人知道後，命令嫂子立即送回。這一家於心不忍，便將他家的一張破桌子給了嫂子家。我家的三間西房，在一九五八年第二次土改時被政府沒收。有感於此，我寫過一首《土改有感》：「昔日朱門家何在，村西菓樹盡成灰。所幸家破人未亡，冷觀世事幾輪迴。」

　　不久，父親在當時平原省一中（即山東省菏澤一中）謀得一席教職，教授歷史課。母親則帶著我們姐弟三人住在鄉間。

2014.5.9. 一稿

第三章 快樂時光

一、入讀菏澤一中

　　五年半的中學生活，我在菏澤一中度過。這是我一生中最快樂的時光。

　　住在趙王李莊，生活還算安定，但是我和大弟弟正是入學讀書的年齡，眼看著我倆學業荒廢，作父母的自然很著急。聽說距離我們村東不遠的孔樓村有所師範學校正在招生，母親便請大舅帶我去報名，校方則以年齡尚小拒收。當時我十四歲，估計這是一所小學教師培訓學校。上世紀五十年代初，百廢待興，急需各類人才，但是，大孩子教小孩子總是不太合適。菏澤一中（時稱平原省立菏澤中學）初中班也已經開學上課，我只好待在家裡，幫助母親做點家務。

　　有一天，我正帶著三歲的二弟在村外看人家刨樹，父親派人

到家來送口信，讓我立即到城裡去，什麼事也沒有說明。我放下弟弟，急急忙忙跟隨來人到了家住一中後街的姑姑家。等候在這裏的父親告訴我，明天要到一中去考插班生，今天準備一下。我聽後，腦子一片空白。從一九四九年暑假至今，由於戰亂，我已經停學半年多，後又經歷了從甘肅到山東的長途遷移，所學功課早已忘得差不多了。況且，從一九四七年八月至一九五零年初，兩年半的時間，我只讀了一年半初小，半年高小，六年制的小學我只讀了兩年，能考上中學嗎？

　　父親肯定也是懸著一顆心。說是幫助我準備考試，卻不知從何入手。我更是不知所措，只記得教我寫「蘇聯」兩個字。第二天，我懵懵懂懂來到一中教導處，應考的除我之外，還有兩名男生。數學出的什麼題我記不得了，只記得作文題目是《春節紀事》。後來聽說，這一年一中正式招生時的作文題也是《春節紀事》，大部分考生都不知道「春節」為何節，經老師提醒方知「春節」就是舊曆大年。

　　不久，學校通知我，插到初中六級三班，跟班上課。從此，我邁進了遠近聞名的昔日山東省立第六中學，即「老六中」的大門，和父親成了校友。他是一九三二年暑期考取該校的。跟班上課，沒感到太大的困難。老師講什麼，我認真地聽，課下按照老

師的要求寫作業。因為在那動盪的年代，沒有學到多少知識，所以我對各門功課都有濃厚的興趣，都是新知識，有一種如饑似渴的感覺。第一學期期末考試後，學校通知我，從下學期起，便成為正式學生。當時，學校按計劃招生，除錄取計畫內的學生外，另外再錄取幾名作為候補，稱為副取生。插班生和副取生同樣對待。據說，這一學期期末考試，各科成績平均分數在八十分以上的則可轉為正式學生。當時，在我看來，入學上課就是一中的學生。平時，老師和同學對副取生和插班生也沒有另眼看待。再加上，初中六級所有女生都集中在三班，所以，上課輕鬆，下課嘻嘻哈哈，打打鬧鬧，十足的「少年不識愁滋味」，功課上、思想上，都沒有任何壓力。

菏澤一中全名為山東省立第一中學，校址位於菏澤縣城北部的原「曹州府衙」舊址上。聽父親講過，建校時，曾在府衙的後院挖出一些零星的刑具。一中的前身是山東省立第六中學，該校是在清光緒二十九年（一九零三年）創立的「曹州中學堂」的基礎上發展而來的。「老六中」在魯西南可謂家喻戶曉，由何思源走過的「六中／北大／哥倫比亞」，是六中學子們最嚮往的求學之路。令人感慨的是，我和我的同學們在求學時代，從中學到大學，均處在閉關鎖國之中，儘管你能展翅高飛，最高也只能飛到北大，哥倫比亞大學就只能是望梅止渴了。一九三七年，日

軍侵華，學校南遷到大後方四川。一九四八年，共產黨創建的晉冀魯豫邊區第一中學進駐菏澤，在「老六中」校址上建校。一九四九年更名為平原省立菏澤中學。一九五二年冬，平原省撤銷建制，學校遂改名為山東省立菏澤中學。一九五四年學校改稱山東省菏澤第一中學，簡稱菏澤一中，沿用至今。這麼一看，我在校短短五年半時間，學校就三易其名，這也折射出那個時代文化教育仍然處在動盪之中，尚未走上正軌。

我所在的初中六級，一共四個班級，一九五零年春季入學。一九五一年九月，學校開始進入暑期招生的正規道路，也就是自一九五二年起，一律改為秋季入學。這樣一來，我們這個年級勢必要於一九五二年或一九五三年夏季畢業。學校決定，通過嚴格考試，兩個班級於一九五二年夏季，同前一個班級一同畢業，兩個班於一九五三年夏季畢業。也就是說，兩個班提前畢業，另兩個班要讀三年半才能畢業。如何分班，對我們每一個學生來說都是一件大事。一九五一年冬，學校對我們四個班進行一次分班考試，我有幸提前半年，於一九五二年夏季畢業。當時學校對我們免試，直接升入高中或者師範，年齡較大一點的或家庭經濟有困難的同學，多數選擇升入師範。父親有意讓我上師範，這樣三年後便可以工作，以解家庭之困。母親卻一定讓我讀高中，因為她知道，只有上高中，才能考大學。為此，她還去找了教導處。暑

假過後，我升入本校高中，編入高年級二班。

二、傳道授業

那時，菏澤一中高中的課程，有代數、幾何、化學、生物、語文、英語、中國歷史、世界歷史、地理及時事政治。體育、美術、音樂課則在初中階段完成。學校擁有一支學識淵博，精於教學的師資隊伍，這支隊伍中的大多數是原六中的校友。他們那一代青年學子，讀中學時適逢日軍侵華，為了不做亡國奴，毅然背井離鄉，踏上了千里跋涉的流亡路。在大後方完成了大學學業，戰局穩定後，回到母校，執起了教鞭，為國家培養人才。

妙趣橫生的語文課

王象三老師教我們語文。他講課妙趣橫生，是我們最喜歡聽的一門課。他講《詩經》中的《關雎》，讀到「關關雎鳩，在河之洲。窈窕淑女，君子好逑」時，聲情並茂，生動地描繪出一個男青年對一個美麗的姑娘一往情深的追求；講授《樂府》中的《陌上桑》一課時，「行者見羅敷，下擔捋此鬚。少年見羅敷，脫帽著帩頭」，一邊口中念著課文，一邊做著動作，栩栩如生。一個光彩奪目的美女形象給我們留下了難忘的印象。不記得講一篇什麼課文，同學王光軍不知從哪裡找來一條玻璃，裝了一個木

把，做成了一把「劍」。王老師上課來了，王同學雙手捧「劍」恭恭敬敬地獻給老師。王老師忙走下講台，接過「寶劍」，一手按「劍」，一步一步走上講台，同時口中念道：「按劍歷階而上，堂上一呼，階下百諾。」接著，又加了一句「丫鬟小姐都來！」，惹得同學哄堂大笑。我們在笑聲中記下了這段課文。王老師要求學生很嚴格。古文一定要背誦。《詩經》中的《伐檀》我至今還記得幾句：「坎坎伐檀兮，置之河之幹兮，河水清且漣漪。不稼不穡，胡取禾三百廛兮。」我們高考時，語文試卷中有一題是標點陶淵明的《桃花源詩並記》全文，大部分同學都輕鬆地正確標出。若沒有平日的基本功，很難得滿分。

引人入勝的史地課

張慕曾老師教中國歷史，父親王永瑞教世界歷史。可能是出於歷史課的特點，兩位老師上課時都有事先寫好的教案，也就是向學生提供的複習提綱。只要你上課認真記筆記，考試前複習時不用再翻課文。我在高考前複習歷史時，就從家裏搬來一箱子父親寫的教案以應急。父親講世界史，對世界各國發生的重大歷史事件、時間、地點、人物都非常嫻熟，講起課來如數家珍。記得有一節課講第一次世界大戰，好像不是在講歷史，而是講他的親歷記，講得引人入勝，我們聽起來就如置身戰場。下課鐘聲響了，同學們還沈浸在當年的戰爭中，以至於在課間休息短暫的時間

中，七、八個男同學不知從哪裡找來幾根棍子，一方為同盟國，一方為協約國，「刀槍劍戟」，對陣廝殺。這樣的課間複習，比死背課文不知要深刻多少倍。我們的知識，就是在這樣輕鬆的學習中獲得的。

王效熹老師教我們地理課。他講課不疾不徐，有一種學者風度，講話妙趣橫生。他把地形、地貌、鐵路、公路、山脈、河流等枯燥的地名，數字講得有聲有色。記得有一節課是講風的形成，他沒有先講刻板的定義，而是慢悠悠的像讀散文：「同學們，你們聽！一股氣流從北面而來，經過教室，向南面緩緩而去！」我們立刻感覺到一股清風從頭頂掠過。地理課的作業就是畫地圖，我們通過一遍又一遍地畫各類地圖，世界和中國的山脈、河流、鐵路、礦藏等深深地印在了每個人的腦子裡。記得一九五五年全國統一高考時，地理試卷有一道題是：從中國的大連到英國的倫敦，乘船要經過哪幾條河流和哪幾個海峽（大意）。其意是考查考生的中國地理和世界地理的綜合知識。我回答的很輕鬆，就是得益於畫地圖的基本功。

諄諄善誘的數理化課

李麟中老師教代數，尹攸之老師教幾何，物理先後由許致軒老師和高明軒老師講授，朱天祜老師教化學。李老師要求學生也

很嚴格，有的同學「爬黑板」時，代數題一時做不出來，他便急得滿頭大汗。有一天，輪到徐智上去做題，做錯了。李老師急得不知道說什麼好，重重地說了一聲「荒唐！」。此後，同學們便給徐同學起了一個諢號「老荒」。後來，這位「老荒」奮而考上了山東大學數學系，畢業後在一所大學教了一輩子數學，真可謂嚴師出高徒。朱天祐老師精明俐落，講化學深入淺出，通俗易懂。他是「老六中」流亡學生中年齡最小的一位。聽父親說，當時只有十二、三歲。

數理化是一類很嚴謹的課程，老師們諄諄善誘，課堂上有時也笑聲一片。有一天，許老師給我們講電的原理，他正在說：「這個電燈泡子……」突然提高嗓門：「王光軍！」引起滿堂哄笑。原來坐在後排的王光軍同學正在打盹。

驕人的成績

當時老師考核學生的方法是五分制。一九五零年，學校逐漸由來自解放區的非正規的邊區一中向正規化的學校轉變。那時，毛澤東決定在國際、國內全面實行「一邊倒」的政策，也就是倒向蘇聯，教育也不例外。數理化教材均來自蘇聯，五分制也是從蘇聯移植過來的。一九五二年菏澤一中開始實行五分制的計分方法。每堂課老師要用大約十分鐘的時間，就前一堂課所講的內容

提出一、兩個問題，由同學回答。當堂提問，當堂計分。有一天上歷史課，父親進行課堂提問，他把右手一伸，指著我叫了一聲「王凌雲！」，我應聲站了起來，腦子「嗡」的一聲一片空白，一個字也答不出來。同學們都為我捏了一把汗。幾秒鐘後，我便像連珠炮似的，一發不可收拾，有驚無險，得了四分。數學課老師一上講台。便在黑板上寫出兩道題，然後讓兩名學生上來做題，稱為「爬黑板」。「爬黑板」我也不止一次經歷過。要是誰做錯了，老師便問大家：「這道題誰會做？」找一位會做的同學當眾教你應當怎麼做。誰也不願意當眾出醜。平時的課堂成績和期末考試成績綜合評定，便成為你這一個學期的成績。一分二分為不及格，用黑筆記，三分為及格，用藍色記，四分為良，五分為優秀，用紅筆記。這種計分法很有效，大家都兢兢業業，認真聽課，認真寫作業，爭取「一片紅」。我高中三年六個學期，各門功課始終沒有達到「一片紅」，其中兩個藍分，一是時事政治，一是物理。

聽各位老師講課，真是如飲甘泉，如沐春風。老師們的傳道、授業、解惑，為我們打下了堅實的知識基礎，是我們一生的大幸，也是上天賜給我們的歷史機遇。我說是大幸，是機遇，是因為一九五零年至一九五五年，我在學校的那個時代，雖然社會上政治運動不斷，但對中學老師來說，還相對穩定，因為國家尚處在百廢待興之中，需要人才。據二零零三年為紀念建校一百週年編

寫的《山東菏澤一中校史》記載，一九五三年七月，高中一級二級兩個班同時畢業，升學率為百分之百，其中考取北京大學三人，清華大學八人，高考成績居全國第二。那時是全國統一出題，統一考試。一九五四年高中三級一個班，升學率百分之百，其中考取北大五人，考取清華四人；一九五五年高中四級兩個班，升學率百分之百，其中考取北大十五人，考取清華一人，文科成績居全國第一。我所在的高四級二班，共四十二人，僅考取北大就高達十二人。對此，《校史》是這樣評價的：「這一成績以班而論，在百年校史上實屬罕見。」我們以此引為驕傲。一九五六年高中五級三個班，升學率百分之九十以上，其中考取北大四人，考取清華一人；一九五七年高中六級兩個班，，升學率百分之九十以上，其中考取北大四人，考取清華三人。由以上統計可以看出，自一九五六年起，高考成績逐年下降。原因很簡單，那就是自一九五五年我們離校後，老師們先是經歷了肅清「胡風反革命集團」的「肅反」運動，王效熹老師、謝鳳池老師等被定為歷史反革命，發配去勞動改造。一九五七年又經歷了「反右」運動，更多的老師被劃為「右派份子」。我們離校僅僅兩年，這支教師隊伍便遭受重創，不能不令人扼腕嘆息！

三、艱苦但很快樂

　　一九四九年新的政權建立之初，由於連年戰爭，物資極端匱乏，生活很艱苦。教師的待遇很低微。先是實行供給制，每月發給一定數量的小米。父親每月發多少斤小米我沒問過，只記得我在學校入夥的費用，是從父親每月的小米中支出，我還親自到總務處看著他們用磅秤來秤。現在想來真是匪夷所思：小米並不是高產作物，當時為什麼用小米代替貨幣？生活中的柴米油鹽怎麼解決？我確實沒看見過母親扛著小米去買菜。一九五六年實行工資制改革，父親每月工薪好像是八十二元，這在當時可算是收入不菲，但要養活一家五口，況且我和大弟同時考入大學和高中，所以生活仍然拮据。

　　學校實行人民助學金制，資助來自農村家庭生活困難的學生。學生的伙食很單調，一般是雜糧麵饃，只有中午才有炒菜。每次飯前，以班為單位，由班長整隊，帶入食堂，有飯桌，沒有板凳。八個人一組，八人圍著一小盤菜，男同學自然是風捲殘雲。早飯和晚飯一般只有鹹菜或者一小盤黃醬。記得有一天晚飯，我們女同學沒搶到桌子，便蹲在地上等組長去打菜。她端來一小盤黃醬。劉玉玲同學忽然來了靈感：「這不是一灘雞屎嗎！」越看越像，大家笑得前仰後合，引來不少男同學。大家在笑聲中吃完了

飯。但這盤「雞屎」卻原封沒動。不知學校從哪裡搞到一些大米，不少同學還是第一次見大米。吃米飯啦！飯前，校領導召開了全校大會。「大米飯，肉澆頭」，第一次，總務處還真的做了帶肉的菜湯。這樣的大米飯沒吃幾次，不知校方無力頓頓供給「肉澆頭」，還是北方人吃不慣大米飯，竟把大米磨成米粉，蒸饅吃了。

學校管理很嚴格。學生要是有事要離開學校，必須先要到教導處請假。教導處有全校同學的名牌。准假後，發給你一張寫有自己名字的牌子。回校後，再去教導處銷假，繳回名牌。這樣，誰滯留校外未歸，學校便一目了然。冬天，師生都要在體育老師的帶領下出早操。每天，當校工老黃敲響起床的鐘聲時，天剛濛濛亮，那時宿舍還沒有取暖設備，同學們從熱被窩裡爬出來，凍得瑟瑟發抖，但是誰也不敢怠慢。師生們頂著滿天寒星，整隊先是在校內東操場，後到一中北門外的大操場跑步、做操。有一天，朦朧中，隊伍中不知是哪位同學突然驚叫：「老虎來啦！」大家聞聲四散。一位膽大的同學走近一看，原來是一頭小牛犢，對著跑過來的一隊學生正在發呆。還有一次，寒冬臘月的一天，熄燈的鐘聲響後，大家睡得正酣，突然聽見急促的「噹噹！噹噹噹！」集合的鐘聲，個個起床後懵懵懂懂站在那裡發呆，只見老黃急忙下樓，高喊：「同學們！是我看錯錶啦！大家趕快回去睡覺吧！」

當時，我們的洗臉盆都是土瓦盆。寒冬臘月，仍然用結滿冰碴的水洗臉。女同學洗頭髮，根本沒有洗髮液，最奢侈的是用一個雞蛋清洗一次髮。初上高中時，還沒有電燈，晚自習時，用的是汽燈，這已經比油燈先進了許多。每天晚飯後，同學們輪流值日，為燈打氣。自習時，大家用課桌圍一個圓圈，同在一盞燈下用功。

儘管學校管理嚴格，物質生活貧乏，但五年半的中學生活，卻是在快樂中度過的。

艱苦的生活磨煉了同學們的意志，增強了我們刻苦學習的毅力，大家都非常珍惜在菏澤一中的學習機會。每天除了上課外，還有早晚自習，沒有老師監督，同學們非常自覺，自習時間沒有打鬧，沒有喧嘩。即便是星期天，住校的同學早晨也都自動地到教室去學習。我因家住學校附近，星期天往往偷懶。同學們學習中雖然也有競爭，但卻沒有壓力。我們聽老師講課都興趣十足，簡直是一種精神享受，絲毫沒有厭學的念頭。

四、尊師愛生

菏澤一中秉承了老六中尊師愛生的傳統，課堂上老師要求學

生很嚴格，一絲不苟，但課下師生關係卻很融洽。記得讀初中時，田景韓校長教我們政治課，講封建階級關係時，他說，長工稱東家為老爺，若看見東家過來，要喊：「老爺來啦！」幾天後，幾個頑皮的男生正在操場上玩，遠遠地看見田校長走過來，他們齊聲高喊：「老爺來啦！」田校長走過來微笑著向他們揮揮手；教我們高中語文的王象三老師講課有點「口吃」，有一天上課前，幾個男同學聚在教室門口，正聽一位同學模仿王老師講話，恰巧被王老師聽見了，課堂上他非但沒有訓斥，反倒笑嘻嘻地說：「學得像，很可愛。」課外活動時，老師和學生同場打球則是常事。我最愛看老師打籃球，他們一邊奔跑一邊嘴裡不時地蹦出幾個英文單詞：out、side！那時的老師多為二、三十歲，正值青年。父親年齡算是大一點的，被他的同事尊稱為二哥，也只有三十五、六歲。他穿著我母親給他做的一件深藍色暗格子的長袍，打球、跑步、做操，也堪稱是菏一中一道獨特的風景。

上初中時，由於伙食太差，缺乏營養，許多同學患上了夜盲症。宋辛夷校長非常著急，對總務主任嚴厲地說：「學生都是國家未來的棟樑，他們要是有個好歹，你擔當得起嗎？！」他親自去找上級部門，申請到一筆專款，為得病的同學購買羊肝。父親擔任我們高中一年級時的班主任，這一年的寒假，桑義燐同學沒有回家，獨自留在學校過年。父親知道後，大年除夕，惦記著

他的這位學生，親自到學校叫他到我家過年。他執意不肯，父親只好說：「那就等一會兒讓凌雲給你送碗餃子來。」這件事我一點也不記得了，是近年義燐寫信向我說起的。老師和同學之間，情同父子，令人懷念。

五、多彩的課外活動

　　學校很重視對學生的德智體教育寓於娛樂之中，所以課外活動安排得豐富多彩。每天上午四節課，下午兩節課後，便是各班自由活動時間，自行組織文娛和體育活動。晚飯後，有半個小時的跳集體舞和做遊戲的時間，然後便是晚自習。有一則遊戲我至今記憶猶深：一個人出題目，指定另一個人表演，用現今的說法就是用肢體語言將題目的內容傳遞給大家。王光軍出題，由劉緒昌表演，只見他稍微思索一下，便走上講台，兩手做捧著一根棍子狀，然後在「棍子」上來回啃，同時身子一屈一張來回扭動，不一會兒便高興地跳了起來。原來讓他做的題目是：捉拿高粱桿裡的一條小蟲子。

　　學校每學期都要舉行文藝比賽。我們班女聲小合唱曾經榜上有名，經常唱的歌曲有《我們新疆好地方》、《二小放牛郎》、《歌唱祖國》等，「二呀嘛二郎山呀高呀嘛高萬丈……」，「……

讓一切不民主的制度滅亡……」的歌聲經常飄蕩在耳邊。男同學的「海軍舞」則是學校的保留節目。每年春季和秋季學校要舉行兩次運動會，先是在學校東面低窪的操場上舉行，我每次都是參加八百米接力賽，每人跑二百米，我們班的女同學安呈琪曾經作為菏澤地區的代表參加山東省運動會。

學校也很重視學生的課外學習。在教導主任車仲實的倡導下，全校開展了「學習一本書」的活動。閱讀的第一本書就是蘇聯的《鋼鐵是怎樣煉成的》，以班為單位在課外共同閱讀，集體討論。保爾‧柯察金的名字在一中曾經風靡一時。車主任就《鋼鐵是怎樣煉成的》給全校學生作了一次精彩的專題報告。他講主人公保爾的刻苦剛強，講保爾和冬尼婭的戀愛故事，同學們聽得如癡如迷。作為一名中學生，我不能理解保爾的哥哥為什麼不讓他和冬尼婭談戀愛。

讀中學的那個時代，社會生活和政治事件在我的記憶中也留下了一點印痕。剛入初中不久，女生院發生了一起滋擾事件。我們初六級三班的女同學住在女生院東北角的一間宿舍中，東鄰院牆，牆外是一個大水坑；北鄰廁所，院外荒無人煙。那是入冬不久的一個昏暗的夜晚，睡夢中忽聽一個同學大聲呼喊，驚醒了全屋子的人。可是，大家誰也不敢出聲。年齡大一點的孔慶菊讓室

長何力軍趕快點著燈，可是，放在床邊的油燈已經摸不到了。我們睡的是大通舖，我和馬淑玲同蓋一條被子，我倆嚇得大氣都不敢喘。後來那個人跑到房後，不停地敲打後窗戶。事件發生後，學校領導把我們十幾個女生分別安插到大姐姐們的宿舍裡，教導處的兩位老師持槍蹲守。那個搗亂份子沒有再來。新政權建立之初，社會還很不安定，學校平時就有幾位從解放區過來的年齡較大的男生持槍巡夜。

一九五零年十月八日，中共中央做出抗美援朝，保家衛國的決定。十九日，中國人民志願軍渡過鴨綠江，到達朝鮮前線。此後，在全國開展了抗美援朝運動。一九五一年六月一日，抗美援朝總會發出關於推行愛國公約，捐獻飛機大砲的號召。一九五二年一月，毛澤東號召全國人民和所有工作人員開展一個大規模的反對貪汙、反對浪費、反對官僚主義的鬥爭。從此，「三反運動」在全國展開。接著，中共中央發出《關於在城市中限期展開大規模的堅決徹底的「五反」鬥爭的指示》。「五反」就是向資本家展開的反對行賄、反對偷稅漏稅、反對盜竊國家財產、反對偷工減料、反對盜竊經濟情報。那時，我們雖然年齡尚小，對社會上發生的這些大事還不十分懂得，但在那樣一個充滿激情的時代，年輕單純的我們也都積極參與，誰也不甘落後。學校號召捐獻飛機大砲，父親是供給制，我家只有小米，記得我好像交了一小袋

小米。「三反」，「五反」運動中，學校組織學生上街宣傳，到商鋪去「打老虎」，組織學生下鄉宣傳。一位姓陳的女老師，組織一個女生歌舞隊，每逢星期天，她給我們簡單的化妝打扮。我們穿的布拉基（連衣裙），據老師說是日本投降後，一九四六年美國空投給國民政府的救濟物資。一九五三年三月的一天，學校突然在小廣場亭子前召開全校大會，氣氛肅穆，一位高年級的大哥哥哇哇哭著走過來。大家不知道發生了什麼事，原來是史達林逝世了。之後，毛澤東發表了《最偉大的友誼》的悼念文章。

六、我畢業了

選擇志願

　　高中三年級的第二學期，學校規定的課程基本上都學完了，各科老師分別用不多的課時，對三年所學的知識作一扼要的精闢的總結，以幫助我們複習，準備升入大學的考試。那時，高中階段不分文科和理科，高校招生則分文科、理工科和農林醫科三類。同學們根據自己的志願，分類進行複習。高中一年級時，生物課著重講了蘇聯的米丘林學說，我由此對農業產生了興趣，便著手複習數理化。過了一段時間，聽說報考農林醫類，要加試生物。本來數理化就不是我的強項，再加一門生物課，我覺得負擔太重，便毅然決定改考文科。這是一個冒險的決定，因為複習的時間已

經過了三分之一，比原來考文科同學的複習時間少了三分之一。有的同學勸我慎重考慮，我卻義無反顧。複習歷史，情急之下，從家裡把父親成箱的教案搬來，父親沒有給我吃偏飯。

那年高考是全國統一考試，根據你的志願從高分往低分依次錄取。一九五五年高考，每人可以報七個志願，每一個志願可以填三個學校。我七個志願的第一個學校都是北京大學。其實，當時對北京大學只是衝著它的名氣，沒有更多的瞭解。記得有位男同學在濟寧考試完後，挪揄我：王凌雲，你不用回家啦，背著鋪蓋卷到北京大學校門口等開地填報志願時，學校領導突然召集我們兩個班開會，動員大家報考師範類，提高到為祖國培養師資貢獻力量的高度。當場有人表態，一定響應國家號召。我班僅有的兩位女共青團員都表了態。我不為所動，一言沒發。結果，我們班沒有一個人報考師範。

遠赴考場

一九五五年七月，經過兩個多月的複習煎熬，終於迎來了高考。那時，菏澤還沒有考場，高中四級的兩個班將前往濟寧參加高考。行前，一中校領導在大禮堂設宴為同學們壯行，班主任和主課老師和同學歡聚一堂。在我的印象中，這是在一中五年半以來最豐盛的一頓午餐。餐後，還居然上了一道蒸桃作為甜點。教

導主任車仲實老師代表校方講話，叮嚀囑咐的話我已大多忘記，只記得叮囑我們不要帶課本去，要帶書的話，可以帶一本小說。我領會他的意思，是經過幾個月的複習，都已胸有成竹，信心滿滿，一定要輕裝上陣。他還十分風趣地提醒女同學，不要忘記帶把梳子，以免頭髮像雞窩一樣進考場。車主任輕輕的幾句叮囑，透露出愛生如子的拳拳之情，也為我們卸下了思想包袱，減輕了趕考前的緊張情緒。第二天，校領導帶領近八十名學生，乘大卡車奔赴考場，沒見一位家長送行。母親給我煮了五個雞蛋，讓帶在路上吃。

考場設在濟寧一中。考試的前一天，同學們逛街的逛街，下棋的下棋，有人果然帶了小說。我和幾位同學尋古探幽，找到了太白樓，據傳詩人李白曾來此。同學們完全不像是「趕考」，倒像是休假。說實話，大家根本就沒有考不上大學的憂慮。記得那一年作文的題目是《我的祖國》。英文免試。

如願以償

八月下旬，家住菏澤的同學，三三兩兩每天往郵局跑。因為往年，全國各大學的錄取名單都先登在報紙上。幾天後，郵局工作人員宣佈：「大家都回去等吧，今年不登報啦！」此後的一天上午，郵遞員給我送來了北京大學歷史系的入學通知。我如願以

償，考上了第一志願第一學校。通知書還附有北京大學學生會的一封熱情洋溢的歡迎信。郵遞員說：「你這是第一家，你們這條街上還有兩家呢！一家也是北京大學，另一家是清華大學！」語調中透著讚譽。我家所住的這條玉皇廟東街，北臨一個美麗的荷花池。路南也只有二、三十戶人家。在這一條偏僻的小街上，這一年就有兩人考取北大，一人考取清華，一時傳為佳話。

一九五五年上半年全國開展對胡風的批判運動，六月對胡風的批判便轉向了對「胡風反革命集團」的鬥爭。這一年的暑假期間，菏一中和菏澤地區的其他中等學校的教職員工全部集中在一中校內，搞所謂的「肅清胡風反革命分子」的運動。他們不能離校，不許回家。我奶奶不知道聽誰說的：「老師都關在學校裡『打鬍子兒』呢。」我收到錄取通知書後，立即跑到一中去找父親，一是向他報告我考取北京大學的喜訊，二是入學費用尚無著落，請求解決。這時的一中，已形同一座臨時拘留所，門禁森嚴。我向傳達室人員說明來意，執意要見父親王永瑞，表示不讓見我就不離開這裡。他只好請示領導。最後，由一名工作人員把我帶進去，在大禮堂北邊一排平房裡見到了父親。

他得知我考取了北京大學自然很高興，但入學費用卻愛莫能助。我們談話間，那位工作人員一直守在旁邊。屋子裡坐滿了人，

我感覺氣氛詭異。沒說幾句話，父親便催我離開。一中的北門已經封閉，我只得沿原路返回。那是一個炎熱的下午，在大禮堂西邊的斜坡路上，我遠遠看見王效熹老師由兩個陌生人一左一右「陪」著正迎面走來。我趕緊跑著迎上去，還是他先開了口：「凌雲，考到哪裡啦？」顯然在這封閉的「禁營」中遇到我十分意外。當得知我考上了北大，他由衷地祝賀我。王老師是我的地理老師和高三時的班主任，同時又是父親的同學和摯友。我們不僅是師生，又是叔姪。當時，我還不知他已經被定為「歷史反革命」，之後被送去「勞動改造」，嚐盡了人間難以想像的苦難。

九月初，考上大學的同學們紛紛到一中辦理離校手續。令人遺憾的是，離校前，不能向辛勤哺育我們的老師告別，不能再在我們生活了五年半的校園漫步，因為校園已經成為「禁宮」。教導處只能在傳達室設辦事處，為離校的同學辦理相關手續。

七、三十年後再相聚

發起倡議

中學時代同學們的友情是純潔的、真摯的。當時全體同學住校，同吃同住，朝夕相處。大部分同學來自農村，他們樸實厚道。我們這個班年齡較小，活潑頑皮，爭強好勝，集體榮譽感很強，

同學之間感情深厚，鑄成了一個很好的班集體。

一九五五年高考結束後，我們這個班四十二位同學，像一群雛燕飛向了祖國的四面八方。之後，讀書、工作、成家生子，經歷了「反右」、「大饑荒」、「文化大革命」的風霜磨礪。除少部分同學相互通訊外，大部分同學失去了聯繫。一九七八年中共十一屆三中全會後，主要精力轉為建設。胡耀邦擔任中組部部長，平反各類冤假錯案，政治環境逐漸平緩。在這樣的時代背景下，一九八四年我和幾位同學經過反覆醞釀，發起倡議於一九八五年我們離校三十年之際，回一中母校相聚。由我執筆的倡議書如下：

「我們離開菏澤一中轉眼已經三十年了。三十年來，我們都在不同的崗位上為祖國建設作出了各自的貢獻。雖然我們都已是中年，兩鬢染霜，但每當聚會，卻仍然談笑風生，精神依舊，彷彿又回到了四級二班的教室裡或操場上，回到那黃金般的中學時代。大家相互介紹各方同學近況，有人業績卓著，我們共致祝賀；有人經歷坎坷，我們共表關切。但是，我們所知同學畢竟是一部分，還有一部分同窗學友我們一無所知，或知之很少，因而倍加思念。同時，我們還懷念栽培我們的老師和生活了六年的校園。那喚我們早起，催我們學習的鐘聲，仍在耳邊迴盪。

為了加強聯繫，互相勉勵，我們倡議編印四級二班同學錄，並倡議明年（一九八五年）暑假返母校團聚，期望『群賢畢至，少長咸集』，共敘三十年的別情，聆聽師長教誨，領略母校新貌。

信發出後，得到各方同學的熱烈響應。同時，也得到一中校領導的大力支持。在此期間，我們又找到了幾位失散多年的同學。一九八五年七月一日，發起組發出第二號通知，決定於七月二十一到二十二日報到，二十三日正式活動。

一別滄桑三十載

七月中旬起，同學們已陸陸續續到達。我和憲曾帶著剛剛大學畢業的女兒和正在讀高中的兒子提前來到菏澤家鄉，探親兼返校。共二十二人到校團聚，不少同學帶了兒女。宋煥明、尹福生及我倆則是舉家以赴。

同學相見，歡聲笑語，一浪高過一浪。一別滄桑三十載，握手互驚雙鬢改。唐朝詩人韋應物《淮上喜會梁州故人》一詩中的「浮雲一別後，流水十年間。歡笑情如舊，蕭疏鬢已斑。」此時我們都應有同感吧！校方為大家的生活作了周到細緻的安排，令我們倍感親切，有一種回到自己家的感覺。同學到齊後，王操同學在自己的飯店設宴，為遠道而來的學友們洗塵。因為不是官方

宴請，在自家人的飯店，場面之熱烈無法用文字表達。此後，王操在寫給我的信中還提起「曾幾時，諸君光臨寒舍，憶昔同窗之誼，小弟受寵若驚，得意忘形，竟亦高歌叫賣『喝油茶啊！』、『黏窩窩熱的！』。」

第二天，我們拜望了劉瑞呈校長、王永瑞、高明軒、王效熹三位班主任老師及任課老師。二十三日，一中校領導為我們舉行了隆重、熱烈、親切的歡迎會。會後，同學們在校園裡徜徉，從教室到宿舍，從大禮堂到東操場……三十年前那緊張的學習、愉快的生活，融融的師生情，又浮現在腦海中。

幾天來，我們的三位班主任和劉瑞呈校長及張暮曾、郝繼冉、張水石老師，不顧年邁，冒著酷暑，幾乎天天到我們住處來。他們每次來都是用自行車拖、用手提給我們送來清涼的飲料、瓜菓和食品，情同父子，催人淚下。張暮曾老師動情地說：「我從事教育工作近五十年，這幾天是我最高興的日子。」老師們看到自己培養的學生從全國各地來到他們身邊，那種桃李滿天下的幸福感溢於言表。我們也懷念教我們化學的朱天祐老師，教我們英語的黨秀全老師，他們慘死在「文化大革命」那個瘋狂的年代。

最難忘的還是我們這二十二位同學。分別三十年後，今日又

回歸學生時代的集體中，吃、住在一起，活動在一起，從天明到深夜，大家海闊天空，暢敘三十年的經歷，回顧中學時的軼聞趣事。我們走過的這三十年，正是一個疾風惡浪的時代，也是我們風華正茂的年華。我們都為在那鬧哄哄的政治運動中付出青春歲月而扼腕嘆息。其中更有甚者，則是苦難深重的尹福生同學，他在大學二年級時被劃為「右派」，幾經劫難，度過了二十三年常人難以忍受的苦難。當時，他才是一個剛滿二十歲的學生，何罪之有！殘酷的勞改生活損害了他的健康。這次團聚之後不久，他便查出了癌症，真是蒼天不仁！劉緒昌同學，北京大學數學系的高材生，因健康原因，休學回家，本是回家休養，卻遇大饑荒，食不果腹。為了生存，只好闖關東，在那千里冰封的關東大地，孤身漂泊了近一年，嘗盡了流浪的艱難和辛苦，後作為「盲流」被遣送回鄉。在那個年代，菏澤地區也是重災區之一。據一九六零年十一月山東一位同學來信講：山東今年天災人禍，五千萬山東人民在度荒年，百分之四十的人因營養不良而水腫，每人每天半斤糧。僅僅我們班同學的親屬，生生餓死的，據我所知，就有三人。區區四十二人的一個小團體，就有三人的親屬非正常死亡，以全國計將如何！

王操已考取華東航空學院，不料被另一個班的學生到附近的公安機關舉報他平時的一些言論，公安機關不經核實便將材料轉

給了華東航空學院，學校據此便註銷了他的入學資格。這簡直形同草菅人命。從此，王操便邁上了坎坷、曲折、艱危的人生路。他的經歷可以寫一部「評書」。安呈琪和彭瑋同學都是因為家庭的地主成分，分別被他們所錄取的學校取消了入學資格。我們這一個班同學的經歷，也是那個時代的縮影。

務實與浮華

　　這次返校團聚，我感受到人間真情。同學情、師生情，自不待言。我指的是官民之間。從市一級領導到一中校領導，周到細緻的接待，從他們的言談話語中，可以感受到是真情實意，沒有官腔，沒有空話。為振興菏澤經濟，他們舉行了各類座談會。《菏澤日報》以《卅載重逢話師生情義，千里聚會話故鄉新圖》為題做了報導：「老校友們與現在菏澤一中的領導以及當年任教的老師，一起回顧了一中八十餘年光榮的校史，並對如何培養全面發展的社會主義新人，特別是如何恢復和發揚菏澤一中的光榮傳統，進行了深入的探討。」「為進一步開發菏澤經濟，北京大學地質系講師王憲曾、江蘇油田研究院院長黃憲智、南京工學院電子工程系講師宋喚明、中國社會科學院蘇聯東歐研究所助理研究員劉仲春等校友舉辦了專題報告會，校友們召開了建設家鄉座談會，大家歡聚一堂，暢所欲言，對於我區如何利用本地資源，發揮本地優勢，發展菏澤經濟，提出了寶貴意見。」這反映了上世

紀八十年代社會風氣是積極向上，人們心情舒暢。

作為這次活動的組織者之一，我的另一個感受是，我們當時實在太窮。到會二十二人中，十九個人每人繳納三十元，作為活動的經費，這已是各位月工資的二分之一，沒有赴會的胡孚亭捐款五十元，我們給各位老師各送一份薄禮，以謝栽培之恩。七月二十四日，我們為了表達對老師們，對菏澤地委、菏澤市、以及一中的各位領導們，對在菏澤的四級一班的同學們的感激之情，舉辦了答謝宴會，再進行其他活動已無能為力。我們中唯一能拿出點錢的還是這位個體戶同學王操。我們這群知識份子卻都是愛莫能助。

十六年之後的二零零一年十月，我班部分同學再次在菏澤相聚。這一次，一是規模較小，二是我們的收入稍稍有所提高，可以自己解決吃住，就沒有煩勞官方。一中校方知道後，還是邀請我們回校，還請來了劉瑞呈校長及往日的老師見面。下午，現任校長請我們座談，聽取我們的建議。大家對一中舊貌換新顏沒有歌頌，而是深深惋惜。作為一中標誌性建築的鐘樓及大禮堂在大拆大建的風浪中均已不存在。鐘樓建於一九三四年，是一座兩層小樓，樓上有一亭子間，是一中的制高點。每天那喚我們早起，催我們上課的悠揚的鐘聲便是從這裏發出。小樓建築為歐式風

格，小巧秀麗，在菏澤城可與那座哥特式建築風格的大教堂比美。這兩座建築，在八年的日偽統治時期都完好地保存了下來。何曾想到，大教堂毀於瘋狂的「文革」年代，小鐘樓逃過「文革」一劫，卻沒有逃過大拆大建的浪潮。對一中來說，作為文化教育園地，卻無視文化傳承，我作為一名歷史和文物工作者，尤感痛惜，當著校長的面不客氣地說：「你們不會有一天把那一座銅鐘也賣掉吧！」有同學建議在學校大門內建一座亭子，將銅鐘掛起來，供校友瞻仰，也教育後來，因為它是一中那一段歷史的佐證。校方對此置若罔聞。兩年後，二零零三年十月三日，是菏澤一中百年校慶，我班七、八位同學應邀返校。慶祝大會那天，張燈結綵，陣陣喧鬧，中午美食佳餚，但往日的母校已經物非人非，留給我的只是記憶。我感覺不到一絲暖意。那天中午，在宴會餐廳，校長風風火火向大家敬酒，這時，我看到耄耋之年的劉老師蹣蹣珊珊爬樓梯的背影，令我備感蒼涼。那天，我看一張《中國青年報》，用一個整版的篇幅報導校長儀仲民的「光輝業績」，當然也包括大拆大建。我正在那裏發愣，走過來一位當地的同學對我說：「你知道這份報導是花多少錢買的嗎？」我不解地搖搖頭，他伸出兩個手指：「二十萬！」一切盡在不言中。這就是那樣一個浮躁、張揚的時代，何止一個小小的菏澤一中啊。

（2014.6.23. 一稿）

第四章 北大春秋

一、初入北大

耀眼的校徽

　　一九五五年九月初，我根據北京大學錄取通知書的要求，辦好了相關手續。母親向親友借了三十元錢作為路費和入學以後的費用，給我做了一雙單鞋、一雙棉鞋，還有一條我曾經穿過的綠花洋布中式棉褲。怕我到北京被人家譏笑，母親又給我帶上了一條父親的黑色制服褲作為罩褲。這就是一個到北京去上大學的女孩的行頭，可謂土得掉渣，但我卻毫無異樣的感覺。

　　九月六日，我和同班同學劉仲春、聶森、王憲曾、胡孚亭、秦鳳環一行六人，從菏澤出發前往北京，沒有一位家長到汽車站送行。我們乘汽車到兗州，轉火車，於當天傍晚從山東小城來到古都北京。

走出前門火車站，迎面便是一座巍峨雄偉的灰色城門樓（前門樓）。暮色蒼茫中，北京顯得飄渺神秘。我們找不到北京大學新生接待站，經人指點，只好乘無軌電車到西直門，然後轉乘三十二路公共汽車前往北大。我們中只有我小時候跟父母到過鄭州，西安大城市，其他幾位都是第一次乘公交車。記得不是胡孚亭就是王憲曾，不等我說話便搶先去買票，四處尋找售票處，在馬路上往返穿行，遭到員警一頓訓斥。這才知道，原來乘坐公交車是先上車，後買票。幾經周折，當我們來到位於北京西郊的北京大學西門的時候，已是夜晚。

　　我們進入西校門，找到了位於大草坪北邊的一座大樓（外文樓）內的新生報到處，這才知道這一年的新生入學時間推遲一週，我們六個人都沒有收到通知，故爾捷足先登。辦完入學手續後發給我一枚白底黑字的「北京大學」校徽。手捧這枚耀眼的校徽我很激動，此刻起，我便成為一名心儀已久的北京大學的學生了。手續辦完，又發給我一個白色的口大底小，筒狀的搪瓷飯碗和一個木製小方凳。後來得知，這只飯碗是捷克斯洛伐克製造的，它寸步不離地伴隨我度過了五年北大歲月。小凳子也是我生活中不可或缺的，在宿舍讀書、寫字、開大會、看電影，都離不開它。這兩件物品可謂是我在北大讀書期間個人暫時的私有財產，因為在畢業離校時要如數交還。

我們跟著迎新的學長，在月光下，穿過樓台亭閣、山巒小徑，來到大飯廳。每人發給兩個饅頭以作晚餐。然後，我們五人便揮手自此別，分別被帶往各自的宿舍。聶森去了西語系，仲春去俄語系，孚亭去了中文系，憲曾去了地質地理系，我則被送到二十七齋女生宿舍。這一天正值週末，放下行李，熱情的師姐便帶我去大飯廳參加舞會。伴著悠揚的樂曲，一男一女翩翩起舞。師姐告訴我，這是交誼舞，誰都可以跳。說罷，她應一位男生邀請，大大方方進入舞場。我呆呆地站在一旁。兩個人還能跳舞，而且是一男一女，對只會跳集體舞的我，簡直是匪夷所思。

美麗的校園

因為學校推遲新生入學，所以在正式開學前的幾天，學姐們帶我遊覽校園。

這裏原來是燕京大學校址。燕京大學在二十世紀二十年代由美國的美以美教會創辦，是當時北平的一所著名學府。一九五二年，也就是我入學的三年前，當局模仿蘇聯，進行高等學校院系調整。藉此機會，撤銷了燕京大學和輔仁大學兩所知名的教會創辦的大學。北京大學原址在城內的沙灘（今五四大街），教學樓又稱「紅樓」。一九五二年遷入燕京大學校址。

燕大校園是一座非常美的園林式校園。西校門雕樑畫棟，古樸典雅，是一座古典式建築。大門上方鑲嵌著「北京大學」校牌，左右兩座威武雄壯的石獅護衛著大門。據介紹，西校門原名校友門，是燕京大學校友於一九二六年捐資興建的。走進校門不遠，在綠蔭掩映下，是一座秀雅的三孔小石橋，一汪清水從橋下流過。當年我同幾位女同學在橋上憑欄留影的照片，保存至今。走過小橋，眼前呈現一片青草綠茵，迎面便是一座又一座仿古建築，古色古香。穿過山丘間彎彎曲曲的小道，來到未名湖畔。高高的博雅塔的倒影在湖中蕩漾。湖岸綠樹環繞，湖的西邊有一個小島，島上有一家書店，這小小的書店，吸引了不少的學生。偌大一座校園，草地、樹林、花圃相間；雕樑畫棟的仿古建築，小橋清溪，蔥綠的小山丘散落其間，真是美不勝收。稱它是一座大花園絕不過分。新校區的建設也初具規模，生物、文史、地學、化學四座三層中式教學樓一字排開。其中，文史樓將是我上課讀書的地方。

　　六十年過去了，北大的一樓一路、一草一木，仍深深地留在我的記憶中。儘管近些年在大拆大建的惡浪中，北大沒能倖免，所幸的是，原燕京大學校址的建築基本沒有動。二零零六年國家文物局以「未名湖校園建築」為名，將其公佈為國家級文物保護單位，令人欣慰。

開學了

　　來自全國各地的同學聚集在一起，先是分成若干小組，各自作自我介紹：自報姓名，來自何地，畢業於哪所中學，初來北京有什麼感想等。我操著一口純正的魯西南口音，靦腆地作了自我介紹，並很得意地說：「山東菏澤一中俺們那個班，有十二個人考上了北京大學。」同學們南腔北調，初次見面，彼此還有些拘謹。賀捷生同學說話細聲細氣，長相俊秀，她只介紹自己來自工農速成中學，後來才知道她是賀龍元帥的女兒。來自南京的丁學芸同學，活潑可親，話沒出口先笑嘻嘻，我們很快成了好朋友。此後，她和齊文心成了我加入中國新民主主義青年團的介紹人。孫淼同學來自天津，老成持重，以至於起初我還以為他是我們的老師。

　　開學了，正式分班。全年級共有一百一十一位同學，共分三個班，我被編入二班。開學後的第一課便是進行專業思想教育。

　　老師首先帶領我們參觀大圖書館，即今北京大學圖書館。其前身是京師大學堂藏書樓，一九五二年院系調整後，併入燕京大學圖書館。圖書館座落在辦公樓南側，也是一座仿古建築。雕樑畫棟，古樸穩重。底層是閱覽室，上層是書庫，樓下擺放著一排排厚重的褐色大書桌。我感到很驚奇，每個座位前都有一盞矮矮的檯燈。白天在檯燈下閱讀，顯得更加寧靜。老師教我們怎樣檢

索書目，怎樣借閱圖書。據介紹，北京大學圖書館藏書量僅次於北京圖書館（今中國國家圖書館），居全國第二。有一天我去練習檢索書目，豐富的藏書猶如知識的海洋。記得當年我好奇地搜索地方誌的目錄時，果真找到了山東菏澤縣誌。對於離開故鄉不到一個月的我來說倍感親切，也就算解一解鄉愁吧。

歷史系有一個不成文的規定，就是每年新生入學之初，都要拜見一位教授，聽聽他的教誨。我們有幸拜見了汪籛教授。他是著名的唐史學家，陳寅恪先生的高足。汪教授見到我們很高興。我們中有三位同學年方十六歲，他聽說後笑著對他們說：你們出生時，我已經在讀研究生了（他於一九三九年讀北大歷史系研究生）。我們面前的汪教授只有三十九歲，英姿勃勃，很令我們這群初入大學學府的小青年欽羨，他就是我們心中的偶像，好像燦爛的明天就在眼前。誰又何曾料到，我們眼前這位風華正茂的教授，十一年之後，一九六六年六月，那場慘烈的文化大革命的風暴剛剛颳起，他便含冤死去。一位才華橫溢的歷史學家，年僅五十歲，就這樣早逝了。

在歷史系為歡迎新生入學舉辦的迎新會上，系主任翦伯贊向我們一一介紹了歷史系的教授們。他們都是史學界的名家，其中還有一位蘇聯的女歷史學家安東諾娃。翦伯贊是著名的馬克思主

義歷史學家，他中等身材，偏瘦，但卻精神矍鑠。他操著一口湖南口音（他是湖南桃源人，維吾爾族），話語生動，意趣盎然。他鼓勵同學們好好學習，說：「歷史領域還是一片荒原，有待你們去開墾。」他要求我們在求學的道路上，要珍惜每一寸光陰，「每過一天，就向墳墓爬近一尺。」這個催人奮進的比喻我至今記憶在心。那位蘇聯女專家也應邀講話，她說：「你們考進了大學，高貴的理想就接近實現了。」

　　北京大學對新生的教育，不是刻板的說教，而是為我們營造一種濃濃的學習氣氛。

二、黃金時代

名師授業

　　上課了。北京大學的知名教授和副教授，都給低年級的學生授課，這也是北大的好傳統。北大歷史系知名教授如林，包括張政烺、鄧廣銘、週一良、齊思和、向達、邵循正、楊人楩等。受教於他們，是我求學生涯中最大的幸事。

　　當時，上課沒有統編教材，只有內容簡要的講義。我們學知識，基本上是老師在臺上講，學生在下面記筆記。老師講課並不

是刻板的照本宣科。許多老師脫稿講授的內容往往都是最精彩的。老師們也都是暢所欲言，尊重學術自由，氣氛很活躍。

那時候，一般稍大一點的教室都沒有課桌，只是在每張椅子的右把手上，裝上一塊比三十二開的書本略大一點的木板，學生就在這塊小小的木板上作筆記。中國古代史先後由張政烺和鄧廣銘先生講授，兩位先生都是山東人，聽著鄉音，倍感親切。張先生中等身材，胖胖的，常穿一件中式黑棉襖。他講課沒有講稿，開講前先把要點寫在黑板上，然後便一邊講一邊在講臺上來回走動。二尺寬的講台，一堂課下來，往往在他的黑棉襖的背後沾滿了白花花的粉筆沫。我們課下笑說，張先生上課，下課後不用學生擦黑板。

我喜歡聽先生的課。他講歷史像講故事，生動有趣。記得張先生只給我們上了一個學期的課。後來張先生離開了北大歷史系，到社科院歷史研究所去了，據說是因為他的某些學術觀點同郭沫若的觀點不同。學術就是政治，他大概是被認為不適合向學生授業，故被趕下了講台。鄧廣銘先生也是北大知名教授，宋史專家。鄧先生身材魁偉，慈祥可親。他接張先生講隋唐史。第二學期結束後，依照學校規定要作學年論文，我的論文題目是《房玄齡小傳》。房是唐朝宰相。

世界史由胡鐘達和齊思和兩位教授講授，胡鐘達先生講世界古代史。胡先生精幹灑脫，給我留下最深刻的記憶是他上課的講稿就寫在他的香煙盒背面。一九五八年，胡先生作為骨幹教師調往內蒙古，支援內蒙古大學，直至退休方才回到北京。齊思和教授講授世界中世紀史。他是北京大學的知名教授，學識淵博，講課語言幽默，講世界歷史也像講故事，令人聽得入神。但是，記筆記卻比較困難，因為世界史的地名，人名以及年代我都比較生疏，讀中學時雖然也學過世界史，但卻比較簡單。

　　中國史和世界史是歷史系課程的兩條主線。政治經濟學，邏輯和史料學為輔助課程，也都是歷史系學生的必修課。政治經濟學和邏輯是上大課，歷史系、中文系和哲學系同一個年級的學生一同上課，三個系二百多一年級的學生，只能在大的階梯教室進行。政治經濟學由經濟系趙靖教授講授，邏輯課由哲學系江天驥教授講授。為大學文科一年級學生開設邏輯課，是從蘇聯學來的。我保留至今的一本《邏輯》，就是蘇聯當時為其高等學校添設邏輯這門課編寫的教科書，斯特羅果維契著，曹靖華、謝寧譯，一九五四年十二月由生活、讀書、新知三聯書店出版。我購於一九五五年九月，距今六十年。書皮已經發黃，書內用紅筆、藍筆畫滿了重點，說明我當年學得認真，也說明學這門課並不輕鬆。如今只記得一個例子：天上下雨地上一定滑，但地上滑不一定是

天上下雨。這好像是一條外項不周延定律。如今回想起來，我們學這門課還是必要的，它能培養學生正確的思維和推理能力。

由於當時中國政府奉行「一邊倒」，即倒向蘇聯的外交政策，所以，那時全校的公共外語課一律是俄語，包括我在內的許多同學只好放棄在中學學了六年的英語，硬著頭皮學俄語。這是我最不願意學的一門課，因為發不出那個捲舌音。如今，我連字母都忘了，真是浪費光陰。

當時，北大各系除設必修課外，還有選修課和旁聽課。必修課是本專業的基礎課，此外，還允許學生選修本系或外系的一兩門課。我曾先後選了中文系的中國文學史和生物系的一門課。為什麼要選生物系的課呢？是因為我高中畢業後，準備高考時，曾準備報考農林醫類，後棄農改文，女繼父業，學了歷史。學校還經常組織跨系的大課，事先貼佈告，允許學生旁聽。各位授業老師的專業不同，講課內容各異，但他們有一個共同點，就是注重啟發式教育，鼓勵學生獨立思考。

課堂討論是先生和學生交流的好機會，也是先生考察學生對其所授課程的理解，還是學生發揮獨立思考的場合。即使是很枯燥的政治經濟學課，討論《資本論》時，為了使我們更深刻地理

解勞動剩餘價值的原理，老師請了一位父親是資本家的同學和一位本人曾做過學徒的同學首先發言，同學們就剝削與被剝削各抒己見，討論得很熱烈。

另樣的考試

　　第一學期期末，考試採用的是口試。這也是從蘇聯學來的。先由任課老師出若干考題，分別寫在紙片上，由考生抽取一題或兩題，給予一定的準備時間。我們坐在教室裡準備，等待老師提問。老師則坐在旁邊小教室裡，在一張鋪有白布的桌子前，師生相對，一問一答。計分採用優、良、及格和不及格四等，當場給分，由主考老師簽字。第二學期期末，考試仍是口試。考政治經濟學這門課時，我抽的考題是評述恩格斯的《自然辯證法》一書中的一節〈勞動在從猿到人轉變過程中的作用〉。假設是筆試，我很難在有限的時間內，在試卷上完整地擇要寫出來，而在同老師的一問一答中，我得了」優秀「。不知為什麼，到我們二年級時，也就是一九五六年的下半年起，便改成了筆試，實行五級分制。我清楚地記得，在二年級第一學期正在進行期末考試時，我因病住進了校醫院，考試繼續進行。環境變了，哪有心思複習功課？考試結束後，齊思和先生講授的世界史竟然不及格。這是我的同班同學，齊先生的女兒齊文心告訴我的，應該沒有錯。開學後補考，記分冊上是五分。這是我求學生涯中唯一的一次補考。

滿架書香

令我至今難忘的是大圖書館和各大閱覽室的開架書。走進閱覽室，書香滿架，許多從來沒有聽說過、沒有見過的圖書陳列在面前，可以隨心所欲，盡情閱覽。《康熙字典》在一般大學是難以看到的，在北大卻對學生開放。圖書館、閱覽室成為我學習生活中朝夕相伴，獨來獨往的地方。豐厚的館藏，為我們的學習提供了知識資源，培養我們探索歷史領域中未知的本領。當時，圖書館、閱覽室的座位有限，不能滿足每一位元學生的需要，每天在圖書館、閱覽室開放前，門前都排了長長的隊伍。搶佔座位永遠是男生的強項，有人竟然用書包、手套，情急之下，脫下襪子為女朋友佔座位，堪稱北京大學一道風景線。

北京大學從課程設置，到開架書，都體現了民主、寬鬆的校風。不但激勵學生學習書本知識，而且培養了學生廣泛涉獵知識、自由探索的能力。正是這樣的教育和任課老師淵博的學識，為我們日後的工作和專業研究打下了堅實的基礎。做為歷史系的一名學生，我學到的不僅是歷史知識，更主要的是一種方法，也就是如何駕馭歷史資料，探究歷史規律。

多彩的校園生活

北京大學不同於其他高等院校之處很多，名目繁多的社團便

是其中之一。文學社、戲劇社、合唱團等等，興趣相投的同學聚在一起，共同探討，相互激勵。同學們的各種才華，在北京大學這個舞臺上得以盡情地展現。

北大學生的生活豐富多彩。每到週末，各種活動的佈告貼滿了「三角地」的佈告欄，目不暇給。「三角地」是北鄰大飯廳和小飯廳（今大講堂），東邊是學生宿舍二十八樓，西邊是新華書店，其間的一片面積不大的一個三角地帶。二十世紀八十年代末，這裡成為唱響「民主與科學」北大精神的陣地。三角地的存在彰顯了那個時代學子的情懷。如今這塊「民主聖地」已經不復存在。

當時，社會上各界名人來校演講，政府官員來校做報告，每學期都要舉行幾次。領導人做報告，一般都是全校性的，在大飯廳舉行，同學們稱為大報告。新民主主義青年團書記胡耀邦富有煽動性的講話、廖承志的幽默談吐，以及吳祖光偕新鳳霞應中文系同學邀請來校講演時那種熱烈的場面，都給我留下難忘的記憶。國家級的樂團、歌舞團、劇團等文藝團體，每當排練了新節目，也要來北大演一演，似乎是得到北大學生的首肯，便是演出成功。一九五六年，蘇聯著名的芭蕾舞演員烏蘭諾娃訪問中國，也要到北大走一走，受到同學們的熱烈歡迎。

我入讀大學的那個時代，新的政權剛剛建立，我們也正是激情澎拜的年齡，對未來充滿憧憬和希望。在共產黨中央向科學進軍號召下，我發憤讀書，面對著密密麻麻的課程表，從這個教室到另一個教室，在課間休息的間隙中奔走。在入學不久的一個星期六上午，我同一位同學發現走錯了教室，便拼命奔跑，從西校門跑到第一教學樓，總算沒有誤課。料不到的事情發生了。當我上到第四節課時，肚子開始疼起來。記得那天下午，農業部部長廖魯言來校做報告。大報告結束後，同學們把我送到校醫院。經查，確診為盲腸炎。當即送往位於王府井大街的第三醫院做了手術。這也算是為那緊張的學習付出的一點代價吧。我們每天重複著從宿舍到教室，從教室到圖書館，再在點點星空下回到宿舍的三點一線的生活。

休學

　　正當我緊張地學習，興奮地設計未來的時候，一九五六年末，在一次全年級的體檢中，有兩人被查出了肺結核，我不幸名列其中，住進了校醫院。所幸沒有殃及同住一室的其他三位同學。住院養病的生活也很愜意。同住一室的其他三位病友是化學系的劉家惠、中文系的王瑚、生物系的一位名字記不起來了。我們四人中，只有她北京有家。同病相憐，我們很快就成了好朋友。最令我們高興的是，伙食非常好，無法同大食堂相比；再就是不用上

課，更無需考試。據說松樹會釋放出一種臭氧，對肺病有治療作用，我們便每天早起到辦公樓後邊的小山丘上的松林裡盡情地呼吸。每天午後，結伴在校園裡徜徉，美麗的校園成了我們的樂園。但卻好景不長。一九五七年四月的一天，教務處召集住院養病的十幾名學生開會，宣佈學校決定：病情無需治療的學生，儘快辦理休學手續，回家休養。我們四人中，王瑚因病情較重，被送往位於北京西郊的亞洲學生療養院。我們三人便分別辦理了休學手續。離校前，二班的同學開會，為我送別，大家真切地祝願我早日康復，重返北大。

　　對我來說，一九五五年九月至一九五七年四月的北京大學是一個黃金時代，那時我們無憂無慮，輕鬆自在，激情滿懷。六十年過去了，那另樣的考試，白色的桌布，老師坐在一邊，學生坐在對面，一問一答的情景，那厚厚的印刷簡陋的講義，那字跡潦草，一本又一本紙張灰黃的課堂筆記，那重重的，母親為我縫製的布書包，那時刻伴隨在身邊，叮噹作響的飯碗……這一切，如今都已化作甜甜的記憶。

三、不平靜的養病生活

養病

離開北京的那一天，同學鳳環和憲曾送我到前門火車站，三個人沒有忘記在天安門前留一張影。以三個人的著裝考證，當日應該是四月初，因為我們還沒有脫下冬裝。

回到家鄉，大地還沒有回春，魯西南平原黃沙滾滾，更顯得荒涼寂寥。這和美麗、充滿生氣的燕園判若兩個世界。畢竟回到家還是親情融融。父母見我帶病歸來，格外愛憐，再三表示，即使傾家蕩產，也要讓我把病養好。當時，我們一家五口，全靠父親一人微薄的工資生活，僅僅糊口而已，哪有什麼家產可蕩。父母親節衣縮食，也只能每天給我煮一個雞蛋，以保證我的營養。偶爾也買一點價格低廉的點心，也要裝在罐子裡，藏在我的床底下，以防小我十二歲的二弟偷吃。不過，後來還是被他發現了。養病生活，一天天，除了一日三餐就是睡覺，家務活母親一點也不讓我幹，我只能坐在家門口，對著一大池荷花發呆。

昔日的同學好友，都已飛向了四面八方，在菏澤幾乎沒有朋友可以傾訴。有一位初中同學武琴，大我幾歲，已經做了母親，住在中共地委大院，是地委書記的女兒。我到她家去玩過兩次，

她的小女兒很可愛，武琴待我也很親熱，但這種領導機關的大院不是咱平常百姓常常出入的地方，加之不久全國開展了「反右」運動，對這一是非之地，我就再也沒去過。實在太悶得慌，我便到同住在菏澤城裡的四叔家串串門，聽四嬸聊聊家常。她娘家在城裡，經營一個小染坊。日本兵打來之前，城裡已經兵荒馬亂，誰家要是有大姑娘，為了安全，就得趕緊嫁出去。她就這樣嫁到趙王李莊，成了我的四嬸。她娘家是小企業主，我們王家是大戶，說來也算門當戶對。聽她講，日本兵進城以後，到處燒殺搶掠。她父親讓家人都躲藏了起來，他卻捨不得自己的家業，獨自留守，遭日本鬼子殺害。四嬸更多的是訴說做王家兒媳婦的日子不好過。婆婆，也就是我奶奶，待各房兒媳婦比較苛刻，把他們視為傭人。她因為生長在城裡，比較開明，女孩子的腳纏得不夠規範。在妯娌中她的腳最大，因此很不招奶奶喜歡，揚言：走來走去，不要從我面前經過。

這一年的暑假，在北大的中學時的幾位同班同學，集資給我買了一個小礦石收音機。得到這個收音機，兩個弟弟高興地跳了起來。為了提高收聽效果，讀高中的大弟弟當即在小院裡樹起一個高高的杆子。打開收音機，姐弟三人你爭我搶。有了這個小小收音機，我早晨聽新聞，晚上聽音樂，為我的生活增光添彩。可惜，這個收音機不久便時常「罷工」，半年以後它便「壽終「了。

儘管如此，我還是非常感謝我的老同學。他們給千里之外的我送來了溫暖和快樂。

同北大的「反右「如影相隨

一九五七年，是社會生活急風驟雨的一年。在我養病的生活中，也會吹來幾縷浪花。我離開北大前，在同學中已經議論赫魯雪夫的秘密報告。那是這一年的二月到三月，蘇聯共產黨中央書記赫魯雪夫在一次秘密會議上做了批評史達林搞個人崇拜的報告。五五級一班沈元同學，在圖書館的一份英文報紙上翻譯了報告的幾個片段，在同學中傳閱。我因住在醫院，沒有看到。

回家後，大學的同班同學和高中同班一起考入北大的十位哥兒們，輪番給我寫信，報告學校的情況。記得是李傳明和韓承瀟負責寄《北京大學校刊》，連續半年，期期不丟。「反右」期間，中文系編印的《浪淘沙》，胡孚亭同學寄給我幾期。我幾乎每個星期都能收到信件和報刊。從來信和報刊中，對北大如火如荼的「反右」運動的進行，也使遠在山東的我如影相隨。有三件事至今仍留在我的記憶中。

最早得知的一則消息，是我所在的歷史系五五級二班的部分青年團員和青年，於五月十九日在大飯廳的東牆上，貼出了一張

大字報，質問校團委，在北京已經開幕的中國新民主主義青年團（這次會議決定改名為中國共產主義青年團）第三次全國代表大會北大的代表是誰？代表是怎樣產生的？一石激起千重浪，打破了北大校園的平靜。近日，在二零一五年《炎黃春秋》第八期上刊載了該大字報的參與者蔡家騏同學的文章《北大「五一九」參與者的結局》，今日讀來倍感親切，對四位同學的遭遇，銘記於心。現將當年那張大字報的內容抄下作為紀念：

「我們懷著激動的心情，注視著團三大的召開。我們有以下問題需要校團委答覆：

一、我校的代表是誰？

二、他是怎麼產生的？

三、我們有意見向何處反映？

歷史系二年級二班一群團員和青年」

另一件事是，「鳴放」中的一天，中國人民大學學生林希翎來北大演講，引起轟動。胡孚亭莽莽撞撞，上臺為林助威。菏一中在北大的幾位原同班同學，當日下午就找他談話，將他從「右派」的邊緣拉了回來。這也是從同學們的來信中得知的。緊要關頭彰顯了同窗之誼。他最後得了個團內警告處分。

這一年的五月一日，《人民日報》公開發表中共中央《關於整風運動的指示》。從五月初到六月初，各民主黨派、各黨政機關、群眾團體，以及教育界、科技界、文藝界、新聞界、衛生界等各界人士，本著幫助共產黨整風的誠意，對執政黨的工作和國家政治生活提了一些意見和批評。年輕學生尚未走上社會，只是在「幫助黨整風」的號召下，憑著一腔熱血，說一些心裡話。善於思考的同學，或許能提一些涉及國家大局的問題，我相信大部分同學也就是針對身邊的事情發發牢騷而已。至於黨中央，毛澤東發起這場運動，是陰謀還是陽謀，卻渾然不知。在此期間，有位同學給我寫信說，大家都在「倒苦水」，也鼓勵我「倒苦水」。我平日對於國家大事不大關心，一向是安於現狀，有啥苦水可倒呢？冥思苦想，還是給那位同學回了一封信，傾訴我學俄語的辛苦，因為我發不出那個捲舌音，一直不敢當眾朗讀。我在中學學了五年英語，老師都是一流的，基本語法都已經掌握。英語學得好的同學，可以用英語寫日記。如今，北大將俄語定為全校公共外語，丟下英語，去學那門鬼俄語，我一直想不通。如今回想起來，這封信如果被黨組織察覺，或者我人在北大，談起學俄語，言語會更激烈，那麼，反蘇可是十足的「右派」言論，其後果不堪設想。生病固然不幸，但是在這場暴風雨到來前就離開北大，又是萬幸。

一九五七年六月八日，從《人民日報》發表《這是為什麼》的社論開始，整風運動轉為反擊「右派」的鬥爭。從此，北京大學的同學們被捲入一場最為悲愴的批判「右派」的鬥爭。昔日的同窗好友，今日反目為敵。北京大學數百名菁英被一網打盡。這到底是為什麼？當時恐怕沒有多少人去思考。

四‧火紅的年代

在三面紅旗下

一九五八年一月一日，《人民日報》發表題為《乘風破浪》的社論，提出「超英趕美」的戰略任務。二月三日，《人民日報》發表題為《鼓足幹勁，力爭上游》的社論，指出：我國正面臨著全面大躍進的新形勢。五月，中共舉行八屆二次會議，通過了經毛澤東提議，把「鼓足幹勁、力爭上游、多快好省」作為黨的社會主義建設的總路線。會議還肯定了當時已經出現的「大躍進」，認為這標誌著我國正在經歷著「一天等於二十年」的偉大時期。八月，中共中央在北戴河會議上，決定號召全黨和全國人民，用最大的努力，為當年生產一千零七十萬噸鋼而奮鬥。

八月四日，毛澤東參觀河北省徐水縣。二十三日，《人民日報》發表作家康濯的長篇文章，報道徐水人民「在偉大領袖的指

引下，正在沿著人民公社的道路奔向共產主義的樂園。」「徐水的人民公社將會在不遠的時期，把社員帶向人類歷史上最高的仙境，這就是『各盡所能、各取所需』的自由王國的時光。」九月十日，《人民日報》全文發表《中共中央關於在農村建立人民公社的決議》，決議宣佈：共產主義在我國的實現已經不是什麼遙遠的事情了。會後，毛澤東視察湖北、安徽等地。他到安徽聽說，舒茶公社已經實現了社員吃飯不要錢，就興奮地說：「吃飯不要錢，既然一個社能辦到，其他有條件的公社，也能辦到。」十月二十五日，《人民日報》發表題為《辦好公共食堂》的社論，認為辦好公共食堂是人民公社實現組織軍事化、行動戰鬥化、生活集體化的有效措施。

在「大躍進」的浪潮一浪高過一浪之際，我於一九五八年三月回到北京大學，辦理好復學手續後，被編入五六級三班。我去三班報到，班長熱情地接待了我，問我「註 cha」了沒有？我聽不懂，呆呆地看著他。原來是問我註冊了沒有。班長姓唐，浙江人，是一位調幹大哥，至今他仍鄉音未改。這個年級入學時，一百二十八人中，直接從高中考來的，也只有二十多人，其餘均為調幹生。在共產黨「向科學進軍」的號召下，在工作崗位上的知識青年，紛紛報考大學，被稱為「調幹生」。我住在孫樹荃、韓恆煜二位師姐的宿舍裡，課外，會外仍回原五五級二班的同學

中。經過相當一段時間，才融入了新的班集體。

我回到學校時，「反右「運動已近尾聲，被劃為」右派「的老師和學生正在接受批判，等待處理。我經常看到一位學生模樣的人牽著一隻羊，在我們的二十七齋後面小山丘上走來走去。後來才知道，他就是鼎鼎大名的」右派「譚天榮。據說學校將他留校是為了讓他作為」反面教員「，以教育廣大學生。不久，又是廣播、又是大字報，口誅筆伐，批判譚天榮，好像是生活作風上犯了」滔天大罪「，從此，他便從北大消失了。

據介紹，我到校前不久，全校舉行了萬人「反保守，反浪費「的雙反「誓師大會」。四月二日，歷史系師生列隊在校園內遊行，向「全校大爭大辯大整大改動員大會」表決心，要「自覺革命」，「紅透專深」。整什麼、改什麼，已經記不得了，只記得要求每個人都要寫大字報，而且有定額。我平時不大關心學校和社會上的是是非非，沒有什麼可寫，經常完不成定額，很苦惱。有一天，我正在絞盡腦汁，冥思苦想，不知寫什麼，忽然聽見天空一陣轟鳴聲，原來是一架飛機一掠而過。有了！我便寫了一張題為《請給我們一個安靜的學習環境》的大字報交差。那時候，從文史樓到校園，貼滿了紅紅綠綠的大字報，牆面有限，便拉起了一道道的繩子。記得有一天，我在文史樓看到一張大字報，批

評歷史系系主任翦伯贊在大躍進的時代振作不起精神，記得最後一句話是：「翦老，翦老，比起郭老，你還算小。」「郭老」指的是郭沫若。其實那一年翦老已年屆六十。

滅雀大戰

一九五八年四月末，全校師生開赴北京北郊的十三陵地區修水庫，熙熙攘攘的校園頓時平靜了下來。我因肺病剛剛痊癒，留在學校。在此期間，經歷了一場打麻雀的戰鬥。作為「過來人」見證了那場古今中外絕無僅有的**轟轟**烈烈的消滅麻雀的全民運動。記得是四月十九日或二十日，歷史系辦公室通知留校同學早飯後到西邊氣象園去打麻雀，工具自備。我和齊文心等女同學拿了掃帚、臉盆，有人將床單綑綁在竹竿上，我們幾個女生先佔領了一摞木板，站在上面作為作戰高地。校園裡所有的高處，山頂上、亭子頂上、有的房頂上，都站滿了人。學校「作戰」指揮部一聲令下，鑼鼓聲、吶喊聲，敲盆的敲盆，吹哨的吹哨，搖竹竿、舞彩旗，頓時沸騰起來。樹上的，屋簷下的麻雀和小鳥懵懵懂懂，倉皇起飛，無處棲身，在空中亂飛。突然，一個倒栽蔥，「砰」的一聲落地，引起一陣歡呼。可是我們幾個女同學的陣地，不論怎樣努力敲打、揮舞，就是沒有麻雀光臨。已近中午，我們正準備撤離，只見一隻似乎是麻雀的小鳥落在我們的腳下。我們喜出望外，躍然跳下來，捧起來一看，原來是一隻深藍色的喜鵲。麻

雀獲「罪」，殃及同類。當日，我們從新聞廣播中得知，這是一次全國性的「滅雀大戰役」，北京市全市統一行動，報紙上還刊登了劉少奇站在城牆上同群眾一起滅麻雀的照片。

為什麼要消滅麻雀？當時我們並不知曉。原來是一九五六年一月二十六日，中共中央公佈《一九五六年至一九五七年全國農業發展綱要（草案）》，規定將麻雀、老鼠、蒼蠅、蚊子列為必除的「四害」。一九五八年三月至五月，毛澤東在幾次中央工作會議上，都號召要消滅麻雀。隨即在全國開展了消滅麻雀的群眾運動。據查，後來毛澤東在一九六零年三月十八日起草的《中共中央關於衛生工作的指示》中，又提出「麻雀不要打啦。」在人類數不清的冤案中，又增加了一樁鳥類的冤案。

大煉鋼鐵

一九五八年八月，毛澤東在中共中央會議上提出，鋼產量要翻一番，也就是說，要在當時的五百三十五萬噸的基礎上，年底要增加到一千零七十萬噸。在另一次會議上，他說：「要拼命幹，要一星期抓一次，還有十九個星期，要抓十九次。」九月一日，《人民日報》發表北戴河會議公報，通欄標題是：中共中央政治局擴大會議，號召全民為生產一千零七十萬噸鋼而奮鬥。毛澤東說，發展鋼鐵工業，一定要搞群眾運動。什麼工作都要搞群眾運

動。十月，冶金部推廣土法煉鋼，《人民日報》為此發表社論《讓土法煉鋼遍地開花》，隨之便掀起了土法煉鋼的熱潮。

這一年的深秋，北京大學校園裡也建起了小高爐。記得在二十八樓以西建了一座小高爐。有一天，輪到我們班值夜班，天氣已經轉涼，有的同學穿上了棉衣。添煤加炭的體力活，自然由男同學承擔。女同學只是打打下手。我偷閒，在現場有感，寫了一首小詩：

《煉鋼忙》
天上星星閃光，
地上披滿寒霜。
在這小小的工地上，
人們為煉鋼奔忙。
小高爐群群樹起，
爐邊把人也煉成鋼。

十月二十三日。

熬過夜晚十二點，便可以領到夜宵費。我們幾個女同學，便高高興興地跑到南校門馬路對面的長征食堂，每人享受一碗熱騰騰的餛飩。第二天還可以美美地睡上半天覺，這般美事何樂而不

為？至於「爐邊把人煉成鋼」，只是說說而已。

一九五八年十二月二十一日，新華社發佈消息，宣佈「一〇七〇萬噸鋼——黨的偉大號召勝利實現，超額完成了一九五八年鋼產量翻一番的任務」。消息傳來，同學們正準備就寢。忽然聽到外面人聲鼎沸，微弱的路燈下，黑壓壓的人群，鑼鼓聲、歡呼聲響成一片。我們飛奔下樓，隨著人群在校園裡遊行。歸來，仍然壓抑不住激動的心情。晚十時，寫出了一首詩：

《一〇七〇頌》
為什麼這麼激動，為什麼這麼喜歡，
是一〇七〇叩動了我們的心弦。
多少人為一〇七〇而戰，
多少個日日夜夜守在爐邊。
六億人民一起行動。
六億顆心為著一〇七〇．
用沖天的歡呼，
用震地的掌聲，
歡呼一〇七〇的完成，
唱出我們內心的激動。

十二月二十一日晚十時

詩畫滿園

　　一九五八年四月，中共中央在漢口召開工作會議，毛澤東要求各省負責人回去以後，號召群眾大寫民歌，謳歌大躍進、總路線和人民公社。不久，一些氣壯山河的民歌開始在民間傳頌，如《歌唱毛澤東》：

　　毛澤東，毛澤東，插秧的雨呀三伏的風，
　　不落的紅太陽，行船的順帆風，
　　要想永遠不受窮，永遠跟著毛澤東。

　　再如：「戴花要戴大紅花，騎馬要騎千里馬。唱歌要唱躍進歌，聽話要聽黨的話。」
　　詩風吹進了北京大學，北大校方要求各系、各單位都要搞詩畫滿牆，號召人人寫詩作畫。記得我們在第二教學樓的東山牆上畫了一架飛機在玉米地上飛行，反映農業大躍進。這是任務，班裡的宣傳委員負責統計、上報。為此，我特地訂了一個非常簡陋的小本子，紀錄自己的部分詩稿，名為《百花集》。經過近六十年風雨顛沛，保留至今，堪稱我家的文物。它是那個大躍進時代的佐證。

　　學校生活比較單調，沒有更多的內容可寫，只能根據當時報

紙上報導的大事，抒發一點感想，湊幾句，算不上詩。但它也算是那個時代的一滴浪花。《百花集》開篇就是一首《祝詩畫滿園》

「燕園雖美，怎能比得上深秋田野。
幢幢樓房，哪顯得群群高爐雄壯。
今天是詩風橫吹的時代。
我們，要把心中的畫寫在牆上。
祝詩畫琳琅滿牆，
讓田野、工廠，以共燕園風光。」

五八年十月七日

以後又寫了《文藝園地百花開》
「文藝園地百花開，
萬紫千紅放異彩。
詩風吹，
詩篇飄，
寫詩人兒把園澆。」

五八年十二月十日

《秋收忙》：
稻穗碩碩山棗紅，

百日辛苦一旦功。
若是錯過收割時，
這場秋收一半空。

五八年十月二十日

「這場秋收一半空」，還真的被我不幸而言中。這一年全民大煉鋼鐵，秋糧大半拋灑田野，開啟了大饑荒的年月。

一九五八年二月，中國和朝鮮兩國政府共同決定，中國人民志願軍從當年的三月五日至十月六日，分三批全部撤出朝鮮回國。十月的一天，在天安門廣場舉行歡迎志願軍歸國大會，我寫了《英雄凱旋歸》：

「鴨綠江水，
載著中朝人民的友誼東流不盡。
在南邊，
揮手依依，送別最親愛的人。
在北邊，招手歡呼，
迎接風塵僕僕的兒女們。
勝利的鮮花常開，
戰鬥的友誼永存。」

十月二十一日

我是一個兵

　　毛澤東號召全民皆兵，實行組織軍事化，行動戰鬥化。北京大學打破了教學秩序和班級組織，每個年級以連、排、班作為建制，每個學生都是戰士。首先每天要出早操。我寫下了一首詩：

《早操忙》
「月兒西掛，大地靜悄悄，
起床人比太陽早。
音樂陣陣催，
組長聲聲叫，
門聲砰砰，
樓梯咚咚，
姑娘逗得星星笑。」

十二月二十日

　　一九六零年四月一日，系黨總支書記許師謙做報告，莊嚴宣告：歷史系成立民兵營。作為基幹民兵，便對我們進行軍事訓練。首先請來軍委某部的一位副部長給我們講當前形勢和民兵的組織和任務。有一天，集合隊伍在校園的東南隅的操場上（又稱「棉花地」）練兵。第一次端起真槍，先學習驗槍，上子彈，然後學習瞄準。突然狂風大作，黃沙滿天，我們在沙塵中一直練到中午。

四月十二日中午，我們到燕園北邊的紅湖（學生自己修的游泳池）射擊場打靶，用的是小口徑步槍。這次可是真槍實彈，有生以來第一次打槍，既興奮又忐忑。上場前，一再暗暗告誡自己，一定不要害怕。可是輪到我上場，端起槍，扣動扳機的手便不聽指揮，結果三發子彈，只射了七環。

萬馬奔騰

大躍進之年，文藝、體育、衛生、科研，真可謂萬馬奔騰。體育大躍進是要求學生人人都要達到國家勞衛制標準，而標準又非常苛刻。我們這個年級，有兩位個頭比較矮小的女同學，百米短跑無論如何達不到標準。因為關乎集體榮譽，她倆苦練，同學鼓勵加油，總算達到標準。男同學苦練摔跤，練得十分辛苦。有人說怪話，天天體育體育，北京大學改名為北京體育大學好啦！我和幾位同學因為體弱免修體育課，自然逃過勞衛制這一大「難」，只能參加啦啦隊，為班集體盡一分力。在一次歷史系運動會上，我居然擔任過女子跳遠裁判員。畢業時，檔案中沒有體育成績，不能畢業。於是，體育教研室的一位美國老太太老師，讓我做了一套廣播體操，給了一個最高分。

衛生也要大躍進。一九五九年十二月，學校召開全校衛生積極份子大會，我不知道為什麼，班裡派我去出席這種會。當天我

便寫下了《參加『衛生積極份子大會』有感》：

一、
今日開會，自慚愧；
平日不先，豈曰積極。
二、
首長報告，大受教育。
衛生萬馬，怎容忽視。

十二月二十一日

後來，班長又委派我作保健員。我已經擔任年級黑板報的採訪和編輯工作，如今又讓我做保健員，心裡有幾分不情願。今查看當時的日記，針對這件事這樣寫道：「職務不大，但應當養成是黨組織交給的任務，務必忠心耿耿，任勞任怨！。」這種心態，在那個時代的知識分子中有一定的代表性，也只有同時代的人可以理解。全校衛生誓師大會提出的口號是：移風易俗，改造世界，以衛生為榮，以不衛生為恥。

一九五八年末，歷史系要籌備迎新年文藝匯演。內容要求歌頌總路線、大躍進、人民公社三面紅旗。如何奏響這一主旋律，同學們見仁見智。經反覆策劃，決定自編一個舞蹈，由女同學表

演。每人手持一個花籃，採花，敬獻給各條戰線的英雄們，選一首曲子伴舞。有人建議為了營造氣氛，在舞蹈開演前，先作一段開篇頌詞。朗誦詞和伴舞的歌詞由誰撰寫，經過一陣你推我讓，班長決定由我來寫。我推不掉，只好從命。朗誦詞還好，好話說盡就是了。為曲填詞，我可從來沒有寫過，只能試試看。

朗誦詞：「雄姿英發，氣勢昂揚，六萬萬勤勞勇敢的中國人民，正以排山倒海之勢，雷霆萬鈞之力，向地球開戰。在這『一天等於二十年』的豪邁時代裡，我們正在創造人類的奇蹟。將要過去的一年，是大躍進的一年，是令中國人民自豪的一年。在這躍進的浪潮中，湧現出千千萬萬的英雄模範。我們的祖國是一座大花園，萬紫千紅，百花爭豔，朵朵花兒要靠六億人民來澆灌。我們要把鮮花送給英雄和模範。」

一九五八年，大躍進、總路線、人民公社，攪得中國大地如火如荼，六億人民在最高領袖的指引下，如癡如狂。當時經常唱的一首歌《我們走在大路上》，真正代表那個意氣風發的時代：

「我們走在大路上，意氣風發鬥志昂揚。
毛主席領導革命隊伍，披荊斬棘奔向前方。
向前進！向前進！革命氣勢不可阻擋。

向前進！向前進！朝著勝利的方向。

五星紅旗迎風飄揚，六億人民奮發圖強。

勤懇建設錦繡河山，誓把祖國建成天堂，

我們的朋友遍天下，我們的歌聲傳四方。

這真是一個紅彤彤的時代，更是一個癲狂的年代。

五、丁格莊紀事

廬山會議的風吹來

一九五九年九月一日，新的學年開始。開學不久，便遵照學校規定，用兩週時間學習中共八屆八中全會檔；同時，全校政治課停課兩週。

這一年的八月二至十六日，中共八屆八中全會在廬山召開。在此之前一個月，中共中央政治局在廬山開會，討論糾正大躍進和人民公社化運動中的錯誤。七月十五日，彭德懷給毛澤東寫了一封信，陳述自己的意見，認為在過去的工作中出現了一些缺點錯誤，原因是多方面的，浮誇風比較普遍增長起來了，小資產階級的狂熱性使我們容易犯「左」的錯誤。毛澤東見信後，氣急敗壞。他在七月二十三日的大會上聲言：現在黨內外夾擊我們，有黨外右派，也有黨內那麼一批人。後來，毛澤東又指出，我們反

了九個月的「左」傾，現在是反右的問題了。他認為，廬山會議上的鬥爭，是近十年社會主義革命過程中，資產階級和無產階級兩大階級生死鬥爭的繼續。會議通過了《關於以彭德懷同志為首的反黨集團的錯誤的決議》，同時，作出關於《為保衛黨的總路線，反對右傾機會主義而鬥爭》的決議，斷定「右傾機會主義」已經成為當前黨內的主要危險，要求全黨全國人民擊退「右傾機會主義」的進攻。

我們學習八屆八中全會的文件，不知哪一級黨委在反對「右傾機會主義」之外，又加了一個「反對右傾情緒」。無疑，這就意味著將共產黨內部的鬥爭擴大到六億人民。試想，且不說那些因飢餓而死的人的親屬，就一般人而言，對大躍進中「人有多大膽，地有多大產」的大吹大擂；為了公社軍事化，有的地方竟然倒退到太平天國時實行的男營女營；為了大興水利，鼓足幹勁，不論男女，一律光著膀子幹。誰能沒有一點情緒？如今統統冠以「右傾」，那就無人能夠倖免了。

我們學習八屆八中全會文件，大會接著小會，天天開。在一次歷史系共青團總支大會上，黨總支書記許師謙講話，指出：這是一次生動的政治教育，是一次階級立場和世界觀的教育。會後，我在日記中寫道：「站穩立場，劃清界線，真不是那麼容易。一

個人的立場、觀點，滲透在他的一言一行中。今天難道真的能夠用無產階級的觀點，辯證唯物主義的方法去看中國的總路線、大躍進、人民公社的問題嗎？不能！」

對學生加強政治教育的同時，加強勞動教育。十月五日，我們歷史系三年級同學來到北京通縣「北大畜牧場」參加勞動。一回到學校，又接著學八屆八中全會文件。這就意味著每天大半天的時間，又要在男生宿舍度過。當時，除去上課和去圖書館，大部分班級活動都只能在宿舍進行。每次開會，我們從中學直接考來的女同學，都擠在床的最裡邊，以避免班長點名發言。所幸的是，調幹同學較多，他們發言都一套一套的，為我們這些從中學來的同學所望塵莫及。有時，我一天不發一言。記得有一天，要討論「總路線」，班長指定我重點發言，我很緊張，認真做了準備，居然獲得了好評，被認為是當天發言質量較高的幾個人之一。這樣的學習時斷時續，一直進行到了年底。

過去對中央文件，一般性的讀一下就過去了。當時對八屆八中全會文件的反覆學習，其本意是加深對總路線、大躍進和人民公社「三面紅旗」的正確認識，明辨社會主義和資本主義的大是大非。可是，在學習過程中卻開啟了我思考的閘門，腦海中呈現了許多問號。八屆八中全會的主題是反對「右傾機會主義」，我

的問題是：一、「右傾機會主義」既然是「黨內的主要危險」，為什麼要求全國人民攻擊之？二、共產風是「左傾」還是「右傾」？三、大躍進能不能繼續下去？四、為什麼市場上過去有的東西現在沒有了？產花生的地方吃不上花生？是不是都運到國外去了？等等。

使命

要下鄉的傳聞，今天變成了事實。一九五九年十二月十六日，歷史系黨總支書記許師謙作下鄉動員報告。這次派大批學生下鄉，主要任務是趁冬閒，幫助整頓人民公社，貫徹八屆八中全會精神。報告指出，整社是兩條路線的鬥爭，其目標是宣傳人民公社的優越性，堅定社員的信心，徹底批判「互助不如單幹」的謬論，解決社會主義和資本主義道路問題。總結經驗，徹底批判「搞糟了」的謬論，鞏固工農聯盟，正確處理公社與國家，公社與大隊，公社與集體的關係，批判不遵守國家徵購任務，破壞市場等資本主義活動，加強黨的領導，堅持政治掛帥，大搞群眾運動，堅決粉碎一部分中農的反社會主義思想。總之，要讓社員、幹部在總路線問題上分清大是大非。

許師謙同志要求我們，要在當地黨委的領導下做到：一、參加整社，接受教育，改造思想；二、向貧農和下中農中的先進份

子學習，劃清與富農和富裕中農的界線，和社員同吃、同住、同勞動；三、做一些社會調查。他特別指出：你們四年級有些人，至今白專道路還沒有解決，四年級的同學應趕緊改造自己的思想。這次下去是改造自己的好機會。他反覆強調，一定要根據北京市委的指示，堅決完成三項任務。他叮嚀再三：參加整社，要老老實實接受教育，認認真真改造思想，絕對的、無條件的服從黨的領導，加強組織性和紀律性，把勞動任務完成好。不怕髒，不怕累，把社會調查工作做好。社會調查工作是一項政治任務，調查中要注意黨的領導，採用階級分析的方法，根據黨的方針政策，調查的重點是：一、人民公社的必然性和優越性；二、人民公社和高級合作社的差別；三、人民公社怎麼樣進行鞏固和發展。他最後宣佈，參加整社會議，只能旁聽，不許發言；若要發言，必須經討論提請領導批准。同學內部學習檔，可以進行辯論。

會後，要求每個人都要制定「下鄉思想改造規劃」，規劃分存在問題和措施兩部分。我自己找的問題遠遠不夠，班會上同學們又幫助找了一些，都是上綱上線的大問題，諸如階級覺悟低，分不清大是大非，和黨組織關係不主動，做事按部就班，不能打破常規，小資產階級情調濃等。總而言之，是階級覺悟低，自覺革命差。根據上述問題，我定了一堆空空洞洞的措施，經全班討論通過了事。

動員會前一天，已經知道就要下鄉了。當晚，寫下了一篇《決心詞》表明心跡：

「黨的號召，在我們心中激盪，
到農村去，是我們最迫切的願望。
我們像離弦的箭，疾駛的帆。
黨的一聲令下，便整裝上戰場。
八中文件的學習，澄清了思想，
我們堅決站在保衛總路線的最前方。
我們明白，等待我們的不是田園風光，
也許是朔風呼嘯，大雪紛揚。
天寒，我們不怕，
地凍，凍不住我們的決心。
農村，就是戰場，
嚴峻的鬥爭，便是課堂，
在勞動中百煉成鋼，
在鬥爭中把自己煉得更堅強。
深入群眾，學習貧農，
冶煉感情，改造思想。
黨的號召，在我們心中激盪。
高舉總路線的紅旗，

跨進共產主義的課堂。

　　十二月二十四日，我們四年級三個班近百名同學整裝出發。留校的學兄學弟學姐學妹們列隊歡送。經過三個小時的行程，抵達房山縣琉璃河公社交道管理區丁各莊生產大隊。據介紹，這個隊原來是個貧困隊，經過合作化，現在富裕起來了。我們分散住在農戶家裡。農民都在本村的公共食堂吃飯。大隊領導專為我們設灶，請來一位大嬸為我們做飯。

「西風「與改造

　　一群大學生的突然到來，引起了鄉親們的紛紛議論。一些老大娘拉著我們的手愛憐地說：為啥在這寒冬臘月到我們這個窮地方來受苦啊！有人乾脆問：放著好好的學不上，怎麼到我們這個地方來啦？還有個別人認為我們是被派下來作秘密工作的。我們不敢貿然回答，只能付之一笑。因為下來前，學校沒教我們對上述問題如何回答。我們這次下鄉，是以什麼樣的身分和鄉親們相處和從事工作，領導沒有明說。我倒覺得我們這次下來還真有點作秘密工作的味道。通過我們走村串戶或在勞動中和農民話家常，瞭解農民的思想，當地幹部聽不到的真心話，會對我們講，

因為我們是過路客，不會秋後算帳。我們又透過聽到的真言怪論，經過內部會議，結合實際談思想、談認識，匯集起來，交到哪裡就不是一般同學的事了。

我們在同農民一起勞動或串門中，問起糧食，幾乎是異口同聲說：不夠吃！收的不少，都交到上面去了。有的說：我眼看著一車一車拉走了。也有人說：不夠吃，誰又餓著肚子啦？問起食堂，多數人反映：吃不飽，吃不好，「社會主義好，稀粥喝不飽」。有人說：天這麼冷，再遇上陰天、下雨，家中有老人、小孩的很不方便，希望把飯打回家裡去吃。有人希望把糧食分給各戶。也有人說：反正我幹活，收工後到食堂吃飯，也很好。問起人民公社，有人說：現在肥料少了，種子灑到地裡沒人管。過去一缺肥，拉一車黑豆就上到地裡去啦。有人直白地說：「給公社幹活，還不得把我累死？要是給我三十畝地，我一定把它種得好好的。現在把人調來調去，時間都花在路上了。」有一天晚上，我到一戶叫劉鳳和的家去串門，這是一家本土本色的農民。我問他一年能掙多少工分，他說：「我就知道幹活，幹了活吃飯、多少工分，從來不問。」工分是當時農民的唯一生活資源，他連這都不過問，你還能從他口中聽到什麼不滿意的話嗎？有一天晚上參加社員大會，公佈生產隊一年的帳目。社員劉景華質問：我勞動一年，投資這麼多，不但沒有結餘，為什麼還要虧欠？大部分社員也不明

白。隊長解釋說，結餘都交給公社了，社員的生活所需由公社統一調配，以免產生資本主義。一位社員接荏說：農民就沒別的想法，，就是吃飽了飯幹活，也沒有什麼資本主義不資本主義的。

我們做到了與社員同住、同勞動。寒冬在北方是農閒季節，沒什麼重活。對我來說，最重的活是操起鍘刀鍘草，將秸稈鍘碎作為牲畜的飼料。這可是壯勞力幹的活，我居然能操刀鍘草，一幹就是兩天，很累不過也很得意。

我們另起爐灶，卻也和本村農民吃食堂一樣，一日兩餐：早上九點一餐，下午四點一餐。我記憶最深的是兩頓飯都是懸稠的玉米渣粥，不限量，喝飽為止。早飯還好，喝飽為止。下午那頓飯，不約而同，人人心裡都很緊張，因為要等十七個小時以後才有飯吃。所以，大家都可著勁地喝。就這樣，兩個多月回到學校後，我們幾位女同學趕快到照相館照了一張相，個個臉蛋都是胖胖的、圓圓的，這也就是一方水土養一方人吧。

那年春節我們是在丁各莊過的。社員們都各自回家過年，食堂停炊。我們也領到一份白麵和肉餡。大嬸給我們和好麵、拌好餡，讓我們自己包餃子，她便回家過年去了。我們十五個人一起動手，七嘴八舌，手忙腳亂。第一批餃子下鍋，很快便成了半鍋

皮兒半鍋粥。嘻嘻哈哈的，大家吃得有滋有味。有感於此，我即席湊了幾句：

人民公社是熔爐，今年此地春節度。
齊包餃子莫等閒，半鍋皮兒半鍋粥。
高奏凱歌曲一支，願在記憶永存留。

贏得一陣掌聲和歡笑聲。正月十五元宵節，當地農民很重視。食堂把麵和餡分給社員，回家包元宵。我們下午吃了頓肉，打了一次牙祭。晚上在回住處的路上，皓月當空，大地如雪，我有感而發：

花燈時節踏月光，家家戶戶元宵香。
他鄉此地度佳節，同甘公慶幸福長。

我們這次下鄉，任務之一是改造世界觀。每天白天同農民一起勞動，增強與勞動人民的感情。晚上大部分時間，是我們內部活動，學習文件，匯報思想，批評與表揚。這是一天最難熬的時間。勞動一天，本來就很疲勞，晚上還要在煙霧繚繞的煤油燈下學文件，談思想，枯燥無味，昏昏欲睡。記得王宏志同學擔任會議記錄，趴在燈下，眉毛、鼻子都沾滿煙灰。

所謂談思想，就是將白天聽到的村民對現實生活的不滿和牢騷，我們稱之為「西風」，談談自己怎麼看。關於公共食堂，不少村民反映，遇到陰天下雨，或天寒地凍，家中有老人小孩的去食堂吃飯，就很困難。鑑於此，我在我們內部會上提出遇到上述情況，應該讓家中有老人和小孩的社員把飯打回家吃，並建議將我的這一提議上報給上級領導。當時就是這麼天真。結果受到同學們的「幫助」，直到我認識到這是「反映了富裕中農的情緒」才罷休。此後，我怕聽「西風」。每逢「西風」颳起，我能避則避，免得麻煩。

　　批評和表揚是保持一個集體健康進步的手段之一。但是，在那個年代也是「左」之又「左」。有一天，生產隊要突擊完成一項任務：堆在打穀場上的花生，要在大雪到來之前處理完。要將長在棵上的花生，用人工一粒一粒地摘下來，很費工夫。已經三天，任務還沒有完成。這一天，在月黑夜，兩個女同學悄悄來到打穀場摘花生。事後，受到了表揚。對此，班裡少部分同學，包括我在內，認為表揚不當，此風不可長。儘管她們兩人用心是好的，但是，兩個人就算幹一夜，又能摘多少呢！實際上是反映了個人英雄主義。更有甚者，兩個女孩子，在那夜深人靜的曠野，萬一遇到壞人怎麼辦？當時，她們也許沒有想到這些，那至少也是無組織無紀律吧！為此，班裡專門組織了一次討論會，結論還

是應該表揚。

整社

春節過後，開始整社。所謂整社，就是整頓人民公社的各級幹部。遵照規定，我們參加會議，只聽會，不許發言，倒也輕鬆。正月初四，參加第一次幹部鳴放整風會。初次會議，發言者寥寥無幾。初六，繼續聽鳴放會。這一天的發言稍稍熱烈一些，但可以聽得出來，發言者都出言謹慎，談當前農村存在的問題，點到為止。自我批評倒是坦率真誠，談人民公社成就，則只談具體的哪裡建了一座橋，哪裡修了一條路，很少有人談生產。先後聽了四次幹部鳴放辯論會，使我意識到，當前農村所有亂象，盜賣小豬、私伐樹木、拉攏幹部等，都歸結為富農和富裕中農情緒，給他們冠以「反社會主義代理人」的帽子。

二月十四日（正月十日）晚，召開了丁各莊社員大會。大隊楊書記作整風動員報告，要開始進行全民整風。我們參加幾次社員辯論會，他們倒是有啥說啥，無非還是我們初來時聽到的那些所謂「西風」。

開展全民大辯論的前後，我們內部就當前農村存在的諸如糧食、食堂、工農關係、農民幹勁、生產指標等問題進行了多次辯

論。就上述問題每人談出自己的認識，看你能不能站穩階級立場，分清大是大非。我曾放言「農民只有單幹才有積極性」；關於食堂，同情老人小孩；曾有一個月，將糧食分給各家我很讚賞，等等思想中的「西風」。陳金陵同學在會上質問：「辯論的深度與否，是不是以西風颳的多少為標準？」他是指同學們對當前農村存在的問題的「負面」認識越多，辯論的越深透。大家指出，提出這樣的問題，是如何對待自己的思想改造和如何對待領導的問題。

入住敬老院

這次下鄉，最後一個任務是進行社會調查。分給我的任務是和吳融芳同學調查琉璃河公社的敬老院，為期半個月。二月二十二日，我們背上行李，在晨曦沐浴中離開了丁各莊，前往公社駐地。當時，有一種被放飛的感覺。兩個月來，大會連著小會，尤其是內部會議，談思想，被「敲打」，不足兩個月，我寫了五、六份思想總結。無時無刻，一言一行，都與思想改造相聯繫。那時，我們還是一名大學生，有機會換一換地方，轉換一下角色，頓感輕鬆。二十幾歲的我倆住進了敬老院。

進入敬老院的一剎那，我油然升起一種慘淡恍然的感覺。加入到風燭殘年老人的隊伍，宛如進入一個與世隔絕的世界。經過四天的調查及與老人的交流，我便關在老鄉的一間小屋裡寫調查

報告。報告寫好後交到上級領導，很快老唐來傳達支部意見，認為重點不突出，修改後交上去，吳代封又來，認為寫得不深刻，語言不大眾化，文字不生動。再寫，高瑞寶、李站長又來，說老人辛酸的經歷寫得不辛酸，對老人缺乏階級感情。最終他們道出了真意，要通過敬老院，歌頌人民公社，歌頌新社會。

缺乏感情，我承認。如今我已進入耄耋之年，正在等待去養老院。今天如果讓我寫一篇養老院調查報告，一定會感情充沛，感觸良多。可是，在五十五年前，你要求兩個青年，在短短的四天共同生活後，便能寫出一篇光芒四射的調查報告，除了空話，不會有真情。

七天的社會調查結束了。在暮色蒼茫中離開了敬老院，全院老人都出來送別。十九歲的小院長常淑蘭，純樸得像一片白雲，我很喜歡她。我們戀戀不捨，她一直送我們到街頭。三月六日，我們又回到了丁各莊。老鄉們親切地問候，好像又回到了自己的家。

離村
即將返校，要求每人寫一份思想總結，交由全體同學討論通過，人人過關。我的總結通過了。同學們提了一些意見，有批

評，也有表揚。回首五十五年前，在那樣的歷史背景下，兩個多月的農村生活，在我對人生觀的確立中起了劃階段的作用。對於一九五八年那癲狂年代的追捧，自己確實是出於對毛主席、共產黨的絕對信任，盲從再加上青年人特有的激情，真的認為共產主義就在明天。當年寫的那些詩歌，很大程度上是自己的真情流露。這次走出校門，來到農村，所見所聞，完全不是報紙所宣傳的和自己所歌頌的那番景象。糧食不夠吃，食堂、農民勞動積極性等等問題，對照八屆八中全會「反對右傾機會主義」精神，我產生了一些疑惑，對上述問題也有一定的看法。儘管這些疑惑和看法被認為是階級立場問題，但我卻揮之不去，我自認為這是一份可喜的收穫。當然，作為一名北大的學生，距離北京大學「獨立思考」，「自由探討」的校風還相距甚遠。

六、教育大革命

師生錯位

　　「教育大革命「是一九五九年九月二十日中共中央在《關於教育工作的指示》中提出的。實際上，早在一九五八年「大躍進」的狂潮中，作為教育陣地的大學，受傷害最深的是教師隊伍。這一年初，共產黨中央號召在全國開展「雙反」運動，即「反保守、反浪費」。這個運動本來是為了配合貫徹「鼓足幹勁、力爭上游，

多快好省地建設社會主義」的總路線的。可是，在教育戰線上，經歷過思想改造的教授們，被推到了運動的最前沿，認為他們培養出來的學生不紅不專就是最大的浪費。這一年的五月，毛澤東在中共八大二次會議上的講話中，提出「拔白旗，插紅旗」，號召「破除迷信，解放思想，不怕教授」。劉少奇則號召「要把教授的名聲搞臭」。自此起，便對知識份子展開了大批判。北京大學黨委緊隨其後，首先拿校長馬寅初開刀。五月四日，陳伯達在北京大學六十週年校慶大會上講話，說「馬寅初要對他的『新人口論』作檢討。」八日，北大校方便召開批判會，批判馬校長的《新人口論》和《團團轉平衡論》。他為自己的觀點申辯，在《光明日報》上發表文章《再談平衡論和團團轉》。

隨著大躍進狂潮的高漲，對馬寅初的「人口論」的批判也一浪高過一浪。我至今還記得，一九六零年三月，我們下鄉回到學校，只見校園裡貼滿了批判馬校長的大標語和大字報，上綱到反黨反社會主義，反馬克思主義，反毛澤東思想。大批判從校園走向社會。面對這場持續近兩年的蠻不講理的大批判，馬老始終沒有作違心的檢討，表現了一位知識份子的自尊和氣節。他在寫給《新建設》雜誌的《重申我的請求》一文中表示，「我接受《光明日報》開闢一個戰場的挑戰書，我雖年近八十，明知寡不敵眾，自當單槍匹馬，出來應戰，直到戰死為止，決不向專門以力壓服，

不以理說服的那種批判者們投降。」

「雙反」運動在全校展開。四月二十日，歷史系師生列隊遊行，向「全校大爭大辯大整大改動員大會」表示要「紅透專深」，此後便展開對老教授的批判。七月，我所在的二年級三班和一班同四年級的學長們在文史樓階梯教室批判鄧廣銘教授的「資產階級學術思想」。齊思和、楊人楩教授也另外受到同樣的批判。同時，在「科研大躍進」的號召下，黨總支要求學生到勞動人民中去，寫勞動人民的歷史，寫革命鬥爭的歷史，於是，我們二年級的同學分別寫出了《北京史》、《北京清河製呢廠史》、《安源煤礦史》及《北京大學學生運動史》。一群大學二年級的學生，用不足三個月的時間，完成了四部專著。喜耶！悲耶！

一九五九年初，在「又紅又專」的號召下，歷史系要求每個學生都要制定「紅專規劃」，遵照十分指標、十二分措施、二十四分幹勁，給自己訂什麼樣的指標，採取什麼樣的措施來完成，其根本問題是要找出自己思想上存在的主要問題。我有什麼問題，好像以前從來沒有想過，如今考卷擺在面前，簡直比高考答卷還難。寫好規劃，如釋重負，我走出室外，正是滿園春色四月天，百花爭豔，原來世界是這樣美好。

四月九日，歷史系召開「開展科學研究動員會」。所謂「科研」，就是打破「資產階級教授」在教學中奉行的系統性，科學性和完整性。北大校方決定在黨委領導下，由教師和學生共同制定教學大綱，共同編寫教材。說幹就幹，不知是系裡還是年級的黨組織，決定即日起，編寫一部關於世界近代史的教材。第二天，我們二年級黨支部書記許森榮同學宣佈分工名單，我被分在資本主義組。該組是一個大組，可能相當於一個班。我具體在東南歐小組，查找資料，廣泛瞭解東南歐諸國的歷史。當時所稱的東南歐包括哪些國家，已經記不得了，只記得讀了兩個星期的書，大體掌握了九個國家的基本材料。

　　在分別撰寫詳細提綱階段，我和薛達同學負責第一章「奧匈帝國』，開始感到壓力。讓沒有學過這門課的學生去編寫該課程的教材，其困難可想而知。學生編寫教材，現在看來很荒唐。但當時，我們卻很認真，認為這是黨交給我們的革命工作，是實踐又紅又專的檢驗。提綱寫好了，我們認為寫得還不錯，不料被世界史教研室的羅榮渠老師全盤否定，再重寫，羅老師還是認為不夠理想。由我執筆的第一章第一節《奧匈帝國的瓦解及在它領土上新的國家的建立》，寫出了第一稿，困難還不大，也就是將蘇聯編寫的世界史十卷本中與奧匈帝國的相關內容縮寫而已。寫出「匈牙利蘇維埃共和國」這一段，拿到小組討論，給的評價是：

文字生動，但文藝筆調太強，作為寫歷史，文字不夠精煉。我虛心接受，自己在熱情充沛之中，忘記了科學性。

六月初，全部書稿討論結束，有待進一步修改。五十多天來，每天早出晚歸，精神這根弦一直繃得很緊。如今可以鬆一口氣了。總結近兩個多月來所謂的「科研工作」，有辛苦也有收穫，在老師的指導下，通過讀書，查找資料，初步學會怎樣將資料系統化，如何組織結構，然後擬定大綱，寫出文章等等。

上課啦！六月八日，上第一堂課，講中國近代。坐在教室裡，我的第一感覺是，又回歸了學生身分，老師也回歸了自己的崗位。回想五十多天的「科研」，師生錯位，老師要到學生宿舍去輔導，個別男生躺在床上，翹著二郎腿，老師進來，若無其人，師道尊嚴掃地。現在上課了，恢復了正規的學生生活，煥發了壓抑很久的求知慾望，好像又回到了一九五六年「向科學進軍」時的那個黃金年代。我很高興，在日記中寫道：「正規上課已經一個星期，這是十足的書本學習，圖書館就是小天地。要拼命地學，利用每分每秒去掌握科學知識，盡力成為更有用的人。知識就是武器，只有它才能用來改造自然、改造社會」。心裡這麼想，但話卻不能這麼說，因為「又紅又專」的大旗，還在頭頂上飄揚。

惬意的暑假

　　七月三十日放假。一九五九年暑假我是在學校度過的。考慮到大學生活已經來日不多，想利用這人生不可多得的學生生活，多讀些書。同時，也想利用這暫時跳出政治運動漩渦的機會，放鬆一下心情，好好玩玩。我是一個很戀家的人，每逢寒暑假必定回家，下決心留校，也想鍛鍊一下自己，畢竟以後到了工作崗位，就要獨立生活了。

　　一個月的暑假很快就過去了。讀了幾本書，也玩得很開心，沒有政治干擾，看電影、聽音樂、觀球賽，自由自在，輕輕鬆鬆。我讀了毛主席的《矛盾論》，恩格斯《路德維希・費爾巴哈和德國古典哲學的總結》巴爾札克的《高老頭》及楊沫的《青春之歌》。英語也有點長進。電影《可尊敬的妓女》令我印象深刻，主人公麗絲是一位天真可愛的姑娘，有一顆人類最純潔的良心。當她發現被一位議員欺騙簽了一份假的證明書，致使一名黑人被殺害後，便勇敢地起來保護黑人，捍衛正義。

　　最開心的是幾位從中學來的一起考入北大的同學，暢遊頤和園，徒步往十三陵。在諧趣園的石山上，邊嗑瓜子邊打撲克；划一葉扁舟，在昆明湖上顛簸。喊啊！笑啊！掀起千重浪。一天，同學緒昌、傳明、孚亭、承潢和我，在大飯廳相遇，不知是誰提

議，去十三陵！說走就走！各自用飯卡到食堂領了兩個窩窩頭以作午餐，我們從清華園乘火車到昌平站下車，徒步奔向十三陵。從長陵到景陵游泳了四個陵。昔日風光一世的天子長埋地下，今日人們在墳前遊玩，不能不令人感慨。如今寫本文時，更令我感到淒涼的是，當年我們一行五人，熱熱鬧鬧，如今歲月無情，其中孚亭、傳明、緒昌三人已經作古。

這一年的暑假，在城內的中國人民大學就讀的（原北大新聞系專業，後併入人大）孚亭請我們到王府井的首都劇場看話劇《蔡文姬》，學明、傳明、承潢和我一行四人進城看戲。我們都是第一次進首都劇場這座藝術殿堂。郭沫若編劇，朱琳主演的蔡文姬是一位才女，歷盡漂泊，回歸漢朝途中，寫出的《胡笳十八拍》，是自肺腑發出的絕唱。在生命的後期，又寫出了新詩《重睹芳華》，感人至深。後來得知，孚亭為了買這五張戲票竟然賣掉了一件棉襖，可見同學之情至深。假期中我還受二十七齋齋委（樓長）委託，代理她的工作。對這項光榮的社會工作，我欣然接受，所進行的唯一一項工作，就是在開學前同原齋委共同領導了一次大掃除。

一個月的暑假很快過去了。由於學習中共八屆八中全會檔的干擾，專業課的講授已無法保證。中國近代史和世界近代史，只

能斷斷續續進行，直到學期末，放下書本走出課堂，下到農村，回到學校應是一九六零年三月。離開學校兩個多月，功課拉下了，這是肯定的。所以在我們十一日到校的當天，歷史系便通知，晚上八點上哲學課。我一覺醒來已經八點二十分，第一堂課就遲到，而且不只我一人。

反修大批判

回校後的第四天，迎頭碰上一場「思想戰線上的階級鬥爭」。我們沒有思想準備，不知道風是從哪裡來。上午，年級黨支部書記許森榮同學作動員報告，要求我們繼續學習中共八屆八中全會精神。原來是廬山之風，又隨我們從農村吹回到學校。不同的是，鬥爭對象由富農和富裕中農，轉向我們自己。當天中午開會，要大家選定鬥爭典型，方法是可以自己報名，也可以提名，結果人人自危。之後，黨支部召集由中學直接考入大學的同學開會，支部認為我們閱歷較淺，希望在這次鬥爭風浪中鍛鍊自己，更快地提高階級覺悟。我們表示，這是黨對我們的關懷，一定要用行動來報答，拿出初生牛犢不怕虎的氣魄投入戰鬥。下午，黨支部宣佈，林沉、蔡雷、張左系三位同學為典型。現在看來，黨支部當時的做法有失公德。誰作為典型，他們已經內定，之所以讓同學自報和提名，很明顯是將責任推給同學們。三月十六日晚上六點，在文史樓一零一階梯教室開大會，揭發批判林沉的所謂「反黨反

社會主義」言論。我也奉命做了準備，但沒有發言。晚十時，由林沉做檢查。他只三言兩語，引起大家的氣憤，決定十八日繼續批判林沉。十七日晚，年級黨支部召開揭發批判蔡雷大會，指定我和小譚、童超三人做重點發言，批判他對黨在思想領域的領導的攻擊。由於自己理論水準低，分析能力差，政治覺悟不高，看不出他的問題要害，自然發言蒼白無力。蔡雷同學平時沈默寡言，低頭走路，不知為什麼把他定為反黨反社會主義一分子。對三位「典型」學生的批判草草收兵。這也許在那個年代不算什麼，但對這三位青年人的心靈傷害是很大的，可以說是終生的。同時，利用同班同學來揭發批判同班同學，在那個「極左」的年代，有些同學出言過激，也傷害了同學間的友誼。林沉，蒙古族貴族，姓名伊克安・林沉，在同學中年齡較長，有一種傲氣。畢業後分配到內蒙古大學，成為元史專家。蔡雷畢業後去向不明。據我所知，林、蔡二位在我們年級舉行的多次返校活動中，從來沒有參加過。

在思想領域進行階級鬥爭的大旗下，大批判繼續發酵。五月，開始對歷史學家尚鉞進行批判。四月五日，張寄謙老師告訴我們，要批判尚鉞了。為什麼批判，批判他什麼，她沒有告訴我們。四月七日，歷史系黨總支書記許師謙作關於批判現代修正主義的報告，指出：這是一場嚴肅的政治鬥爭，是一場共產主義教育運動。

這次大規模的批判現代修正主義是一個壯舉，下決心要對十八世紀的東西進行重新評價。他要我們每個人都要革除存留在腦子裡的資產階級，封建主義殘餘。黨一聲令下，千軍萬馬奔騰。當晚，在文史樓內，一陣風似的貼滿了表決心的大字報。我在大字報中寫道：「這場運動，對自己來說也是一場革命。在自己思想上，還殘留著一些十八世紀文學的影響，崇拜那個時期的文學作品，認為那些作品有人情味，充滿悲歡離合的情感。這些應該徹底清除。」

在批判尚鉞修正主義史學觀的過程中，歷史系師生曾經就歷史學研究中，史料和理論的關係，階級性和科學性的關係等問題，大會、小會，進行過多次辯論。我提出，既然每一件史料都打上了階級烙印，那麼就失去了真實性。今天我們所謂的科學性又從何談起？大家就歷史學的階級性、黨性和科學性三者的關係展開了熱烈的討論。各抒己見，結果，越辯越糊塗。我發言堅持認為，黨性和科學性，既有統一性又有矛盾性，因為無產階級認識世界不是絕對正確的，而是相對的。四月二十一日晚上，歷史系全體師生就歷史學黨性和科學性開會辯論，張芝聯先生發言，認為歷史原是不可知的，史學家做研究，一定要窮盡史料。顯然，他是屬於史料第一的一派，在會上不會得到公開的支持。因為在當時，被認為是資產階級史學觀。現在寫來，才真正認識到老一代知識

份子在逆風中的骨氣是多麼可貴。

五月十二日，歷史系舉行全系科學討論會，繼續批判尚鉞的修正主義史學觀。校外十幾個單位蒞臨，史學界名家劉大年、呂振羽、鄭天挺在座，批判尚鉞的修正主義史學觀及其所衍生的歷史學的黨性和科學性的大辯論至此告一段落。最後統一在如下結論下，即：歷史科學是一門黨性很強的學科，它具有鮮明的階級性，不是為這個階級服務，就是為那個階級服務，「超階級的歷史是不存在的」（毛澤東語）。作為歷史學工作者，只有紅透，才能專深。

在大批判的間隙，有時也上課，課程都要為當前的政治服務，要厚今薄古。一九六零年四月十四日，總支書記許師謙作學習中國現代史的動員報告。一個月後，學習完第一次國內革命戰爭。進行課堂討論時，大多數同學還比較認真，待到進行抗日戰爭一段的課堂討論時，你東扯一句，他西拉一句，組長乾著急。六月九日，中國現代史教學草草結束。在學習毛澤東著作、列寧的三篇文章、大批修正主義等等政治活動的衝擊下，中國現代史也好，哲學課也罷，只不過是錦上添花。

從五月二十六日起，我們這個年級又全力以赴，參加《中國

史綱要》的編寫工作。黨支部向同學們提出的要求是：在戰鬥中學習，在戰鬥中改造，在戰鬥中成長。我們具體承擔哪一部分的編寫任務，已記不清楚了，只記得分配我兼管相關資料的蒐集和整理工作。資料工作繁雜，如何蒐集篩選，也還需要一定的歷史知識。七月二十六日，《中國史綱要》大綱初步完成，小組總結會上，對我的意見是：在編書過程中偏重業務多，進行思想改造不夠。

編寫《一二九運動史》

一九六零年九月，中共北京市委宣傳部為紀念「一二九學生運動」二十五週年，要求北京大學和清華大學合作，共同編寫一本《一二九運動史》。北京大學派歷史系五年級四名學生蘇雙碧、王宏志、吳傳煌和我前往清華大學，同清華大學馬列主義教研室的幾位老師共同工作。

九月二十四日，我們住進了清華大學荷花池附近的招待所，受到了幾位老師的歡迎和熱心的關照。臨行前，系黨總支書記許師謙、年級支部書記許森榮諄諄告誡我們：這次寫書，是直接為政治服務的，在寫書過程中不要忘記改造思想，同清華的老師搞好關係，既要謙虛謹慎，又要敢想敢說，勇於發表意見。國慶節過後，正式開始編寫工作：去共青團中央等機關查閱資料，訪問

一二九運動的親歷者,各小組分別擬定大綱,然後分別撰寫初稿。我承擔「準備著,迎接偉大的民族解放戰爭」和「在敵人的砲火下前進」兩部分。初稿寫成,小組意見仍然是「文學筆調太濃」。看來當初我是選錯了專業,不應該學歷史,應去學中文。當時,對小組意見,我有自己的想法。一二九運動史不同於一般正史,它是在國家處於生死存亡的關頭,青年學生走上街頭,奔走呼號,要求國民黨當局抗日,是一場激情澎湃的愛國運動。寫這樣一段歷史,文字應當生動,方才能顯現歷史的真實。更何況我們執筆者也是學生,不妨注入一點感情。儘管這麼想,還是要服從全域。修改稿寫好了,交給清華的幾位老師進一步修改定稿。我們於十二月二十三日返回北大。

《一二九運動史》由北京市委宣傳部部長,一二九運動的參與者楊述寫了一篇「一二九運動簡論」作為代序,於一九六一年十一月由北京出版社出版發行。在教育大革命浪潮中,我所參與的學生編書,除《一二九運動史》得以出版外,其餘均成了故紙堆。

教育與生產勞動相結合

參加生產勞動,是教育革命的重要內容之一。中共中央在《關於教育工作的指示》中,要求加強黨對教育工作的領導,加強政

治教育和生產勞動教育，開展「教育大革命」。為此，全校各系紛紛走出課堂，參加各種生產勞動。歷史系三年級來到北京通縣：北大畜牧場「參加勞動」。

一九五九年十月五日，我們來到畜牧場。金秋十月，極目心舒，走出校門，離開那枯燥無味，日復一日的政治學習，來到農村，心情格外舒暢。我幼時生長在農村，對這裏的一草一木都感到格外親切，半截土牆、一株架豆，都引起我童年的記憶。這是我第一次來到北京農村參加勞動。金秋正是收穫季節，農民豐收的喜悅感染著我們。雖然勞累，但心情很愉快。十二天的勞動很快就結束了。

一九六零年九月，學校為執行「教育與生產勞動相結合」的教育方針，五個系四千多名師生開赴北大校外勞動基地十三陵人民公社勞動鍛鍊。歷史系同學在昌平為北京大學昌平分校修小鐵路，勞動強度很大。在糧食定量一減再減的情況下，對身體的傷害是很大的。兩個月回校後，許多人得了浮腫病，有人住進了校醫院。大部隊下鄉勞動的同時，我們四人被派往清華大學參加《一二九運動史》的編寫工作，逃過了這一劫。

一九六一年，由於我們畢業在即，生產勞動便在校內進行。在大饑荒的年代，為了改善學生生活，校園變成了田園，呈現另

一番風光,令人感到詭異。三月,春回大地,正是播種季節,學校決定停課一週,在校內外從事生產勞動。記得我們班在校園的東部分得一小塊菜地。首先平整土地,工具需要自行解決,手持自製的工具,幹起活來特別起勁。我們要種洋白菜,分菜苗的活自然由女同學來完成。小苗移栽更如繡花。菜園管理需要肥料,除了用樹葉漚肥外,有一天,班長派我和王宏志同學收集糞便。我倆抬著一隻破桶,滿校園奔走,見到化糞池就打開,往往令人失望,如果能撈上來一兩塊糞便,我們便欣喜若狂。當時我想,如果撈上一塊黃金,也未必這麼高興。那種心情,就好像在昨日。蒼天不負有心人,五月,白菜收穫了三百斤。

我們掃過校園內的大路,從西校門一直掃到南校門。在眾目睽睽之下,有一種說不清的異樣心情。在教育為無產階級政治服務,教育與生產勞動相結合的旗幟下,學生批先生,學生編教材,學生下鄉,下廠勞動,教學秩序全部被打亂。北京大學的探索精神和學術研究環境已經蕩然無存。那時候,我們卻在鬧鬧哄哄中快快樂樂。我們真傻,那就是一個冒傻氣的時代。

七、大饑荒的歲月

大饑荒始於一九五八年冬,一九五九年全面爆發,一九六零

年是最嚴重的一年。實際上，一九五八年初，在山東已經有數萬人在挨餓。一九五九年上半年，毛澤東下令，要求徵收農民糧食產量的三分之一，農民飢餓全面爆發。毛澤東說，糧食徵購不超過三分之一，農民不會造反。此後，中央政府一再要求地方各級政府擴大徵糧。在農村，致使挨餓的農民四處逃亡，路有餓殍，哀鴻遍野，滿目荒涼，用「千村薜荔人遺矢，萬戶蕭疏鬼唱歌」來形容不為過分。

據有關資料顯示，一九五九到一九六一年三年時間內，共餓死三千七百五十五萬人。作為「天之驕子」的大學生，和同期的農民相比，真可謂身居天堂。儘管如此，既然同在一片烏雲下，也會沾幾滴雨花。

民以食為天，食以糧為先。不知從什麼時候開始，吃商品糧的城裏人，如果遷移，都要帶糧食關係。一九五八年初，我復學回北大，糧食關係從山東菏澤轉入北京大學。一九五八年末或一九五九年初，學校要求統一糧食定量標準。全年級在男生宿舍的過道裡開大會，首先宣佈每人每月的現有定量。當念到我的定量為三十六斤時，引起哄堂大笑。我一頭霧水，不知為什麼會引起發笑。原來三十六斤是特種重體力勞動者的定量，我一個剛剛病癒的女生竟被賜予三十六斤的口糧，豈不好笑？最後宣佈統一

定量為男生三十二斤，女生二十八斤半。一九六零年九月七日，中共中央發出《關於壓低農村和城市口糧標準的指示》，指出：（1）農村的口糧標準，淮河以南到珠江流域以北地區，每人每年三百斤左右原糧。各省的重災區，則應壓低到平均每人三百斤以下；（2）城市的口糧標準，除了高溫、高空、井下和擔負重體力的職工以外，其餘全部城市人口每人每月必需壓低口糧標準二斤左右。在此前的七月三十日，中共北京市委決定，北京的飲食業一律實行憑票供應的辦法。

執行中央指示，學校要再次壓低學生的糧食標準，給出的理由是：為了進一步拉近知識份子與工農的差別，也是關係到知識份子勞動化的問題。不論理由多麼冠冕堂皇，但畢竟「人是鐵飯是鋼，一頓不吃就餓得慌」，工作不好做。我們班經過四次討論，自報公議，女生每月二十六斤，減去了二斤半。我發牢騷：「思想革命已經深入到一日三餐中來了。」在副食品極端匱乏的情況下，全靠稀粥和窩窩頭充飢。當眾飯後舔飯碗已經司空見慣。為了填肚子，有人發明飯前先喝一碗醬油湯，醬油可以買到，因為據說它是用理髮店的碎頭髮製成的。還有人發現新出鍋的窩窩頭、饅頭不頂飽，待到放涼後再吃，就比較禁餓。這兩種方法我都實行過，果然有效。如今寫來恍如昨日。

這一年的十一月十四日，中共中央發出《關於立即開展大規模採集和製造代食品運動的緊急指示》，要求各地抓緊秋收已經完畢的時機，大規模地動員群眾採集和製造代食品，以克服困難，度過災荒。中央根據科學院的建議，推薦玉米根粉、小麥根粉、玉米梗粉、橡子麵粉、葉蛋白、人造肉精，小球藻等若干代食品。方法主要是發動城鄉大小食堂，土法為主，自己動手，自做自吃。從這份「緊急指示」中不難看出，全國大飢荒的形勢多麼嚴峻，億萬人民正掙扎在死亡線上。北大食堂曾經將樹葉磨成粉，與麵粉摻在一起做成食品。含不含蛋白質，只有天知道。小球藻北大也製造過，但一般學生吃不上，只供應因浮腫而住院的病號，是為珍品。記得是一九六零年深秋的一個傍晚，我從清華大學回北大，在昏暗的路燈下，頂著北風，踏著沙沙的落葉，校園內寂靜無聲。當時我的內心一陣寒冷，原本生氣勃勃，熙熙攘攘的校園已經不再。這幅大災之年北大校園深秋的景象一直留在我的記憶中，至今不忘。

　　這一年的十一月二十三日，中共中央再次發出指示，要求大搞代食品；同時，要嚴格控制職工和學生的勞動和工作時間，對現有的浮腫病人一定要治好。此前，北大數千名師生下鄉勞動，很多人得了浮腫病。出人意料的是，在我們四人結束工作，從清華回校的第三天，我發現兩腿腫得厲害。經醫生診斷，確診為浮

腫病。我又沒有參加體力勞動，在清華大學三個月，生活比北大食堂一日三餐還要好一些，為什麼還會得這種病？醫生說原本體質就差，加之長期營養不良，也會得浮腫病。醫生開條休息一週。歷次政治運動，我都處於中游，無論怎樣努力，都做不到為人先。不想，浮腫病我也只能趕個末班車。因為是在中央文件下發之後，所以，從系裡到年級，領導都來看望，叮囑我一定要把休息當成黨交給的政治任務來完成。

不知從什麼時候起，每人每月可以得到二兩（十六兩一斤）油票、二兩肉票、半斤點心票，這三票其珍貴，可謂勝過黃金，記得在清華大學寫書時，有一天，我們四個人用一個月的油票買了半斤油，中午高高興興拿到食堂，準備美餐一頓。不料，一轉身，放在桌子上的半瓶油被人隨手拿走了。我們只好無可奈何苦笑一場。我平時不愛吃零食，就經常把那點微薄的票證，輪流送給三位家在北京，家中又有老人的女同學。一九六零年寒假我回家過年，他們三位便把自己當月的點心票給了我，四張點心票，買了二斤點心，又用了我半個月的飯卡，從食堂領取了一大袋窩窩頭。回到家，兩個弟弟見我帶回來這麼多好吃的，欣喜若狂。

山東菏澤地區是大饑荒的重災區，鄉親們正掙扎在死亡線上。中共山東省委書記處書記譚啟龍用兩個月的時間，在濟寧、

菏澤地區進行調查。在遼闊的魯西南大平原上，他看到的是破敗的鄉村，聽到的是群眾要飯吃的哀號。他痛心地說：「這種情況我還從來沒見過，簡直不如舊社會」，「生產力的破壞，比八年抗戰、三年解放戰爭毀得都厲害，比日本軍隊的『三光政策』都厲害。」

父親多次向我講起，有一天，上初中住校的二弟回家來，返校時，見筐子裡有幾個饃，拿起來就走。父親趕忙叫住他，「你把饃拿走，你娘吃啥！」懂事的弟弟把饃放下，邊哭邊跑，回學校了。這還是城裡人，口糧雖然一減再減，但還有幾個饃聊以充飢。而在農村的伯母，卻因為家中沒有糧食下鍋，不忍心看著大人孩子挨餓，絕望地自縊身亡。

我帶著從北京買的點心，獨自步行去距城二十裡路的曹莊，看望姥爺、姥姥。來到村內，寥無人跡，也沒有雞鳴狗吠聲，毫無過年氣氛。到了姥姥家，一片淒涼。走進屋內，只見姥爺一頭長長的白髮，蜷曲在一張小床上，呆呆地看著我一言不發。也許是沒有料到遠在北京的外孫女，會突然站在他的床前。我趕快拿出一塊點心，他迅速地伸出骨瘦如柴的雙臂。我把點心小心翼翼地放在他手上，只見姥爺雙手哆哆嗦嗦地捧著點心，一口吞了下去。見此情景，我的眼淚嘩嘩地往下流。往日的姥爺，儀表堂堂，

待人溫厚。如今我面前的姥爺，可以說同乞丐相比，有過之而無不及。這就是二十世紀六十年代，那些偉人們製造的大饑荒留給我的慘痛的一幕，刻骨銘心，永誌不忘。

八、我們畢業了

補課

　　寒假過後，進入大學的最後一個學期，面臨畢業。依照常規，撰寫畢業論文應該提上日程了，但是，自一九五八年至一九六零年，在那個狂熱的年代，我們必修的基礎課都沒有學完，更談不上專題研究，能寫得出論文嗎？開學後，同學們利用各種可利用的時間，去圖書館。論文能不能保證一定的質量，我們心中沒底，可能歷史系領導也心中無數。經過一段時間的醞釀，系裡要求我們上報論文題目，我的題目是《帝國主義對北伐的干涉》。這個題目到底有多大，含義有多深，自己心中也沒數，真可謂無知才無畏。記得當時並沒有給每位學生配備導師，只能自己在大海中游泳。經過一個多月的資料蒐集，擬出了大綱。正在專心致志撰寫論文時，五月中旬的一天，歷史系副主任劉克華宣佈，論文停止寫，改為補課。

　　我們什麼時候分的專業，已經不記得了。畢業前全年紀是四

個班，即中國古代史、中國近現代史、世界史和考古。我選的是中國近現代史專業。距離畢業還有兩個多月，要補上三年丟失的課程，幾乎不可能。當時只能分不同專業，開設若干專題講座。哲學課一直在上，哲學系知名教授較多，副校長湯用彤便是其中之一。在那個「極左」的年代，所謂的舊知識份子都是思想改造的對象，有人甚至不能上講台。哲學系又是宣傳馬克思主義的重要陣地，需要一批年輕教師。所以從歷史系高年級調去幾位年齡較長，政治可靠，學業優秀的同學去任教。當時，教我們《歷史唯物主義》一課的是五五級同學郭羅基。他開課不久，同學們進行一次課堂討論，就生產力與生產關係，經濟基礎與上層建築的關係，以及他們與社會矛盾有沒有關係等問題，進行了熱烈的討論。學期結束進行考試，記得之後的一天，在去大飯廳的路上，遇見郭羅基，他高興地告訴我，他的課我得了五分。畢業後再見他，是一九七一年在江西鯉魚洲北大的「五七幹校」；第二次再見，是一九九八年在美國的波士頓。如今已是耄耋之年的他，因為不見容於政府，仍然流亡海外，有國不能回。

中國近現代史是我班的基礎課，一九五九年以來，上上停停，也沒有學到系統的知識。這門課先後進行過「太平天國革命的性質」，「對石達開的評價」，「秘密會社和農民戰爭」等專題討論。這門課由張寄謙老師和陳慶華老師主講。

五月三十一日，歷史系黨總支書記許師謙給我們畢業班做報告。他講話細聲細語，聽來親切感人。他諄諄叮囑我們，一定要學好基礎課，要以歷史唯物主義的態度學好歷史。他反對只講觀點，而忽略史實的空談，並辯證地講了紅與專的關係：要辯證地，唯物地看待自己，看到自己的進步，也要看到自己的問題，又紅又專是一輩子的事情。他鼓勵大家到工作崗位上以後，一定要爭取入黨，時時以共產黨員的八項條件要求自己。關於大家最關心的畢業分配問題，他要求大家不要考慮太多，應堅決地，無條件地服從國家需要，保證愉快地走向工作崗位。同時，也要忠誠地，實事求是地把自己的困難、要求、願望告訴組織。

鑒定

畢業要做鑒定。這份鑒定關乎每個人一生的命運，不可玩忽。鑒定分兩個部分，一明一暗。明的是自我鑒定和小組鑒定，屬於面對面。上級領導也就是黨組織，對每個人的平時表現所做的評估至關重要，不與當事人面對面。三份材料，裝入檔案袋，便伴隨你終生。此可謂地地道道的中國特色，留下了鮮明的時代烙印。給我的小組鑒定如下：

小組鑒定意見

一、優點：

1）五年進步較快，特別是近一年來有較大進步。能聽黨的話，在政治運動中有自覺革命的要求，能大膽暴露思想，基本上能分清大是大非。

2）學習認真，能鑽研思考問題；

3）在工作，勞動中較踏實認真，勞動中比較注意思想改造。

二、缺點：

1）階級觀點不夠強，在政治運動中，開始時往往對一些問題認識不夠清楚，用階級觀點分析問題較差；

2）平時對自己要求還不夠嚴格，開展思想鬥爭不夠；

三、努力方向：

加強政治理論學習和實際鍛鍊，進一步加強階級觀點，提高覺悟水準。

一九六一年八月二十日

聆聽陳毅報告

八月十日，國務院副總理，外交部長陳毅，代表黨中央，國務院，在人民大會堂向北京各高等院校應屆畢業生做報告，長達五個多小時之久。他首先轉達黨中央對青年一代的關懷和期望，接著，講了當前國際形勢及中國在日內瓦會議上的鬥爭，說明中

國在外交上的靈活性。講到國內形勢，他充分說明我們面臨的困難。造成困難的原因，一是天災，二是工作中的錯誤。他要求同學們要堅定立場，絕不動搖，要經得起生活的考驗，「你們出去，就是為了克服困難的。」講到學校的教育工作，他很激動地說：做思想工作，不能用鬥爭代替教育。過去傷害了一些青年的心靈，他代表黨中央，國務院，青年團中央，向受到批判的同學道歉。最後講了政治與業務的關係。他強調政治要由業務來體現，國家一定要大膽培養各類專家。

八月十八日，北京大學舉行一九六一屆學生畢業典禮。陸平校長講話，他要求同學們到了工作崗位，不論遇到什麼情況，都要有堅定的政治方向，要善於學習怎樣工作，學習怎樣理論與實際相結合。要防止驕傲自滿，要踏踏實實埋頭實幹，經得起困難的考驗。

畢業分配

一九六一年六月二十九日，中共中央批准國家計委《關於一九六一年高等學校畢業生分配計畫的報告》。這一年，共有畢業生十六萬二千人，約有六萬左右，計劃分到縣鎮和公社，佔畢業生總數的三分之一以上。在這一年的五到六月中央工作會議上提出，動員城市人口下鄉，削減工廠、機關在職人員。我們面臨

的形勢很嚴峻。在上述背景下，八月十九日，歷史系公佈分配方案。根據方案，在服從分配的原則下，讓同學們填報志願。我們的去向大都在邊遠貧困地區，有甘肅、山西、吉林、河北等地。

　　暑假到了，這是我們學生生活的最後一個假期。儘管大家對今後將去何方有所牽掛，但路不能由自己選擇，因為不在自己腳下，所以也就由他去了。開學後，九月二十四日，公佈分配名單。儘管大家做了思想準備，名單公佈後，還是有幾家歡樂幾家愁的氣氛。畢竟在中國這種環境下，每個人一生的命運，都由「組織」操縱。我被分配到當時北京市文化局下屬的中國革命博物館，同去的還有俞興茂同學，以及分配到歷史博物館的張文質、朱睿根同學。留在北京，在天安門廣場旁邊工作，確實令人欣羨，我卻沒有大喜過望，多少還有些失落感。我不想離開校園生活，想當一名教師，認為教師崗位可以獨立發揮自己的才能，這也許是因為我出身教師家庭，父親終生執教鞭，桃李滿園的影響。我對機關工作一直有一種畏懼心態，像屹立在天安門廣場東側的中國革命博物館這樣的大機關，自己進去只是一名小幹部，覺得難以適應。當時認為在大樓裡的機關都是大機關。「大機關，小幹部」情結，一直伴隨我在博物館工作的三十多年，受益匪淺。

　　名單公佈後的第三天，許師謙召集全體同學開會。他再次動

員同學們安心補課。針對服從分配問題，他說，大躍進以來，黨苦心培養出來的學生，應當以國家需要為重，這是對政治覺悟的實際考驗。有人哪怕你平時好話說盡，但卻不能愉快地服從分配，這等於沒說。一個人的生活道路是漫長的，今天僅僅是開始，一個人的工作不應當看成是固定不變的。話雖這麼說，系領導把同學們留下來補課，也是一番苦心。但是，此時此刻，同學們最關心的還是各人所面臨的工作和生活。畢竟，這是人生的重大轉折。

同學情

五年的大學生活，同學們朝夕相處，不論時代如何無情，年輕人的友情還是純真的。十月十日雙十節這一天，力之、續恪、淑蘭和我四人，昂然決定遊八達嶺長城。冒著濛濛細雨，我們踏上征途，到清華園車站乘火車北上。這條鐵路即京（北京）張（張家口）鐵路，是二十世紀初，由詹天佑任總工程師主持修建的，是中國自建的第一條鐵路。火車在山巒深谷中穿行，沿途有楊六郎的拴馬樁，穆桂英的點將台等民間傳說的地點。來到長城腳下，登上八達嶺，崇山峻嶺留在腳下。在細雨迷濛中，沖洗一新的古長城，像一條蛟龍蜿蜒伸向遠方，蔚為壯觀。此情此景，令人感嘆。感嘆勞動人民的智慧，也感傷多少春閨夢裡人的白骨長埋在長城腳下。一條磚城，關乎社稷安危。我想到了唐朝詩人陳子昂《登幽州台歌》：「前不見古人，後不見來著；念天地之悠悠，

獨愴然而涕下。」

　　籌備已久的餃子宴，終於得以實現。十月十五日，星期日，一行十五位女同學，抱著從食堂領取的和趙樺從食堂外爛菜堆中撿來的白菜，前往阜成門外張力之家。張伯母非常熱情，十五位姑娘，像一群小鳥，唧唧喳喳，驟然飛臨這空間不大的家。在伯母的精心安排下，人人動手，忙作一團。四個小時後，一桌簡樸的盛宴完成。有白薯、餃子、幾個小菜。這是我們最後一次聚會，十五個人將要奔赴七個地方。人將別，情更深。這桌餃子宴，一是為維吾爾族熱哈瑪同學送行，同時，我們自相餞別。不久，大家將各奔前程，相互叮囑，千萬不要失去聯繫。有感於此，我賦小詩一首，留作紀念：

　　「同窗五載共讀嬉，非凡時代結友誼。
　　一頓餃子作別離，縱橫萬裡長相思。」

　　那真醇的同學情誼，那相互切磋知識的情景，那意氣風發的歲月，今即將分別，確實令人不捨。

　　補課草草結束，真是辜負歷史系領導的一片苦心。同學們陸續辦理離校手續。二十五日晚，我同融芳去北京展覽館看曹禺的

話劇《雷雨》。回校後，同學告訴我，北京市人事局托已經報到的同學轉告，要我盡快去報到。第二天，我東奔西走，交回了白瓷飯碗、小方凳，去圖書館清理了借閱圖書，最後，領到了報到證。手捧報到證，我心潮起伏。十多年的學生生活從此結束，即將進入的社會，會是一種什麼樣的情景，我心懷忐忑。

二十七日一早，我便進城，到北京市人事局報到。人事局把我介紹給北京市文化局，文化局又把我介紹到中國革命博物館。革命博物館和歷史博物館同在天安門東側的大樓裡，今合稱「中國國家博物館」。一九六一年十月二十八日，早飯後，幾位同學幫助我收拾行李，七手八腳，一陣忙亂。學校出車，一輛小汽車把我送進了這座大樓。從此，我便成為這座大樓裡的一名小幹部，開始了另一種生活。

北大情懷

回首在北大度過的那五個春秋，確實是一段值得懷念的歲月。無論一九五五年至一九五七年那個黃金時代，還是一九五八年至一九六一年那激情滿懷的歲月，都是我一生中重要的一段歷史，深深地鑴刻在我的記憶中。在那「大躍進」的年代，學生批判老師、學生批判學生、學生自編教材、去工廠調查、到農村勞動，教學秩序完全被打亂。「教育為無產階級政治服務，教育與

生產勞動相結合「的方針，將學生引入歧途。面對這一切，只有激情，沒有困惑，更多的是盲從。我們也就在那五花八門、鬧鬧哄哄的政治運動中，付出了自己的青春年華。但是，北大的精神卻深藏在每一個北大人心中。老師不能正常上課，便利用和學生接觸的一切機會傳授知識。學生在宿舍裡、在馬路上，仍然爭論著國家的前途、民族的命運。這就是北大精神。不論經歷什麼樣的風雨磨礪，民主與科學，作為北大的神聖的靈魂，將會一代一代傳下去。

我感謝北大。非常幸運的是，給我們授課的老師，都是民國三、四十年代培養出來的史學大師，他們的博學，他們的大家風範，都深深影響著我。他們不僅向我們傳授歷史知識，還教我們如何探索歷史、研究歷史。我難忘北大圖書館和各類閱覽室，它們為北大學子提供了古今中外各種資訊，使我開啟了視野，豐富了知識。更令我難忘的，是非常美麗的園林式校園——燕園。湖光塔影，柳岸聞鶯，疊翠的小山丘，荷塘蓮池，三孔小橋，中西合璧的建築散落其間，和諧自然。正是這番美景，陶冶了我們的情操，滋潤了我們的心靈。

我眷戀北大。我為成為北大人而驕傲。

2015.12.21.

第五章 「四清「瑣記

一、大隊人馬赴湘潭

「四清「前奏

　　一九六四年的初秋，一場大雨洗去了幾分熱暑。正當大家期待秋涼的時候，社會上卻有一股氣流在躁動，它牽動著每一位機關幹部的工作和生活。「幹部要到農村去搞四清」在人們中流傳。八月末的一天，我所在部門的劉主任把我叫去，說：「要去參加四清是你們走漏了消息？這件事一切都還沒有定。」這不是此地無銀三百兩嗎？我反問道：「要下去四清早知道有什麼不好？正是聽了有關四清的傳言，我才把剛剛滿一週歲的女兒送回老家，請母親代為撫養。」他無言。

　　九月十五日，文化部副部長李琦假北京展覽館作「四清」動員報告。他講，「四清」是一場大革命，要求大家自覺地投入這場鬥爭，不要怕犯錯誤，有組織有同志在，一旦犯了錯誤，就即

時總結經驗教訓，即時改正。他鼓勵大家要勇敢地去接受鍛鍊，改造世界觀。「四清」的內容是什麼，幹部下去怎樣工作，大家似乎並不十分關心，反正運動就是一切。十七日，革命博物館宣佈此次參加「四清」工作的人員名單，本人榜上有名。這原在意料之中。我所在的這個部門共有十一人，列入名單的就有七人，劉主任也在其中。幾乎傾巢出動。就全館而言，至少也佔了三分之一以上。由館黨委辦公室主任邱辛帶隊。離京之前，每一位參加「四清」的人員都要填寫兩份表格，無非是家庭出身、政治面貌、家庭主要成員、個人簡歷等等。同時，學習王光美關於「四清」的報告等文件。

十月十二日，革命博物館「四清」工作人員大隊人馬，放下工作，告別親人，離開北京，乘火車前往湖南。我是第一次去江南，一路感覺處處都很新鮮。火車越過黃河，跨過長江，於十四日來到湖南湘潭。小小的一片水田，披覆著稻草的農舍，細細的小徑，窄窄的街道，「天國」的話語，尖尖的語調，都同家鄉不同。但是，這裡並不只是想像中的山清水秀，還有剛剛經歷過大饑荒之後的凋敝景象。

我們下榻在湘潭縣人委招待所。經介紹，這裏正在進行「四清」工作，而且卓有成效。既然是這樣，那為什麼還要抽調大批

國家機關幹部,放下工作,千里迢迢來這裡參加「四清」工作呢?我很疑惑。

　　湘潭縣是毛澤東的故鄉,位於湘江岸邊,是座美麗的縣城。小橋縱橫,垂柳成蔭。能到毛主席家鄉參加「四清」工作,我們都感到無尚光榮。同來湘潭的,除文化部部分人員外,還有農業部的一些幹部和中國人民大學的部分教職工。總領隊是當時任國務院副總理的譚震林。文化部幹部將集中在易俗河區茶園鋪公社,文學出版社社長王士青為領隊之一。離開湘潭縣城的前一個晚上,他向我們介紹了茶園鋪公社的情況。該公社有十三個生產隊,下屬一百三十個生產小隊,另有一座礦山。礦山工人多為勞動改造人員,是湘潭縣的落後地區,反動份子的社會基礎相當雄厚,大部分共產黨支部都有問題,男女關係極為混亂。將要在這樣的地方工作,又聽說下去以後要一個人駐一個生產小隊,不禁令人膽寒。

　　十月二十一日,乘車行八十裡,二百多人的隊伍浩浩蕩蕩來到茶園鋪公社。公社處於丘陵地帶,道路崎嶇。公社辦公處冷冷清清,見我們到來,公社黨委書籍出來打了個招呼,沒有人接待,更沒有人歡迎。只見一隻狗來回奔忙。中共湘潭縣委莫書記送我們到公社。第二天,莫書記花了一天的時間,向我們介紹了湘潭

縣的情況，「四清」工作安排及注意事項。他告誡大家，下去後，首先要防止落入「四不清」幹部的迷魂陣；其次要防止「四不清」幹部摸我們的底，說話一定要謹慎；第三、生活作風要革命化，同貧農下中農要做到同吃、同住、同勞動，必須要有堅強的革命意志，一定要「貧賤不能移」，例如，你吃人家一口葷，便會造成不可挽回的壞影響，絕對不能姑息自己。

二十三日，宣佈分隊名單。革命博物館分為四個工作隊，分別進駐四個生產大隊。我參加的這個隊十四人，其中女幹部十人，將進駐坪塘大隊。當天，我們冒雨來到坪塘大隊部，同樣坐了冷板凳。等了約一個小時，方把大隊長和黨支書找來。他倆陰沉著臉，像受傷的羔羊，神色緊張，忐忑不安。他倆簡單地介紹了一下該大隊的情況，便把我們分派到各戶去吃飯。

尋根

下去以後，紮根落戶（吃、住）在誰家，是紀律，也是階級立場。我同老劉、老俞三人為一個小組，被分派到一個王姓社員家吃飯。他家小孩來讓我們先派一個人到他家去看看，認一認路。組長派我隨小孩去他家。待飯做好後，主人讓我去叫他倆來吃飯。誰知南方山間小路多多，一出門，我就誤入迷途，沿著他家後院的山坡小路走，越走越遠，不覺走入了小山深處，人跡罕至，渺

無人煙。我辨不清東南西北，只好硬著頭皮一條路走到黑。走啊，走啊，當時別說遇到野獸，就是一條大狗，或一條大蛇擋住去路，我肯定會嚇得暈倒在地。有幸的是，我並沒有想這些，只顧低頭走路。峰迴路轉，我來到了山腳下，一位老農在田間幹活，我問坪塘大隊怎麼走，他似懂非懂指了指方向。待我回到大隊部，已是下午兩點多鐘了，等在隊部的同事的焦急可想而知。在這人地生疏的地方，階級鬥爭的弦又繃得緊而又緊，想像中什麼意外都可能發生。生長在北方廣袤的大平原上的我，第一次領教了南方的山間小路。

第二天，經瞭解，我們得知，昨天吃飯的那一家，主人王仲修是現任大隊的副隊長，自然不能再去他家吃飯，因為這是紀律。這一天，冒著大雨，我們到一個叫白沙生產小隊去走訪，經瞭解，貧農下中農雖多，但純潔的少，飯無法派出，只好餓肚子。二十五日，也就是來到這裡的第三天，再去白沙，反覆瞭解，十四戶貧農下中農都有這樣或那樣的問題，仍然沒地方吃飯，更談不上落戶了。中午飯時，我們只好到山裡去坐著，飢腸轆轆。望著層層疊疊的山巒，油綠油綠的茶樹林，真是「別有一番滋味在心頭」。難道革命就是這樣嗎？整個生產小隊竟然找不到一個吃飯的人家。怎樣看待群眾？是不是我們的思維方式有問題？

中共湖南省委書記張平化在一九六四年十一月二日的《人民日報》上發表文章,指出:「是不是相信貧農下中農,依靠貧農下中農自己解放自己,是關係到能不能把社會主義革命進行到底的根本問題。在這個問題上動搖,就是對社會主義革命的動搖。」這種「大話」,顯然是說給「四清」工作幹部的。我們何嘗不想依靠群眾?可是我們卻頭頂著那麼多的「不許」和「紀律」,以至於無處果腹。

二、「四清」是這樣進行的

發動群眾

「四清」運動又稱社會主義教育運動。我們作為基層工作人員,上面怎麼說,我們就怎麼做,個人無須多思考。下來後不久的一天下午,博物館負責的四個大隊的工作隊員,集中在坪塘大隊,領隊邱辛向大家宣讀一份中央文件《關於天津小站的奪權鬥爭》。檔案指出:資產階級向無產階級奪權,一個鎮有天津小站,一個縣有河南信陽,一個工廠有白銀廠,一個城有貴州貴陽。一個月後,放電影《奪印》。

經過一段時間的調查、訪問,一九六四年十一月二十五日,召開坪塘大隊「四清」動員會,各生產小隊的現任幹部和部分貧

農，下中農社員參加了會議。會上，工作隊負責人初步指出大隊的一些問題，並點了大隊黨支部書記譚道述的名。「四清」運動從這一天起開始。所謂運動，就是運動群眾。「四清」的第一階段，就是發動群眾，揭發本小隊幹部的問題。然而，在群眾中只相信貧農、中下農，事事只能依靠貧農、中下農。可是，發動貧農、下中農揭發本小隊的幹部的問題，卻是難之又難。就我所駐的月瓏生產隊而言，一共只有二十戶人家，世世代代住在一起，有的就住在一個大屋場內，同姓同宗，彼此的關係，錯綜複雜，而且今後仍然生活在同一塊土地上。別說小隊長沒問題，就是有問題，你讓他們起來鬧革命，他一介貧農，能得到錢還是權？就在這一天大會後，晚上討論，我的住戶，已經內定為「根子」（依靠對象）的郭勿二便稱病不肯參加會議。這也難怪他們。在十一月二十九日大隊的一次群眾大會上，二十五日被點名的譚道述的大崽（礦工）強行要求上臺發言，阻攔無效，全家出動，演了一齣鬧劇，藉此給群眾一個下馬威。晚上，小隊開會討論，對於基層幹部的作威作福，人人都有一肚子話，卻敢怒而不敢言。

點和面

「四清」運動的下一步是查帳。十二月十日，開始查社員的工分帳。在人民公社的公有體制內，工分就是社員的唯一生活來源。我當時在日記中寫道：「下午開始查帳。並不是想像中的那

麼神秘。查社員工分帳，這是社員一年的指望，從而更體會到幹部披著集體主義的外衣，多佔工分就是剝削。作為一名工作隊員，堅決站在貧下中農一邊。」工作隊員初步查帳告一段落後，根據上級要求，要群眾選舉代表參加查帳工作。我與隊友袁鐘秀滿腔熱情召開社員會，選舉查帳代表，到會的人卻寥寥無幾，僅有二十戶人家的月瓏生產小隊，成年人少，孩子多，還有幾戶是孤兒。大家選舉郭仁根、郭勿二、郭仁安三人為代表。郭勿二沒到會，郭仁安稱病逃離，工作無法進行。

正當我們一籌莫展時，世事起了變化。十二月十六日，上級突然宣佈，要抽調大部分工作隊員去梅林公社打「殲滅戰」。坪塘大隊原有十四名工作隊員，只留下四人堅守陣地，四人中三名女隊員，均是體弱者，本人是其中之一。四個人要承擔十四個人的工作，一個大隊的行政、生產、生活都要管，看來，這裏剛剛開始的『四清「工作只能暫緩下來。十八日一大早，各路隊員匯集在茶園鋪公社辦公處大門前，像送戰友出征一樣，群情激昂。當晚我便從月瓏生產隊郭家搬往躍進生產隊斐家，和隊友張捷一同與老公公同住一個房間。斐老人蓬頭垢面，衣衫襤褸，待人親切。其實，同他一起生活的還有他兒子、兒媳一家人。南方的十二月天氣也相當冷了，我看老人穿的棉褲既單薄又有幾處透風的窟窿，便拿起針線，趁老人睡覺，一一將洞補上。老人很感動。

我們吃住在他家，這家的女主人（兒媳）對我倆極為刻薄，每頓飯都按定量。所謂飯，也只是兩塊紅薯或者一缽（碗）子米飯，很少有菜，大大低於我們每月所交的四十斤糧票和二十元飯費。我們倆經常吃不飽。有一天晚上，廚房（和我們住的小屋相通）裡蒸了一大鍋紅薯，一股薯香飄到我們的小屋，這是給他家的豬準備的佳餚，我們自然不敢偷吃。我們只想證實一下，每頓飯每人給我們兩塊紅薯究竟有多重。於是，我們找到一桿秤，一人端著油燈，一人拿著秤，躡手躡腳進入廚房，待拿起兩塊紅薯要秤時，原來我們都不認識秤星，真是哭笑不得，只好作罷。長期在貧農家吃飯，營養嚴重不良，有些工作隊員出現了浮腫。上級決定每月發給每人一袋豆粉以作補充。豆粉在住戶面前不能明目張膽地吃，以免造成不良影響。我們只能在老人入睡後，拿出來吃幾口乾粉，因為沒有熱水沖。我們的上述動作，老人肯定有所察覺，但他對我們依然笑咪咪。由於語言障礙，彼此難以交流，老人很少說話。但是，每逢晚上通知他開會，他都愉快地答應，不論天寒月黑，從不遲到，以表示對我們工作的支持。老人樸實、勤勞，上山打柴，下地淋（澆）菜，坐下來休息，還要打草鞋，堪稱一代農民的典範。

十二月二十二日，革命博物館分佈在四個生產大隊留守的十六位同事，前往茶園鋪公社，領隊邱辛從「前線「回來，給我

們佈置工作。她要求大家堅守陣地，並作好在此一年的思想準備。她還傳達了毛澤東與毛澤民兒子的談話，大意是：只有經過「四清」、「五反」，才算是真正的畢業。不瞭解貧農，不瞭解工人，怎麼談得上為人民服務；不下來看一看，怎麼知道廣大農民還如此苦；不下來和他們談一談，怎麼瞭解他們的思想感情。貪圖安逸當不了「左」派，能作個中派我也就放心啦。在此時此地傳達這樣的談話，顯然也是說給工作人員聽的。

根據上級指示，面上的「四清」運動還是要結合日常工作緩慢進行。我去包家生產小隊召開社員會，討論怎樣減低幹部的工分定額。前幾天我和一位本地工作隊員曾經查過這個小隊的帳，鬼花樣很多，我只恨自己睜著眼睛看不出問題，這項工作多虧地方工作隊員幫助。清查小組把兩名隊幹部家屬的工分向社員公佈：社員每天人均二分，幹部家屬，則人均八分。群眾憤憤不平。同時，清查肥料帳，就是幹部、社員定期向生產隊交人糞，豬糞等肥料，由生產隊作價。幹部往往給自己和家屬作的價高於社員。

抓運動的同時，也要擔負生產隊的日常行政工作。我印象最深的是年終作「產值方案」。別說讓我去領導生產隊實施產值方案，就是「產值方案」究竟是怎麼回事我也從來沒有聽說過。難啊！好歹還有地方幹部。之後，上級派人來檢查，說這個生產隊

分空了，要求重來。問題出在哪裡我一頭霧水。一九六五年一月中旬，開社員大會，公佈產值方案和糧食方案。多少個日日夜夜，多少次奔波，開了大大小小無數次會議，天天從數字到會議，又從會議到數字，今天這場考試總算是交了卷。兩個方案公佈後，群眾反映強烈，糧食安排不下去，每人每月只留二十斤口糧。有社員說：「工作幹部吃六兩米一餐，我們體力勞動，也應該吃六兩米一餐。」產值方案公佈，只有四戶人家進錢，其餘都欠錢。指望一年的決算，很多人又背上了新債。原來知道農民生活水準低，只是抽象的概念。現今，親臨其境，感觸頗深。農民自己種地，吃這塊地、穿這塊地、用這塊地。辛辛苦苦勞做一年，年終卻得不到一文錢、甚而至於負債累累。臨近年關，一年的指望落了空，農民失望，甚至絕望。這是哪家的社會主義？農民真苦。我的住戶一家老小，情緒沈悶，對我們兩人愛答不理。他家女主人龍滿珍對著我們叫喊；「過年沒分到一分錢，今年要過一個焦乾的年啦！」她張口向我倆每人借兩元錢，去買一擔蘿蔔過年。我們經請示領導，沒有借給她。她便天天當著我們的面罵孩子。是不是指桑罵槐，反正我們也聽不懂。一天，一大早社員袁春秀找上門來，要求我們給她支錢，工作隊員倒成了老闆。我們眼看著「四清」工作所藉以依靠的貧農家家都過「焦乾年」，心中很不是滋味。農民剛剛度過一九五八年至一九六一年的大飢荒，如今，為什麼還要如此高徵購，置農民生死於不顧呢！

突然接上級通知，中央來的「四清」工作幹部，要回北京過春節，我們個個歡呼雀躍。上級做此決定，是為了關心幹部的健康，還是「四清」工作將有新的部署，不論出於何意，我們下鄉已經三個月，藉此機會，恢復一下體力，也緩解一下緊張的心情。一九六五年的一月三十日，我們回到了自己的家。

二十三條

二月十一日，我們回到長沙。果然，上級宣佈，「四清」工作要做新的部署，需要留在長沙學習中央文件，也就是《農村社會主義教育運動中目前提出的一些問題》，亦即「二十三條」。十四日到達湘潭，參加十五日至十七日的湘潭地區三級幹部會。記得主持會議的名叫華國鋒，穿一件深藍色棉大衣，像個老農民，所以印象深刻，記住了他的名字。會議傳達了中共湖南省委書記張平化對農村社會主義教育運動的指示。他指出：「二十三條」是許多人實踐總結出來的，是由物質變精神。「二十三條」執行得好，將會變成巨大的動力。工作隊員對「二十三條」的認識還存在一些問題，一是從右的方面理解『二十三條「，有人認為」二十三條』是反「左」的，是糾偏的，這種理解是錯誤的。「二十三條」最根本的，是堅持社會主義和資本主義兩條道路的鬥爭，是整黨內走資本主義道路的當權派。「二十三條」是針對右傾機會主義和修正主義而發的。二是從「左」的方面理解「二十三條」，

有這種觀點的人，不會注意運動中某些「左」的苗頭。「二十三條」是防止偏向的。為了避免和防止某些「左」的傾向，工作隊員要總結前一階段的運動的經驗和教訓，提高到毛澤東思想上來：第一，要把毛主席的戰略思想搞明確，也就是這次社會主義教育運動要緊緊抓住社會主義和資本主義兩條道路鬥爭這個綱，解決這個問題的關鍵在於領導，所以重點是整走資本主義道路的當權派。這是資產階級和無產階級爭奪領導權的問題。有人把大大小小的枝節問題抓住不放，這樣，會撈了蝦米，放了鯊魚，分不清大是大非和小是小非。有人說，鬥爭面小了，怕搞不徹底。我看，把大是大非搞清楚了，搞徹底了，就可以了；第二、關於策略思想，就是利用矛盾，各個擊破，爭取多數，孤立少數；第三、打殲滅戰。實際上，我們是搞人海戰術，其結果是搞包辦代替，不是群眾運動，是運動群眾。全省四千多個大隊，兩萬多大隊幹部，要兼顧點和面。他要求工作隊員要虛心一點，多聽一聽人家的意見，要讓貧農、下中農和放下「包袱」的幹部大膽負責。

　　會上還聽了彭真於一九六五年二月一日所做的關於「二十三條」的報告錄音。報告共分九個問題：一。當前農村階級鬥爭的形勢是嚴重的。絕大多數幹部是好的，經過群眾的幫助是可以變好的，只有少數人是變壞了，必須把壞人清出來。有些人是階級異己份子，有些人蛻化變質，有的陷進了泥坑。他們不是熱心社

會主義，不是熱心集體經濟，而是熱心投機倒把，多吃多佔，爬在社員的頭上。這些人還會越變越壞，壞人越來越多。但是，這些人當了權的還是極少數。我們的村幹部絕大多數還是走社會主義道路的，所以，我們的形勢還是好的。對這些少數壞人也不能馬虎，他們會傳染別人；第二、這次運動的性質，是社會主義和資本主義兩條道路的鬥爭。在運動中抓住這個大是大非的重點，作為綱。小是小非，大家談談，自己解決就好了，生活細節不要拿到運動中去解決，不要用這種小是小非沖淡兩條道路的鬥爭，一萬個十萬個小事解決了，大是大非沒解決，還是要出修正主義。我們要把百分之九十五以上的群眾和百分之九十五以上的幹部團結起來。兩條道路的鬥爭是一種你死我活的鬥爭，鬥十幾年，幾百年，每隔幾年就要開展一次運動。我們要反覆進行社會主義教育；三、運動怎麼樣搞？依靠什麼人來搞？依靠群眾的大多數，依靠幹部的大多數，實行群眾、幹部、工作隊三結合。依靠群眾，首先依靠貧下中農，中農中熱心集體的也依靠。依靠幹部的大多數，問題多的幫助他、教育他，退賠、檢討，然後可以依靠他。所有四不清的幹部，自己要清，然後幫助別人來清，利用矛盾各個擊破。群眾的多數是好的，中農的多數也是好的，這就是群眾基礎。地主、富農的子女也覺悟起來了，我們就可以團結百分之九十五了。四、工作隊有很大成績，給貧下中農撐了腰，給群眾撐了腰，發現了很多問題，解決了一些問題，煞住了一些歪風，

幫助一些四不清的幹部改正了錯誤，對社員進行了社會主義教育。工作隊員的一些錯誤，是九個指頭和一個指頭的問題。「四清」運動是一個新問題，有了錯誤，得了教訓，也就有了經驗。五、試點區的幹部，應積極起來搞「四清」，不要抵抗，自己洗手洗澡，也幫助別人洗手洗澡。蛻化變質的要自己交待，我們希望你變過來，也能變回去，像劉介梅一樣。六、一切人有錯誤就改，堅持真理，隨時修正錯誤。有些人明白自己錯了，還說自己正確，這不但是思想方法，而且是黨性問題。要採取治病救人的態度，允許人家革命。七、貧下中農起來了，這很好。對幹部監督主要靠群眾，群眾在運動中一點錯誤不犯是不合實際的。幹部和工作隊員對群眾的錯誤不要去追，要商量，不要打人。八、生產搞不好，就談不上大好形勢。點上的主要是搞社會主義教育運動，面上的主要是搞生產。生產要搞好，還要靠原有的幹部和群眾。九、一切都按「二十三條」辦事情，堅持把社會主義教育運動搞到底。不論是誰出的主意，不管什麼文件，都要按「二十三條」辦事情，一切願走社會主義道路的人團結起來，搞「四清」，搞生產。

這次會議就是怎樣認識「二十三條」，如何貫徹執行「二十三條」。要求工作隊員下隊後，要宣傳「二十三條」，進行全面「四清」動員。幹部通過學習「二十三條」邊放包袱，邊解放，掀起

生產高潮。大「四清」過後，落實退賠，然後轉入對敵鬥爭，清查新的資產階級分子。一個公社掌握在兩人或三人。要求我們貫徹「二十三條」，要掌握三個關鍵問題：對幹部要區別對待，清理範圍不要太寬，不許打人。

大「四清」

會議於二月十七日結束。十八日，我們背負著上級領導的囑託和期望，回到各自原來的駐隊。江南已是春色盎然，麥苗兒綠，菜花兒黃，暖氣襲人。我踏進躍進生產隊，來到了原住戶斐家。主人冷如冰霜。在村中走一走，得知唐明根十三歲的女兒好純還是沒有等到我回來。一個月前，小姑娘生病，家中分文沒有，我帶她到附近駐軍的醫療所去看病，得的是胸膜炎。說好了等我回來，再帶她去看病。不料我走後不到一個月，她還是死了。龍淑雲的女兒也死了。村裡不少孩子正在出麻疹，村民個個愁容滿面，情緒低沈，對工作隊員回村十分冷漠。

回村後，工作隊員增多了，重新分隊。我又回到月瓏生產隊，住在貧農郭仁安家，和他的老母親同住一間屋。

三月七日，茶園鋪公社召開三級幹部會議及貧下中農代表會，要解決公社一級的問題。所謂大「四清」，就是「清政治、

清經濟、清思想、清組織」。根據會議佈置，當天晚上，月瓏生產隊便成立了貧農協會籌備小組。公社會議後，便由上至下掀起了一個幹部「放包袱」高潮，邊放「包袱」，邊落實，邊解放。九日，十日兩天，坪塘大隊召開群眾大會，由大隊長唐子琴，中共大隊支書譚道述二人「放包袱」，亦即交待問題。唐、譚二人敷衍了事，社員們很不滿意。上級要求大戰十天，拿下大「四清」。為此，要求工作隊員發動群眾，揭蓋子，造聲勢，加強對青年、婦女、民兵的教育；同時，要我們給社員安排返銷糧。

下一步輪到生產小隊幹部「放包袱」。月瓏生產隊只有二十戶人家，郭姓居多。這裡的婦女，只要丈夫一死，很快便丟下孩子改嫁，所以有幾戶是孤兒，有的是一人一戶。工作隊員入隊以來，隊長情緒低落，會計人云亦云，保管員提出不幹。這三個人便是這二十戶人家的當權派。要發動群眾整他們，別說群眾發動不起來，就算是發動起來了，在這種窮鄉僻壤的地方，能揭出多大的問題呢？無非是多佔社員幾個工分，這能使江山變色嗎？自己心裡感到好笑，又有幾分不忍。但是，任務在身，過場不得不走。召開社員會，讓幹部「放包袱」，解放了郭細連，隊長郭仁坤當場退賠四元八角。也有個別社員擔心，我的住戶郭仁安就問我：「王幹部，你看我們隊的問題大不大？會不會就算過去啦？」

三月份已是初春，季節不等人，所以，「四清」工作隊總團通知：目前，以糧食生產為中心，結合搞運動，晚上不許隨便召開社員會。若需要開會，九點以前必須散會，以保證社員第二天出工。要求工作隊員參加勞動，以便向社員宣傳政策，瞭解情況。二十一日，我們前往公社聽譚震林關於制定生產指標的傳達報告。他講，中共湘潭縣委制定畝產八百斤的指標，要求各公社，生產大隊跟上去。看來，是要轉過手來抓生產了。這對不懂農業生產的我來說，真是勉為其難了。

　　春耕大忙季節，第一關便是浸穀種，準備育秧苗。浸什麼品種的穀種便是一年的大計。上級決定要推廣一種新品種（品種名稱忘記了），可是，本地農民卻習慣用一種叫「利穀早」的稻種。月瓏生產隊已經浸下了「利穀早」，可上級強硬推行新品種，命令「利穀早」一定要調換，浸下去的都要撈出來。這一指示傳達下去後，幹部和社員反映強烈，說：五八年的瞎指揮又來了。隊長抵觸情緒很大，甩手不管了，說：「不知道怎麼個搞法！」工作隊員既要貫徹執行上級指示，又要說服幹部和社員，自己又根本不懂水稻種植，十分為難。本小隊已經浸下二百斤「利穀早」，上邊一再要求要換新品種，隊長卻一動不動。他氣憤地質問：「為什麼不因地制宜，非要強求一律呢？說著便順手抓了一把稻穀放在手上，笑著問我：「王幹部，我手上拿的是什麼品種？」我只

好老老實實說：「不認識」。他的言外之意是，糊弄你們還不容易嗎？上級要求農民換新品種，是出於增產考慮，但強迫命令的作風卻令農民難以接受。應該在小範圍內先試種，農民要看實實在在的東西。農民對新事物一時抵觸，是因為他們是小生產者，世世代代生活在這山間小天地裡，看到的是眼前的生活。儘管世外已經爆炸了原子彈，但卻與他們無關。所以，農民思想保守，應該理解。我作為一名最基層的工作隊員，自己既不懂農業生產，又沒有決定權。上級的決定必須執行，但又沒有充足的理由說服群眾，況且還有幾分同情。怎麼辦呢？只有自己下油鍋。我鼓足了勇氣告訴隊長，讓他們種一部分「利穀早」，表示上級來檢查，所有責任由我承擔。隊長很感動。

「三月三，九月九，無事不打河邊走」。這一年的農曆三月三，果真下了一場大雨，下午又下了一場幾十年沒有的冰雹。依照上級佈置，今年的種穀提前半個月浸泡，打破了清明後浸種的常規。不曾料到天公不遂人願，一連幾天陰雨，寒潮一波又一波。如今又下了冰雹，社員們十分擔心，怕秧苗會爛掉。我開會回來，冒雨急忙跑到育種秧苗的黑瓦屋。人們正在這裡吵吵鬧鬧。見我跑來，他們喊道：「王幹部，你來的正好，趕快把這些雹子捧出去吧！」南方的房子很簡陋，房頂一層薄瓦片，難以抵擋風雨，此指冰雹湧進了屋場。我只好千求萬求，讓他們一定要保證不爛

秧。因為一季的收成全系於此，這也是關係到共產黨的威信和工作隊能否立足於此的大問題。

　　轉過手來又要進行「四清」運動。四月十日，傳達「四清」工作團的分團會議，部署下一階段工作。就運動進展情況，在大隊範圍內各小隊進行排隊。我經辦的月瓏生產隊排在第三類。對此，我心安理得。一個僅二十戶的小隊能有多大問題！領導批評我，沒有發動群眾揭蓋子，說實話，我從內心認為，在農村搞「四清」就是小題大作，但過場又不能不走。蓋子怎樣揭？所依靠的貧農協會站在一邊觀望，部分群眾依然替幹部說話。上級又要求四月二十五日前結束大「四清」。對此，我無可奈何。我不能強迫，更不會罵人。好歹小隊幹部勉勉強強放下了「包袱」，兩個幹部當場退賠。二十三日晚，我召開社員大會，宣佈「四清」果實。經過半年多的「四清」運動，這個小隊的勝利果實折合人民幣一百零五元。

　　下一步搭配各小隊的領導班子，即隊長、會計、保管員等。第一次社員選舉就失敗了，選出的主要幹部都不願意幹。原隊長郭仁坤表示：「誰要是選我，我就罵他娘！」結果，大家都不敢再投票。選舉再次進行，這次到會的人很多，投票結果，郭仁坤再次當選。他堅決不幹，臨散會，他當眾罵娘。此人平時待人溫

和，說話斯文，很少見他發火。今天看來是被逼急了。群眾自己選自己的當家人，卻激起這樣的風波，令人心酸。

四月末的一天，北風呼嘯，天氣驟然變冷，人們又穿上了冬衣。這裡的氣候今年極端反常，下冰雹、來寒潮，天空風雲變幻和人間的風雨相逼，攪得人們心緒不安。所謂的「四不清」幹部要退賠，新當選的幹部大多不願意挑擔子，群眾戲稱「工作組就是工作走」。貧下中農擔心「四清」工作隊走後自己的處境。地主、富農、反革命分子及壞份子在等待著被鬥，工作隊員們則陷在上述種種矛盾的漩渦裡不能自拔，各自獨辦一個小隊，成敗都歸於你一身，大家都壓力很大，但又沒有自主權，今天不知道明天幹什麼，陷於迷惘之中。這樣的生活雖然很緊張，一浪過了又來一浪。我當時在日記中寫到：「這樣的生活很有趣。」大概也是無奈之感吧！

清政治

四月二十八日，「四清」工作團在坪塘大隊召開社員代表會，傳達上級關於清政治的工作報告。「清政治」就是進行對敵鬥爭。清政治開始前夕，我找來兩個地主子女談話，向他們交待了相關政策；又找貧農郭勿二寫一份有關一個壞份子的旁證材料，他千般拒絕。晚上，本想組織本隊青年請貧農郭大連講一講他在舊社

會的苦。當我走到他家門外，聽到屋內一片哭聲，原來是一家人一天沒吃到飯了。孤兒郭雲華在一旁幫腔：「這樣會餓死人的。」看著一對孩子眼巴巴地望著我，不禁動了惻隱之心，但卻又束手無策。自己吃飯尚寄人籬下，無力分給孩子一杯羹。給他點錢，又是紀律，須上級審批，遠水解不了近渴。正值青黃不接，村裡一片叫苦聲。看來找人訴舊社會的苦，此時不是時機。

五月二十七日，對敵鬥爭正式開始。為了壯大聲勢，就近的幾個生產小隊聯合舉行了鬥爭會。第一天，在臘樹生產小隊開會，群眾反應冷漠。第二天，由月瓏小隊的地主劉運泉交代問題，桂花生產隊的一位社員揭發他家裡至今還藏有地約。群眾一時氣憤，要求他交出地約。可是，本隊的群眾竟然沒有一個人發言。本隊群眾不發言，對敵鬥爭階段，我的政績等於零，真不知怎樣交差。第三天，繼續開鬥爭會，鬥爭劉加兵。群眾已經厭倦，會場上東倒西歪，有些人乾脆就躺在桌子上聽會。清政治，只是演了一齣鬧劇而已。

六月十四日，月瓏小隊公佈「四清」果實。根據退賠的結果，人均獲得一元八角，當場發現金六角八分。大部分社員喜氣洋洋。

一場荒唐的「四清」運動到此告終。上級通知，所有「四清」

工作隊員均於六月二十八日離隊。

三、苦煉八個月

自一九六四年十月至一九六五年六月，猶如孫悟空進了煉丹爐，苦煉了八個月。

從北京來到江南水鄉，住進貧農家，要同吃、同住、同勞動，又要走家串戶，對我們這些在北方城市裡的「三門」幹部（即出家門，進校門；出校門，進機關門）來說，所經受的磨煉是多方面的。

生活關

首先是語言關。起初，湘潭縣政府派了少數當地知識青年隨我們下鄉。待我們住定後，他們便各自回到自己的工作崗位去了。湖南話還不是十分難懂，吃飯叫「搲飯」，兒童叫「伢子」等等。但是，有些方言，著實令我們長見識。如，你問他家有什麼人，他說：有老埃機（音），堂客和兩個崽。原來是家有老奶奶，妻子和兩個孩子。有一次，為了對村民中的貧困戶施行救濟，我同隊友袁大姐進行家訪。有一家主人表示，需要「滾身子」，我們苦苦猜想，難道是一件農具？後來方知是棉衣或毛衣。我們說話

用詞，當地老鄉也聽不懂。為此，鬧了不少笑話。記得有一天，一位廣西籍的同事問老鄉，廁所在什麼地方。對方搖搖頭，他說：大便的地方。對方仍不懂。他想「大」他不懂，便大聲喊道「泰便的地方」。老鄉「噢！」了一聲，便向前方指了一指。問他有多遠，他邊說邊用手指頭比劃著說七十里！這可能是世界上距離最遠的廁所了。肯定是他將「泰便」聽成地名了。經過一段時間的交流，我們都基本上過了語言關，可以獨立掌握小隊的社員會議，社員也聽懂普通話了。再後來，同社員交流，可以自如地運用本地方言了。

最難過的是生活關。上級要求「四清」工作隊員嚴格堅持「三同」。同吃，儘管北方人吃不慣一日三餐乾米飯，但還可以勉強接受。初來乍到，也不敢提什麼要求。頓頓飯離不開辣椒，對我卻是一大難關。每頓飯都被辣得呲呲哈哈，也只能忍啊！練啊！小時候在家也能吃一點辣椒，那是調味，從來也沒有辣椒當菜下飯。因為別無選擇，慢慢也就習慣了。當地風俗是以辣椒炒菜待客，表示熱情。說到底還是貧困。這裏沒有水井，只有一個池塘。村民洗菜、做飯、洗碗、飲水、洗衣等都用這一池死水。男人用挑水的木桶洗腳，婦女用盛菜湯的盆洗頭。這裡的人三餐以外沒有開水喝。關於用水，剛到這裡很不習慣。有一位同事帶了一點明礬，用從池塘打來的水，放點明礬沈澱一下以為飲用，被上綱

為缺乏貧下中農感情而受到批評。我到池塘用盆洗衣服，不忍心將髒水潑到池塘裡，遭到村民的嘲笑。

　　同住，是真真正正的同主人同住一屋。這倒不是有意安排，而是遵照上面的規定，必須住在可以信賴的貧農家，而貧農大都住房簡陋，沒有多餘住房。起初，我和隊友袁鐘秀大姐同郭勿二一家同住。村民家家戶戶都在臥室的一角放一隻小便桶，掛一個布簾遮擋著。不論白天還是夜晚，不論男女，都要小便在這隻桶裡，一連幾天不倒出去，酸臭熏人。假若碰到我們白天到外邊廁所小便，主人便非常不高興。我們很不理解。原來，人糞對農民來說，是一種可貴的財富。小便用於澆菜地，稱為「淋小雨」；大便則交生產隊，換取工分。誰家要是住了工作隊幹部，吃飯不但交足夠的糧票和飯費，還為住戶積肥，怎麼能不被村民羨慕和嫉妒呢。儘管上述居住環境令人難以忍受，也只能入鄉隨俗。這也是農民貧困的真實寫照。

勞動關

　　同勞動，對我來說，光腳下水田則是一大難關。出生在北方的我，從小到大，沒有光腳走過路，更沒有在水田裡幹過活。如今要在水田裡插秧，心中很沒有把握。想到剛下農村不久，為了討好住戶，給他家到村頭池塘去挑水。剛裝兩桶水，挑起來，沒

走幾步，便摔了一跤，當眾出洋相。我做好了摔一身泥的思想準備。舊曆四月，農忙季節，給農民帶來了希望，大家喜氣洋洋忙插秧。我隨同女社員下田。一大清早先到秧田扯（拔）秧，下午，下水田插秧。我儘管膽怯，在社員面前，也只好脫下鞋子練腳板。站在微波蕩漾的水田裡，感覺自己就像一隻飄蕩的小船。

插秧是一項技術含量很高的農活。要橫豎成行，整整齊齊。我自然達不到要求。社員們耐心地教，我從泥裡拔腳後退，每一步都很艱難，幾次差一點跌倒，心中的底線是千萬不能栽倒在泥田裡。所幸這一底線沒有突破。第二天，社員們聽說我在田裡回來後，腳腫得好大，紛紛來勸我，不要再下水田了。腳是在水裡泡腫了，但不是像大家說得那麼嚴重。第二天，我堅持出工插秧，沒有那麼困難了。水稻生長過程中，要適時清除稗草。當地除草不是用手，而是用腳去拔。這種活多是由年輕婦女來幹。每到除草季節，全村的大閨女、小媳婦，每人手持一把遮陽傘，五彩繽紛，在田間晃動，構成一道靚麗的風景線。我有幸成為這隻隊伍中的一員，說說笑笑，非常開心。下田勞動雖然很累，但比起運動群眾，輕鬆得多。

夜路關

走夜路，也是一關。十二月的一天，我獨自到包家生產小隊

去查帳。夜晚歸來，天寒，風急，月黑，孑然一身走在田間小路上，周圍死一般的寂靜，只聽見自己的腳步聲，膽戰心驚。那種恐懼感無法用文字表述。恍惚間，好像靈魂出了竅。走夜路，在後來八個月的「四清」工作中已是常事。所謂搞運動，實際上就是靠大大小小各式各樣的會議進行，而這些會議，大多是在晚上召開。獨自走夜路，始終膽怯。五月的一天上午，我帶著郭細連的堂客（妻子）到附近的駐軍醫務所看病，下午待我開會回來，她就死了。這個家像天塌了一樣，只見郭細連蹲在地上，一言不發，孩子們眼淚汪汪。鄉鄰們亦不知所措。郭家家無分文，無法安葬死者。晚飯後，我獨自一人到坪塘大隊借用電話，代郭家向信用社貸點款，以作安葬之資。那天晚上，一輪明月掛在天空，大地一片潔白，顯得分外遼闊。我隻身孤影，在田野間顯露無遺，好像一草一木，一墳一丘都在注視著我。這時我才發現，人在白夜比在黑夜更令人恐怖。正在我埋頭趕路間，忽聽背後有沙沙的腳步聲，由遠及近。我不敢回頭，一路小跑，來到大隊部。原來是本小隊的四個年輕人，得知我獨自去大隊部，便相約跟在我身後，以防意外。我很感動，心中不禁漾起一股暖流。

湘潭縣地處丘陵地帶，交通十分不便。我們出行，不論遠近，一律步行。走遠路也是一種磨煉。四月初的一天，坪塘大隊的工作隊員，偕同各小隊的隊長和貧協小組的組長，到梅林公社的馬

家衝生產隊參觀學習。歸來已是深夜，往返行程四十餘里，兩隻腳於不知不覺中都磨出了大血泡。這是我有生以來，步行最長的路程。

群眾關

　　千難萬難，最難的還是「四清」工作。作為一名「三門」幹部，沒有基層工作經驗，這無可厚非，但卻頭頂「四清工作隊員」的頭銜，村裡不管什麼事都要問我們這樣做可不可以，那樣做可不可以，成為村裡諸項事務的主宰者。而這些事務，即從生產到生活，小至家庭矛盾，鄰裡爭端都找我們去處理。當時的農村，人與人的關係，已經不是舊時的張大爺、李二叔那麼單純了。自土地改革以後，歷次波及農村的政治運動，人為地以階級劃線，打亂了以往的家族、鄰里關係。自「四清」運動開展以來，又多了一層貧下中農同所謂「四不清」幹部的關係，中途又冒出一個走資本主義道路的當權派。我們置身其中，非常為難。上級的任務要完成，群眾不買帳，小隊幹部不配合，工作隊的領導批評多於鼓勵。革命博物館來的「四清」工作隊員，女同志較多。四月的一天，領隊邱辛來坪塘大隊，這時，「四清」工作正在如火如荼地進行「揭蓋子」。此時她來，大家盼望給我們鼓一鼓勁，不料，卻是嚴厲的批評和責備。她講：工作沒做好，應從主觀上找原因，要迎接困難，經得起磨煉，要爭一口氣。為什麼北京的女同志，

就不能一個人辦一個隊呢！一個隊的蓋子沒揭開，應由辦隊的人負責。鐵爐大隊由一個政治學徒辦隊辦得很好，他也沒有讀過大學！我也承認，大學裡老師確實沒有教過我們這些「功課」，真是「百無一用是書生」啊。工作難啊，一千個難字！累啊，身體累，心更累。我在日記中寫道：「哪怕躺下一刻鐘呢！也無暇！」

但是，八個月來，儘管歷經種種磨難，苦中也有樂。

在和農民的接觸中，農民的本性還是純樸、寬厚的。和他們交往還是愉快的，也建立了一定的感情。下到農村才真正痛心地看到農民的苦難。孤兒郭雲華，冬天沒有棉衣，只能躺在破爛的被子裡，床上掛著一頂蚊帳，百孔千瘡，夏天不能避蚊。身邊也沒有一個親人。江南的冬天，那種陰冷令人難耐。我們從北方去的人，帶足了棉衣。有村民說：「你們穿得都很暖，我們冒得（沒有）。」那裡大部分的農民患有關節炎，就是冬衣單薄，還要下水田勞動所致。農民最大的苦難是沒有錢治病。不論老幼，一旦得了病，便眼巴巴等死。住戶郭勿二的坤娃子高燒不退，病情危急。我和袁鐘秀大姐傍晚冒雨請來了一位公安部門的衛生員。人家是看在「四清」工作隊員的面上，方才破例出診。經診斷，孩子患的是麻疹加重肺炎。八個月來，經我幫助救治的三人中，兩人因為失去最佳治療機會，而不幸死亡。一個十三歲的小姑娘，

她那清純的求生的眼神，五十多年後的今天，仍留在我的記憶中。僅僅因為胸膜炎，便奪去了她年少的生命。坤娃子因為救治及時，保住了性命。

經過一段時間同村民的交流，真心誠意體察他們的疾苦，我們最終還是贏得了群眾的理解和尊重。拋開那種紛繁雜亂的「四清」工作，抽空同他們一起勞動，說說笑笑，或是走家串戶，聽聽他們談論東家長、西家短，比大會小會領來一堆任務和站在臺上運動群眾，輕鬆愉快得多。特別是和青年交流，他們那股青春活力和強烈的求知慾望，令我感動，就是同村幹部，在會下，也能比較開誠佈公地談談心事。他們也愛聽我講共產黨的歷史及當下的外邊的世界。群眾對我的評價是：「王幹部是個實在人，不會罵人。」

閒情逸致時
心情好的時候，置身大自然中，也時常被美景陶醉，萌生一些感觸。有一天，跟著一群女社員到山上去打草皮。來到深山的曠野，頓感心曠神怡，對腳下的小草動了惻隱之心。它們花開花落，年復一年，沒有人看它一眼；經風雨，遇霜雪，默默地度過一生。大多人的一生，同這山中小草，又有什麼兩樣呢？

四月初的一天，我們去梅林公社參觀。沿途滿山的紅杜鵑，名副其實的「映山紅」，分外妖嬈。南國的春天風光旖旎，令人陶醉。丟開亂如麻的「四清」工作，投身大自然，我才發現，原來這個世界還這麼美麗。初春的一天晚上，開會回來，月光如洗，蛙聲一片，走在靜靜的田埂上，腦海裡漾起一片詩意。只是肩負重任，沒有那份閒情。這樣的鄉村美景，不能舒展一下心情，實在可惜！

　　有一天，我隨工作組中的當地幹部陳某，到住在村外山腳下的一戶羅姓家中探訪，為他家爭取烈屬待遇。只見這一家頹垣斷壁。三十年前，他們的先人，在這座茅草屋裡開會，從事革命活動，被捕犧牲。三十年後，他的子孫仍然生活在這幢茅屋裡，只是隨著歲月的剝蝕更加破舊，惟有屋前的桃花，年復一年，開了又敗，敗了又開。我當時就想，先烈們拋頭顱，灑熱血，換來的究竟是什麼呢？

　　我一家三口，本是一個歡樂的小家庭。一聲令下，小家庭頓時消散。尚不知世事的小女兒離開了父母，憲曾留守，我則奔赴江南。北京、山東、湖南常相思念。他每週的信，給我以慰藉，我卻做不到，因為太忙、太累。四月，北京大學也已春意盎然，他觸景生情，寫來一首詩並隨信寄來幾片春花。讀此信時，窗外

春風習習，一片蛙聲。我提筆回贈一首詞：

「蛙聲相戀，風吹油燈寄詩篇；花兒片片，春展紅顏憶燕園。
茅屋田間，無奈鐵擔在雙肩；北國江南，縱橫千里共嬋娟。」

送別

一九六五年六月二十三日，接上級通知，所有「四清」工作
隊員務於六月二十八日離隊。二十六日，一場大雨過後，這一天，
晴空萬里。不知是誰從哪裡請來了照相館的攝影師，全村老少喜
氣洋洋，為歡送我，全村照了一張集體合影。大多數人竟是第一
次照相。老年人和抱小孩子的婦女都坐在前排，被歡送的「王幹
部」卻被擠到了後邊。看著一張張笑臉，我心裡感到特別溫暖。
這張照片，我一直珍藏至今。

二十八日早晨，我一一向各家告別。全村男女老幼，齊來送
行。婦女們拉著我的手，泣不成聲。兩個女孩神秘地塞到我衣兜
裡一個小包，原來是幾粒檳榔。這是當地女孩子最喜歡吃的果子。
郭勿二交給我一頁紙，這是他寫給我和袁鐘秀大姐的感謝信，感
謝我們對他小兒子的救命之恩。送行隊伍來到村頭大路旁，幾個
小夥子忽然點燃了兩掛鞭炮，送行達到了高潮。我熱淚盈眶，揮
手向鄉親們告別。

別了，鄉親們！你們的一片深情，給了我莫大的安慰。別了，稻田的禾苗！在這裡，我灑下了汗水！別了，坪塘！八個月的「苦」和「難」，將永遠留在我的記憶中。

2014.12.20 乳山

第六章 文化大革命的十年

一‧博物館「文革」紀事

吹響了「文革」的號角

　　文化大革命，首先在文化，學術領域吹響號角。早在一九六五年十一月十日，上海《文匯報》發表姚文元的《評新編歷史劇〈海瑞罷官〉》，除人民日報、光明日報、北京日報和湖南日報四家報紙外，其他省級報紙紛紛轉載。一九六六年四月十日，中共中央批發林彪委託江青召開的部隊文藝工作座談會紀要。不久，《北京日報》開始長篇累牘地刊載批判《燕山夜話》和《三家村》的文章，吳晗、鄧拓、翦伯贊等被點了名。他們在文化界、學術界都是赫赫有名的人物，這些人為什麼一夜之間，在政治上走向反動了呢？我很不理解。每天報紙上大批判的文章都佔去很大篇幅，「文化大革命」一詞時常出現，令人有一種「山雨欲來風滿樓」的感覺。

很快，文化大革命之風，便吹進了革命博物館。我所在的資料室於五月十八日開會，說是要揭發本部門的問題。大家沒有思想準備，揭發什麼、如何批判，都是一頭霧水。花去一天的時間，只談了一些往日工作中的一些難以搞清的是是非非。組長讓我整理會議記錄，以向上級匯報，我沒有從命。

在群眾大揭發大批判中，博物館黨委首先拋出了保管部主任夏立平。博物館下屬的陳列部、保管部、群工部、黨委辦公室，行政辦公室五個部門的一把手都是女將，正值盛年，一個比一個幹練。夏立平是他們中的佼佼者。她工作有魄力，業務能力強，重視人材，敢說敢幹，有一股傲勁。我很佩服她。她在大字報中被揭發的問題，包括，有人在寫文物說明時，不慎將「列強」寫成了「列寧」，她在審稿時，沒有予以糾正。再如，在文物卡片排列順序中，她堅持不分人物和歷史事件的政治屬性，一律按筆畫順序排列。結果，當時還是革命領袖，國家主席的劉少奇和四川大地主劉文彩排在了一起。

其他的所謂「罪行「不說，就這兩條足夠上綱為「反黨反社會主義分子」了。這種事，現在看來不可思議，但在那個時代，就是這樣。這就是歷史。揭發夏立平的大字報貼出不久，我在走廊裡遇到人事處的老王，她語重心長地對我說：好好參加這次運

動，有什麼揭發什麼。聽此話，立刻在我的潛意識中出現：有黨撐腰，什麼也別怕！

五月十九日，大字報的走廊裡又貼出了一張題為《從對馮如鏡的培養看黨委在培養革命接班人上的黑線》，矛頭直指黨委，掀起一場軒然大波。大字報的作者是群工部的抗日組、解放組和聯絡組的部分人員。文章措辭強烈，聲稱是在某領導的鼓勵下寫出的。五一九大字報貼出後，反擊的大字報一張又一張接踵而至。當時，對於五一九大字報，我內心是支持的。聯想到選舉共青團團委委員時，也是暗箱操作，對於反擊的大字報，認為缺乏說服力。同時，我又認為就這一件事，不足以給黨委定性為「反黨反社會主義的黑線」。但是，群眾意見應當讓他們說出來，壓是壓不服的。在多方壓力下，五一九大字報的作者分別寫了檢討，認為是上了當，表示要懸崖勒馬，重新站到無產階級一邊來。

工作組進館

一九六六年五月二十五日，北京大學哲學系聶元梓、宋一秀等七人署名的大字報《宋碩、陸平、彭珮雲在文化革命中究竟幹了些什麼？》，在大飯廳東牆上張貼，在北大引起強烈反響。在毛澤東的授意下，六月一日晚八時，中央人民廣播電台全文播發了這張大字報。同一天，《人民日報》發表社論《橫掃一切牛鬼

蛇神》，指出：「一個勢如暴風驟雨的無產階級文化大革命高潮，已經在我國興起。」此後，全國出現一些亂象。六月三日，中共中央決定向各大學，國家機關等單位派遣工作組，希望能保持黨對運動的領導，對當前的亂象有所約束。六月十六日，革命博物館和歷史博物館敲鑼打鼓，歡迎社會主義文化工作組（起初，稱社會主義文化革命，不久便改稱無產階級文化革命）。在大禮堂舉行歡迎大會，群情激昂。其實，人們並不知道中央為什麼在這個時候派工作組。絕大多數人，包括我在內，都是習慣性地響應共產黨的號召。盲從也會造成災難。任何時候的所謂群眾運動，都是運動群眾。只是群眾一旦被運動起來，便一發不可收拾。文化大革命就是如此。在毛澤東、林彪、江青等陰謀家，野心家的煽動下，由瘋狂演變為慘烈，致使中華民族遭遇十年浩劫。當時我就認為他們都是黨中央，毛主席派來的，又都是來自解放軍，相信一定能把運動搞好。

　　工作組進駐後，十七級以上的幹部，輪流集中學習。博物館的領導工作，由工作組和革命委員會接管。他們要求群眾，一邊學習毛主席著作，一邊揭發館裡的問題。革命委員會成員周礎分別找我們談話，瞭解對資料室主任劉舒的意見，暗示對資料室的問題要作進一步的揭發。於是，我和袁鐘秀、範春榮三個人，寫了資料室的第一張大字報，標題是《劉舒同志奉行的是保身哲

學》。這是一個中性的題目，是我們多年以來，在他的領導下工作的體會，也是一種經過理性的分析得出的結論，應該是文如其人。因此，獲得一些人的同感。所謂群眾揭發的大字報貼了不少，但是，夠得上黑線、黑幫的幾乎沒有，都是一些領導和群眾之間，群眾和群眾之間的是是非非。

保管部主任夏立平，一開始就被定性為「反黨反社會主義的黑幫份子」，拋在了大風大浪的最前線。她態度十分強硬。工作組進館前，她連續貼出幾張大字報，聲言要揭發館黨委的問題，並點了老革命徐彬如的名。她能不能寫大字報，可不可以揭發問題？大家展開了討論。我認為，儘管她問題嚴重，但也不應該封住她的口。

工作組進館後，經過一段時間的準備工作，決定要再戰夏立平。七月十九日，工作組將整夏立平的材料發給大家。分給我的材料是一九六一年她上海之行販來的「黑貨」。這是指一九六一年初，她帶領幾位年輕人赴上海參觀學習，將人家的經驗用於本館的工作。具體都是些什麼「黑貨」，如今我一點也記不起來了，因為那時我還沒到博物館。在開批鬥夏立平的大會的前一天，受社會上的啟發，經我提議，周、範兩位同意，準備做一個牌子，放在夏的座位前。我們都是老實人，此事報告了革委會。周礎不

同意，理由是要文鬥，不要武鬥。這無疑是正確的，我們沒有堅持。八月十日，開全館大會，批鬥夏立平。她態度極端強硬，拒不認罪，激起部分群眾的義憤。最後，還是給她掛了牌子，戴了高帽子，身上貼了條子。當時我就想，群眾情緒一旦被煽動起來，就像決了堤的洪水，一發不可收拾。老夏是在博物館領導幹部中受摧殘最重的一位。我曾親眼目睹過一幕，那是在批鬥會後不久的一個中午，我們正在午休，突然聽到一陣鑼鼓聲伴著口號聲，由遠及近，從樓下傳到五層樓的平臺上。原來是陳列部的幾個人，帶著徐彬如和夏立平遊樓，已經從底層遊到三十多米高的平臺上。待我們來到平臺上，只見年近七十的徐老已經大汗淋漓，夏立平雖然年輕，但因又氣又累，已經癱倒在地上。這時我看見一個人從辦公室提來一個暖水瓶，正要往她身上澆，被旁邊的人攔住，這才避免了一場慘劇發生。八月，正是嚴夏酷暑，居然往一位不堪折磨倒地的女性身上潑熱水，真不知他人性何在！此後，她還被剃了陰陽頭，也就是半邊頭髮都剃光，受盡了凌辱。但她仍然堅強地活了過來。

紅衛兵狂潮

　　一九六六年八月一至十二日，中共中央八屆十一中全會在北京召開。會議期間，毛澤東拋出了《炮打司令部——我的一張大字報》。大字報雖然沒有點名，後來才明白，其中的「睡在我們

身邊的赫魯雪夫」原來是指劉少奇。八日,全會通過了《中國共產黨中央委員會關於無產階級文化大革命的決議》,亦即「十六條」。決議指出:「在當前,我們的目的是鬥垮走資本主義道路的當權派,批判資產階級的反動學術權威,批判資產階級和一切剝削階級的意識形態。」決議強調要「敢字當頭」,「要充分運用大字報、大辯論這些形式,進行大鳴大放」,「不要怕出亂子」,「不能那麼雅緻,那樣文質彬彬,那樣溫良恭儉讓」。八月十三日下午五時,通過廣播發表了八屆十一中全會公報。我們博物館的群眾,於晚七時,冒著滂沱大雨,來到中南海接待處,向黨中央報喜。這裏已經擠滿了前來祝賀的各界人群,群情激昂。

八月十八日,在天安門廣場舉行「慶祝無產階級文化大革命」大會,大會向全國實況轉播。博物館指派部分群眾參加,我有幸名列其中。上級要求我們凌晨三時務必到達廣場指定地點。我們坐在廣場中心偏南的水泥地上。雖值盛夏,北京的凌晨還是有幾分涼意。毛澤東一行於早晨五時來到天安門城樓上。這一天,晴空萬裡,紅旗如潮,百萬人的廣場像一片沸騰的海洋。毛澤東穿一身綠色軍裝,臂戴紅衛兵袖標。這是毛澤東在天安門第一次接見紅衛兵。他讓站在身邊的紅衛兵宋彬彬改名為「宋要武」。

從這一天開始,紅衛兵便大開殺戒。恰在這一天的晚上,輪

到我在傳達室值夜班。傳達室位於大樓的北門內，落地大玻璃窗，長安街大馬路上的一舉一動盡收眼底。夜幕來臨，一群紅衛兵呼喊著口號自西往東呼嘯而過。不一會兒，又一隊人閃過。頓時給我一種蕭殺的感覺。大約晚上十時，一位中年男子跌跌撞撞闖進了傳達室，一臉驚恐，好像後有追兵。原來是本館照相室的趙立業。他聽到紅衛兵闖到鄰居家打人，便急忙從白塔寺的家中逃到博物館請求庇護。博物館是文物重地，職工不許留宿，何況又在那種大喊大殺的時刻。我不能做主，便一邊安慰他，一邊向總值班室周礎請示。她同意讓趙留宿，還對他提了幾點要求。在別人危難時刻，她敢於擔當，令我敬重。第二天上班時，聽一位家住白塔寺附近的同事說，她出門上班，在胡同口看見停著的一輛卡車，上面有幾具屍體。老趙有幸躲過了一劫。

據王友琴《恐怖的紅八月》報導，一九六六年九月五日，中央文革小組發出一期簡報，標題是《紅衛兵半個月戰果累累》。簡報說，到八月底止，北京市有上千人被打死。打死上千人竟被讚揚為「戰果」。人耶？獸耶？

八月十九日開始，從北京起，發起了一場全國規模的破除舊思想、舊文化、舊風俗、舊習慣的「破四舊」運動。紅衛兵走上街頭，四處造反，給理髮店、縫紉鋪下通牒，給商店貼標語，貼

封條，霓虹燈被打破，命令汽車站改名，並為幾條大街定了名。天安門改為共產主義門，東西長安街改名為共產主義大路，天安門汽車站改名為東方紅站，等等。對這些行為，我一方面認為這是革命行動，但又覺得紅衛兵小將的作法欠妥。文化革命不能搞形式，它是一場思想革命，不能包辦代替，更不能去進行破壞。二十三日，全國各大報紙以「新華社二十二日訊」的形式，刊發了《無產階級文化大革命的浪潮席捲首都街道》的消息，《人民日報》同時刊發了《工農兵應當支持學生》及《好得很》。「破四舊」的風潮遂推向全國。博物館資料室庫藏一些舊報刊，為防紅衛兵破壞，便將庫房封閉。我們館舉辦了一個「大慶（油田）展覽」，多次受到學生造反派的衝擊。十月二十六日，在大霧瀰漫的夜晚，北京師範大學井岡山戰鬥隊再次來造大慶展覽的反。我因為在館裡值夜班，得以見證了那一場面。他們氣勢洶洶，大喊大叫，揚言要砸爛展覽。所持的唯一理由是展覽中有劉少奇的照片。該展覽是經薄一波和陶魯茄批准的，他倆又不是犯錯誤的幹部，僅僅因為一張照片就來大鬧，當時我心想，這也叫造反嗎？這也是革命嗎？三十一日，傳達陶鑄指示：自十一月一日起，大慶展覽關閉。

　　一九六六年九月五日，中共中央，國務院發布《關於組織外地革命師生來北京參觀文化大革命運動的通知》，全國數千萬中

學和高等院校師生及幹部、工人，手舉著紅寶書，潮水一樣湧向北京。他們乘車、住宿、吃飯均享受免費。北京的師生奔向外地。很快，全國的大串連，轟動了神州大地。還在讀中學的我的二弟和堂妹，先後從山東菏澤步行來京，吃、住都在接待站。大串連嚴重擾亂了社會秩序，妨礙了正常的生產和交通運輸。

批判資反路線

在「破四舊」，大串連之後，社會上又掀起了保衛毛主席革命路線，向資產階級反動路線開火的高潮。這場鬥爭是從共產黨內高層開始的。不久，在天安門前，第一次貼出了打倒劉少奇、鄧小平的標語。在博物館北門，進門的台階側面出現了「打倒劉少奇」五個大字。社會上的鬥爭，很快反映到博物館內，從揭發批判「黑幫份子」轉向了黨委。在這一年的八月初，遵照文化部的指示，我館經群眾選舉，成立了革命委員會，出面領導運動。八月十六日，工作隊撤離。在此之前，有些群眾就黨委和革委會的關係提出質疑。十月十七日，我同範，週三人寫了一張題為《革委會跟誰走？》的大字報，希望革委會站出來，領導運動。當時，大多數人認為，革委會應當在黨委領導下進行工作。我們持少數派意見。

在批判資產階級反動路線活動中，大部分群眾認為，館黨委

在處理五一九大字報事件中，執行了資產階級反動路線。當時，大字報貼出後，立即受到少數人猛烈的反擊。第五天，黨委召開各部門領導人參加的擴大會議，聽取對黨委對五一九大字報處理工作的意見。恰恰在批判資產階級反動路線時，與會的一位黨委委員將那次的會議記錄公佈了出來，在館內引起一陣轟動。與會者言詞的嚴厲令人吃驚。資料室主任發言指出，反擊早了一些，王凌雲對黨委培養馮如鏡也有看法，再等一些時間，還會發現一些問題。看來，劉主任是主張「放」的，等待時機，一網打盡。他的這番言論，代表了那個時代，共產黨各級領導幹部的慣性思維。他們認為，所謂群眾運動，就是運動群眾整群眾。可是這一次，他們錯了。毛澤東發動文化大革命，就是要發動群眾「把天下搞亂」，藉以整倒睡在他身邊的「中國的赫魯雪夫」劉少奇。令他們沒有料到的是，他們自己在這次革命的浪潮中，卻成為一粒鵝卵石，任憑潮起潮落。

會議記錄公佈後，遭到很多人的批駁。劉主任的「反擊早了一些」的發言，提醒大家，原來對五一九大字報的即刻反擊，大字報的簽名者公開檢討，要求每人寫一份檢討交黨委備案，更嚴重的是，群工部領導還整了大字報的主要參與者王信平的材料，所有這一切，均是以李兆炳為書記的黨委所為。據群工部的領導在一九六六年十一月四日的群眾大會上講，關於王信平的材料寫

好後，交給黨委辦公室主任邱辛，她認為材料還沒有提到一定高度，經再修改，上綱到「反黨反社會主義」方行通過。遂上送到文化部。聽後，群情激憤。下午，便把文化部的李克傑叫來，要求退回革命博物館黨委上報的整王信平的「黑材料」。李不敢做主。大家憤然決定，與會者全體去文化部造反。晚飯後，我們乘博物館大卡車，迎著寒風，高唱革命歌曲，直奔文化部大樓。樓內靜悄悄，我們見狀，情緒也冷靜了許多。找值班人員，說明來意，要求見有關領導。幾經周折，文化部副部長石西民出面接見，答應退回材料。歸來已是次日凌晨兩點鐘。這是我在文化大革命期間，走出館外參加本館活動的唯一的一次。

在批判資產階級反動路線階段，從館一級領導幹部到中層領導幹部，都不同程度地受到衝擊，把他們作為資產階級反動路線的代表，反革命修正主義份子，進行批鬥。不允許回家，掛黑牌子剃陰陽頭；拉回家，在街坊鄰居面前，妻子陪同，雙雙跪地等等。

奪權

黨委已經名存實亡，革委會也以已經癱瘓，博物館一時局面混亂。仿效社會上群眾鬧革命的做法，館內出現了諸多名稱各異的戰鬥隊：「東方紅戰鬥隊」、「野戰軍戰鬥隊」、「工人戰鬥

隊」等等。我所在的資料室稱「萬山紅遍戰鬥隊」。一九六七年一月三日，上海造反派組織掀起「一月風暴」，在張春橋、姚文元等的策動下，六日，一舉奪取了上海市的黨政大權。毛澤東對「一月風暴」高度評價和支持，指出：「這是一個大革命，是一個階級推翻一個階級的大革命。」十一日，《人民日報》發表《中共中央，國務院，中央文革小組給上海革命造反團體的賀電》，同時，《人民日報》發表題為《無產階級革命派大聯合，奪走資本主義道路當權派的權！》。隨即，一場荒唐的奪權風暴席捲中國大地。

奪權風很快吹進了中國革命博物館。一月二十一日，由「工人戰鬥隊」發起，聯合其他三個戰鬥隊，於下午二時半，吵吵嚷嚷，奪了黨委的權，收繳了所有公章。然後敲鑼打鼓，慶祝勝利，有的戰鬥隊也前來祝賀。就這樣，沒有槍聲，沒流一滴血，就將權奪到手。當時我就想，這也未免太容易了！既不嚴肅，也不嚴正。果不其然，個別造反派奪權，在館內掀起一陣小小的風波。部分群眾，主要是思想比較保守的群眾，對造反派大加指責，表示不服。在造反派一方，事先沒有經過充分醞釀，實行聯合行動，組成一個行使權力的領導機構。只是部分人出其不意，倉促行事，只是奪到大印，但卻無權可使。同在一座大樓內的歷史博物館，群眾分為相互對立的兩派。在奪權大潮中，一派也奪了黨委的權，

另一派不服。奪權一派抱著大印跑往天安門廣場，另一派就追，演出了一場天安門廣場搶印的大劇，引為笑談。革命博物館各個戰鬥隊，雖然秉持的觀點有所不同，但始終沒有形成對立的兩派。奪權後，針對當時的混亂局面，二月一日，群眾經過一天的大討論，決定革命群眾實行大聯合。但是，怎樣聯合，又成了問題：是所有的「左、中、右」大聯合，還是「左」派大聯合？又爭論不休。就此事，當時，我在二月二日的日記中寫道：「我館一直處在風平浪靜中，沒有經過大分化、大改組。現在聯合，沒有共同的基礎，好似污泥混雜，上面結了一層純潔的冰。這樣的聯合，只能是大混合。但是，社會上都搞大聯合，再搞大分裂，似乎有些不妥。況且，中間群眾也希望聯合，看來也只好如此。」

在沒有選出大聯合的領導班子前，仍然是各戰鬥隊自行其事。大家共同的大方向是批判資產階級反動路線，但是，反動路線是個什麼概念，誰也說不清。具體到本單位，就是揭發批判黨委及各部門領導如何壓制群眾，監視群眾，只要發現三、五位職工情投意合，來往頻繁，便冠以小團體之名加以整治。天天大會小會，都是領導如何整群眾及工作，生活中說不清的是是非非，亂亂哄哄，令人厭倦。

上邊號召「抓革命，促生產」，各事業單位也要做好各自的

本職工作。就博物館而言，黨委的權被奪了，下層各部門原來的領導幹部都已靠邊站了。於是由各部門各自由群眾選一個核心小組，臨時領導工作。我被選為資料室三人小組成員之一。但是，博物館展覽已經奉命關閉，資料室庫房和文物庫房也都貼上了封條。「促生產」僅僅是一個口號而已。在文化大革命高潮的一九六七年，五花八門的小報，小冊子撒滿北京的大街小巷，天安門廣場更是全國資訊的集散地。我們便利用政治運動的空隙，到天安門廣場蒐集小報、小冊子，還請了一位家住廣場南端小灰樓的歷史博物館職工老武，幫助我們蒐集，購買文革資料。他樂此不疲。我和兩位同事負責分類、編目。這是研究「文革」的第一手資料，可謂功德無量。這批資料「文革」後被封存，至今下落不明。

呼籲解放夏立平

受批判資產階級反動路線的啟發，我們資料室的五位同事，於一九六七年四月二十六日，以「萬山紅遍戰鬥隊」的名義，貼出大字報，呼籲解放夏立平。我們出於兩個理由：其一是，老夏在「文革」一開始，便被黨委以莫須有的罪名，作為「黑幫份子」拋了出來，企圖轉移群眾視線，以求自保。在經過幾個月以來對資產階級反動路線的批判後，我們認為夏立平是資產階級反動路線的受害者。其二是，老夏為人正直，敢說敢做，業務能力強，

我們都很敬佩她。至於她被指控的所謂「罪行」，均屬於工作中的疏漏。我們在當時那種批判頭號修正主義份子劉少奇的火焰正烈的社會氛圍下，提出解放夏立平，似乎是不識時務。我們幾個人，用當今的話說，都有幾分叛逆，又都是一般職工，無官一身輕，所以義無反顧。大字報貼出後，引起一場軒然大波。大家在夏立平問題上，自動排隊。首先貼出反擊大字報的，是原在黨委周圍工作的人，當時被稱為「保皇派」。他們在《念念不忘階級鬥爭》的大字報中指出，對夏立平是「保」還是「批」，是一場嚴肅的階級鬥爭，認為我們「是別有用心的人物」；還有的是一批所謂的「穩健派」，不主張解放，但也不主張過份的批鬥。多數人不表態，小心翼翼，生怕觸犯了什麼。此後，批夏和保夏，觀點鮮明。在社會上武鬥成風中，博物館部分群眾氣勢洶洶到老夏家中，給她剃了陰陽頭。有的人借這個話題，拉幫結派。我們認為，旗幟已經打出，觀點業已亮明，在這個問題上，絕不參與任何派別活動，以免被人利用。批夏也好，鬥夏也罷，我們均不參加。有一天，保管部貼出佈告，要召開批鬥夏立平大會，希望各部門參加。我們幾個人頂著「保夏就是本館的『二月逆流』」的大帽子，毅然去西郊頤和園一遊，樂得逍遙。

一九六八年二月或三月，中央文革文藝組下屬的劉巨成指定林錦文擔任中國革命博物館革命委員會籌備小組組長，負責組建

領導班子。

外調

　　這一年的年初，北京一些高等院校開始進行清理階級隊伍。在「清隊」的名義下，一些所謂的地主、富農、反革命分子、壞份子、右派份子以及文化大革命運動中被認定的特務、叛徒、走資派、反動學術權威等等，統統受到批鬥和監禁。博物館對一些幹部，包括館長徐彬如，分別成立了專案組，立案審查。我和陳繼新被派往西安，鄭州等地，調查資料室主任劉舒的歷史問題。二月二十七日，我們乘火車，經過一天一夜的旅程，於次日下午到達西安。

　　二十年前的西安，我已經沒有絲毫的記憶了。在全國大武鬥的浪潮中，西安也是戰雲密佈。為安全計，我們住進了火車站附近的解放飯店。這是一家甲級旅社，每天兩元錢。如此破費，我們深感不安。據服務員講，這裏駐著西安市一大造反派的指揮部，另一派可能前來攻擊。第二天，我們便換了住處。此處是一家乙級旅社。住處穩定了，吃飯又成了大問題。飯館經營不正常，我們東奔西走搞調查，時常錯過飯館營業時間，幾乎每天為吃飯奔波，為吃飯煩惱。好不容易找到一家吃飯的地方，剛一坐定，呼拉一下子一群討飯的就圍了上來。在一雙雙乞求的目光注視下，

這頓飯還能吃出什麼滋味？既厭惡、又憐憫，那種感覺，令我難忘。吃飯難，使得我們吃遍了兩人在西安的親朋好友家的飯。儘管各家都熱情款待，我們總是不好意思。人到此時，也顧不得溫文爾雅了。此外，行，也是問題。文化大革命幾乎打亂了所有的正常秩序，公共交通在當時正常情況是下午五時停運，更多的是無故停車。我們經常被丟在半路上，只好以步代車。記得最長的一次步行，五十多分鐘才到住地。

在西安，從城南到城北，從城東到城西，頂風冒雨，忍飢步行，奔波了半個月。到過陝西省公安廳、陝西省圖書館、陝西日報社、陝西省博物館等十幾個單位。那時候，調查人不能直接找被調查人談話，必須持中國革命博物館開具的介紹信，再到相關單位換取介紹信，非常費周折。所得材料卻寥寥。工作結束後，我們自作主張，遊覽了大雁塔和臨潼的華清池，以作慰勞。大雁塔始建於唐朝，是為安放唐僧自西方取來的佛經而建，建築雄偉。之後，我們興致勃勃，從西安出發，乘車一個多小時來到臨潼。華清池原來是在一個小小的庭院裡，小巧玲瓏，十分雅緻。這裡曾是楊貴妃「溫泉水滑洗凝脂」的地方。登上驪山，到了捉蔣亭，一幕幕歷史耐人尋味。

二月二十六日，購得晚六時去洛陽的火車票。下午四時，我

們便來到車站等候，卻被告知不能正點出發，要到十二點才能有車。我們只好在車站過夜。近十二時，又宣佈開往洛陽的二七六次火車，因調不到車，只好取消。無可奈何，我們決定放棄洛陽，直取鄭州。經過二十多個小時的運行，於二十八日凌晨抵達鄭州。在鄭州的大街上，看到「打倒戚本禹」的大標語和揭發他的大字報。三月三日到達開封，一天便完成了任務。當晚，我們便買了火車票。她西去四川，我東往山東菏澤。在灰暗的夜幕下，我登上了一列由鄭州開往商丘的火車。上車後我大吃一驚，車廂內很暗，廂壁上懸掛著晃晃悠悠的幾盞油燈，地上橫七豎八躺著一些人，沒有一個座位，更沒有列車員。我還以為是上錯了車，恍惚間車已經開動。我很害怕，便坐在車門口，不敢再往裡面看一眼，好像地上躺著的人都是江洋大盜。沒有人報站，火車開開停停，不知道行駛了多長時間。車停下來，借著燈光，猛然看見「蘭考站」三個大字，我趕緊跳下了車。原來這是一列運牲畜的火車，所幸車上沒有馬、牛。從蘭考到菏澤，汽車也只有兩、三個小時的路程。可是我從凌晨下車，轉汽車，直到晚上方才到家。

一九六七年七、八、九三個月，全國各地發生了大武鬥，流血事件時有發生。社會動盪，人心惶惶。最高統帥毛澤東卻稱讚說：全國無產階級文化大革命形勢大好，不是小好，整個形勢比以往任何時候都好。我走出大樓離開北京，親身領略了當時所謂

的「大好形勢」，其實是民不聊生，四處乞討，交通異常。我竟然還乘坐了一趟運送牲畜的「客車」，真是三生有幸。

男棋女織

回到北京，三月二十日上班。大樓內冷冷清清。革籌組要聽匯報，我如實作了報告。他們不滿意，責備我們沒有搞到他們所要的材料，但也只能如此而已。當時，革命博物館沒有形成不共戴天的兩派，也沒出現兵戎相見的武鬥。但是，不同的觀點還是存在的。在批判資產階級反動路線階段，有些人站在黨委一邊，甚至有人揚言，誰要是打倒李兆炳（黨委書記，館長），他就上街殺人。另一些人，對黨委的某些工作有意見，或者受壓制，便站在黨委的對立面，進行批判。更多的人言論，行事比較理性，還有極少數人，憑著自己出身好，即所謂的「紅五類」，做了一些「打打殺殺」的事。諸如剪陰陽頭、往人臉上潑墨水、罰跪、打人等，都發生過。三百多職工，戰鬥隊有東方紅、井岡山、野戰軍、萬山紅遍等不下十幾個，各戰鬥隊，由革籌會統一領導，但又可以自行安排活動。各隊之間，相互切磋，有時也相互攻擊。紛紛擾擾，莫衷一是。

一九六八年下半年，館裡的運動越來越沒勁。社會上轟轟烈烈，我們這裏卻冷冷清清。大家無事可做，男的下棋，侃大山，

女的織毛衣。沒錢買毛線，便買一些棉線繩，破解成若干股，用來織線衣，大家戲稱「棋郎織女」。那時，幼兒園也受衝擊，時常放假，很多媽媽只好帶孩子上班。我的女兒看到叔叔、阿姨們上班時間聊天、織毛活，有所感慨，回到家便發高論：媽媽的錢（指工資）是坐大樓坐來的，一語中的。

九月，《紅旗》雜誌發表評論員文章《關於知識份子再教育問題》，該文將一九四九年至一九六六年間受過大學和中學教育的人統統歸為「舊知識份子」，必須接受再教育。我館職工絕大多數是在新中國接受的中學、大學教育，我們也曾經為自己是新一代知識份子而驕傲過。為什麼一夜之間，我們卻成了需要改造的「舊知識份子」？大家議論紛紛。回到家裡，同憲曾繼續討論。北京大學是文化大革命中的重災區，老年、中年知識份子中，許多人遭遇迫害，對此，我極為憤慨。在一旁的女兒突然問我：你們說的舊知識份子是不是壞人？我們告訴她，舊知識份子是指他們受的是舊教育，要改造的是他們的舊思想，他們不是壞人。不料，第二天一早，她又語重心長地問我：媽媽，我的舊思想也要改造嗎？一個五歲的孩子，發出這樣的天問，令人心酸。當時那種邪惡的政治氛圍，已經侵害了稚童的心靈。

軍宣隊進館

無所事事的局面，一直延續到年底。一九六八年十二月二十三日，軍人宣傳隊分別進駐中國歷史博物館和中國革命博物館。軍人宣傳隊、工人宣傳隊，統稱為毛澤東思想宣傳隊。名為宣傳隊，實際上是所進駐單位的最高領導。軍宣隊進駐後，便將原部門機構取消，改為班排。二十五日，軍宣隊向全體職工傳達國務院副總理謝富治的指示，要求文化部所屬各單位，凡是沒有業務活動的，一律集中舉辦學習班。從此，全館職工便集中住在館內，每星期日回家一次。

北京大學早已如此，我們只能把女兒放在幼兒園整托。我們一家三口，兵分三處，過起了集體生活。我和幾位懷孕的同事都住在大樓裡，終日不見陽光，一日三餐在食堂，更談不上什麼營養。有位同事打報告，申請每星期下班後回家兩次，吃點水果，為孩子增加點營養，遭到拒絕。我就是在一九六九年二月二十五日夜間由兩位同事從博物館送到醫院的，身邊沒有親人。住院三天，沒有喝上一口紅糖水，以致同室的病友以為我家在外地。更有甚者，我被推出產房的第二天，便被叫去面對毛主席像早請示。

一九六九年元旦社論《用毛澤東思想統帥一切》發表後，對毛澤東的個人迷信達到了極致。戴毛澤東像章、跳忠字舞、繡毛

澤東頭像。最勞民的是「毛主席的指示不過夜」：每一道「聖旨」下來都要遊行、歡呼、舉國慶祝，全民歡騰。說也奇怪，「聖旨」往往在晚上十點以後才下達。記得有一天，大家剛剛睡下，忽聽天安門廣場人聲鼎沸，軍宣隊立即集合隊伍。正值寒冬臘月，我看見館長李兆炳、徐彬如等幾位老人走過來，不禁動了惻隱之心。所幸博物館位於廣場東側，每次都是出北門，在長安街上轉一轉就回來了。

二、深挖「五一六」

「五一六」從天而降

一九六七年五月十六日，《人民日報》奉毛澤東指示，全文發表一九六六年五月十六日中共中央政治局擴大會議通過的《中國共產黨中央委員會通知》，即《「五一六」通知》。同一天，北京外國語學院「五一六」兵團貼出大字報，攻擊國務院總理周恩來是「反革命兩面派」。月底，北京鋼鐵學院，北京農業大學出現了同名稱的組織。此後，還出現了「首都紅衛兵五一六兵團」。他們散發了大量攻擊周恩來的傳單。八月末，天安門觀禮臺上出現了落款為「五一六兵團」的大標語，寫有「砲轟周恩來」，「火燒周恩來」等。

九月八日，《人民日報》發表姚文元《評陶鑄的兩本書》，文章第一次公開點了「五一六」的名。毛澤東就該文加了一段話：「請同志們注意，現在有一小撮反革命分子……他們用貌似極左而實質極右的口號，颳起『懷疑一切』的妖風，炮打無產階級司令部，挑撥離間，混水摸魚，妄想撼動和分裂以毛主席為首的無產階級司令部，達到其不可告人的罪惡目的。所謂『五一六』的組織者和操縱者，就是這樣一個搞陰謀的反革命集團，應予以徹底揭露。」

　　十月二十九日，遵照周恩來總理指示，教育部、文化部、哲學社會科學院，在首都體育館聯合召開大會，謝富治講話。他主要強調，深挖「五一六反革命集團」是當前的主要任務。第二天，博物館全體職工開會，軍宣隊作動員報告。十一月四日，全館舉行深挖「五一六」誓師大會。接下來的幾天，大樓裡雖然貼了一些大字報，卻沒有什麼新材料。要求大家座談深挖，實則是坐在那裡聊天。「五一六」分子在那裡？怎麼去挖？挖多深？撲朔迷離，霧裡看花。大字報也是問號滿天飛。我始終秉持一個原則，沒有把握的事情，不去亂懷疑。深挖，我又懶得動腦子，所以寫不出大字報。

　　正在群眾迷茫之時，軍宣隊已經鎖定了目標。第一個被辦「幫

拉班」，又稱「學習班」，實則是批鬥班的，是群工部的劉東瑞。為什麼？不知道。只聽說他的態度很不好。一九七零年一月九日，軍宣隊張隊長再次動員，要求在博物館掀起深挖「五一六」反革命陰謀集團和其他反革命分子的高潮。據他介紹，文化部已經挖出了一百多個「五一六」分子。即日起，沉靜了多日的大樓又熱鬧起來了，走廊裡大字報沸沸揚揚。看來，我們九班的同事，革命博物館從革籌組到大聯委的負責人，深孚眾望的林錦文，這次是在劫難逃了。

我被點名

　　大字報點了一些人的名，我也名在其中。問題出在我曾經向中央文革文藝組主管圖博口（文化部圖書館，博物館系統）的戚本禹下屬的劉巨成寫了三十多份簡報。那是一九六七年七月四日，聯委會根據上級要求，指定我和林穀良為通訊員，當晚即到中宣部開會。上級要我們及時報導本單位運動進展情況，及時反映運動中出現的帶有苗頭的問題，提出政策性建議。要求這麼高，我自覺不能勝任。自己政治敏感性不高，很難通過紛雜的現象看出事情的本質，更談不上提出政策性建議。再則，我平時接觸群眾不夠廣泛，資訊不十分靈通。最令我擔心的，是凡事我有自己的觀點，報導難免事事客觀，說不定會犯錯誤。每份簡報要求一式兩份，一份上報，一份留本單位。我多了一個心眼，一式三份，

我留一份以備查詢，也作證據。當時，都是手寫，用一種紫顏色的複印紙，一次可以寫三份。後來，我留存的三十多份簡報複印件丟失了，非常可惜。就這件事，有人提出質疑，可以理解，也在意料之中。既然成了懷疑對象，我在九班的工作也由別人代理。我很坦然，心想，懷疑就懷疑吧，只要不是陷害就好。

幫拉班

一九七零年一月十五日，在工人體育館召開文化部系統批鬥「五一六」反革命陰謀集團頑固份子危大蘇大會。危大蘇是中央音樂學院的人，原為音樂、舞蹈系統革籌組組長。一九六九年八月被隔離審查。他拒不認罪。會上經過一番批鬥，由北京市公安局當場逮捕。會場上頓時升起一波「坦白從嚴，抗拒從寬」的聲浪。令人始料未及的是，大會散場時，突然有幾個人跑到高臺上散發傳單。大把大把的傳單在人群中飛揚，很多人去搶。我因為在隊伍中，沒敢去搶，不知是什麼內容。事後聽說，散發傳單的都是音樂學院的人。

二月二十一日，圖書館、博物館系統開大會，傳達中共中央關於「五一六」反革命陰謀集團的來歷、罪惡等。指出：一九六七年七、八、九三個月，是全黨全國命運的緊急關頭。「五一六」並不是一個孤立的組織，而是黨內兩條路線鬥爭的繼

續，是階級的大搏鬥，是你死我活的鬥爭。那一幫人代表了被推翻的階級，他們鑽進了中央的心臟，企圖搞顛覆、暗殺。

　　會後，我館深挖也掀起了高潮。對林錦文的「幫拉」也緊鑼密鼓地開張了。此前一日，以我們九班為主，加上八班兩個人，組成「林錦文幫拉小組」，又稱為「學習班」。一旦進了「學習班」，便失去人身自由，不能回家，不能同別人來往，形同罪犯。我們小組找他談話，他未語先哭，最後說「我不是五一六」。我從對他平日的瞭解及他深挖以來的言行，怎麼看他也不像「五一六」反革命陰謀集團成員。心裡這麼想，會上不能說，只能表示，對老林只能說服，不能壓服。

　　一天晚上，以「幫拉小組」為主夜戰林錦文，館長徐彬如也在座。我被指定為主攻手之一，自知自己戰鬥力不強，難以完成重任，便坐在最後一排。大家同老林唇槍舌箭。他罵八班的一位女同事為「政治流氓」，引來一陣猛攻。我說了一句「你不要採取駝鳥政策」，意思是像駝鳥一樣，一頭紮在沙堆裡，引起他哈哈大笑。一直戰鬥到午夜，雙方都精疲力竭。徐館長那時已年屆六十多歲，真是難為了他。車輪戰、夜戰，早在延安整風時，便是搞逼供信的主要手段，誰能料到二十多年後又出現在文化大革命中？經過一戰再戰，林錦文的態度越來越強硬。對大家的質疑，

批判，他步步為營，牢牢守住一道防線：「喔我不是五一六」。我們九班戰鬥不力，遭到種種非議。有人懷疑我們中間有「內奸」。徐老揚言，九班是林錦文的群眾基礎。為此，我還和徐老頭大吵一場。他這話也確實沒錯，但在當時，這可是政治立場問題。我們九班「幫拉小組」，因為攻不下林錦文這個革命博物館的重點堡壘，被勒令撤出戰場，又回到原來的辦公室，逍遙自在。

一月二十日，走廊裡出現一張倪玉英寫的大字報《猛促王凌雲》，還是為寫簡報事提出質疑。我問心無愧，第二天便寫了一張小字報，說明事由，貼在了那張大字報上。革博和歷博各派兩名通訊員，事過不久，其他三人都分別進入學習班，被「幫拉」，失去了自由，他們又何嘗有罪？當時，我家中有一個六歲的女兒和一個不滿一歲的兒子，憲曾遠在江西五七幹校，雙方父母都在山東老家。這個家，全靠我一個人支撐。一旦我被關進學習班，一雙孤兒的命運，不堪設想。四人中我獨得以倖免，這也許是上天眷顧，也就看作是那種殘暴年代的一絲人性吧。

三月二十七日，中共中央發出通知，要求各級黨組織，各級革命委員會，在揪「五一六」分子時，防止擴大化。五月初，館內所有被懷疑為「五一六」分子的「幫拉」對象都分別回到原來的班組，唯獨林錦文沒有回到九班，而是去了八班。

全國性的所謂清查「五一六」運動，一直持續到文化大革命結束，數以百萬計的幹部和群眾遭受打擊。然而，最後又以查無實據不了了之。至於毛澤東和黨中央為什麼要發動那一場波及全國的清查「五一六」運動，至今還是一個謎，有待史學工作者去研究。

一代英才殞落

在清查「五一六」運動的同時，北京市又開展了「一打三反」運動，一批知識菁英被殺害。一九七零年四月的一天，下班前，軍宣隊召開全館人員大會。會上講了什麼，已不記得了。最後，他拿出一張紙，說是反革命分子名單。每念一個名字，簡單介紹幾句，便問：「該不該槍斃？」下面喊：「該！」又問：「同意槍斃的舉手。」下面都舉手。我正在想，這人命關天的大事，難道也能由群眾決定？！心生幾分反感。突然聽到念：「沈元」，我心裡咯噔一下。沈元兩年前，因闖非洲馬裡駐京使館被捕，我聽說過，以後再沒消息。不料如今他被列入了死刑犯的名單。儘管群眾舉手不舉手都無濟於事，但是，我從沈元開始，再沒有舉手，似乎覺得那是一種犯罪。

沈元是我大學同年級同學，因翻譯赫魯雪夫在蘇共「二十大」上的秘密報告，在同學中傳閱，一九五七年在「反右」運動中被

劃為右派。大約在一九六零年代初，被歷史學家黎澍看中，調到社會科學院近代史研究所。他連續在《人民日報》、《歷史研究》上發表了多篇高質量的論文。文化大革命中不堪忍受凌辱和批鬥，化妝逃入外國駐華使館被捕。一九七零年四月十八日，一代英才殞落在共產黨的槍口下。兩年後，有關方面才通知其親屬，並收取五分錢的子彈費。文革結束後，一紙無罪通知書交到沈媽媽手裡，老人哭著說：我不要這張紙，我要兒子！聽到這話，天下哪位母親不撕心裂肺？！時至今日，沒有看到哪一位責任人向失去親人的母親道一聲歉！共產黨欠人民的太多了。

掃地出門

等待已久的「幹部下放五七幹校」，終於聽到了雷聲。五月四日，全館召開「落實五七指示大會」，傳達周恩來總理四月二十一日指示，要求文化部所屬各單位要在五月二十日之前完成幹部下放任務。軍宣隊安排五天學習。誰去誰留，何去何從，議論紛紛，人心浮動。五月七日下午四時，公佈下放人員名單，絕大多數都在名單之中，不論男女，不計老幼，我自然也名列其中。留下的人員，大多是在領導人眼中的「順民」。明明是勞動懲罰，還偏偏讓我們學習，批判「勞動懲罰論」。這還不夠，更令人想不到的是，第二天，軍宣隊宣佈，下放幹部放在辦公室的所有物品，統統拿走。住在集體宿舍的人也要一絲不留。聽完宣佈，不

等他講完，我和袁大姐便憤然離去。收拾完辦公室的物品，我們兩人坐在上樓的台階上，相對無言。在這座大樓裡工作了十年，如今被「掃地出門」，前程莫測，備感淒涼。

回到家，面對著一雙年幼的兒女，欲哭不能。何去何從，無人可以商量。憲曾遠在江西，親朋好友也四散八方。我只好獨自決定，帶著兩個孩子，投奔北京大學江西幹校。

一九七零年五月十八日上午，全館大約三分之二的工作人員，拉家帶口，前往文化部咸寧幹校。我前往永定門火車站送行，那一幕至今難忘。五月的天氣還有幾分涼意，那一天，沒有一絲陽光，遠去的和送行的人們，心情都和天氣一樣陰沈。呂星斗帶著妻子，一歲的兒子和岳母已經坐到了車上，孩子不知大人的愁滋味，高高興興向車外的人們招手，為那凝重的氣氛帶來一絲生氣。劉秀文攜家帶眷走過來了，林錦文呆呆地坐在車上，張文質，我的大學同學，曾是歷史博物館深挖「五一六」時的「幫拉」對象，他陰沈著臉走下車向我告別，我們相對無言。一聲長鳴，火車徐徐開動，揮手自茲去。我想起了杜甫《兵車行》中的詩句：「爺娘妻子走相送」，「牽衣頓足攔道哭，哭聲直上幹雲霄。」那一天，人們有淚只能往肚子裡流，不敢出聲。今人不如古人。

2016.6.6．一稿，北京。
2016.8.4．二稿，乳山。

三、幹校四記

一九六六年五月七日，毛澤東寫信給林彪。在信中，毛要求，全國各行各業都要辦成「一個大學校——學政治，學軍事，學文化，從事農業生產，辦一些中小工廠，生產自己需要的若干產品和國家等價交換的產品。」毛澤東還要求「教育要革命，不能讓資產階級統治我們的學校。」這封信發表後，被稱為「五七指示」。一九六八年五月七日，黑龍江省革命委員會在慶祝毛澤東「五七指示」發表兩週年時，創辦了黑龍江省安慶縣柳河幹校，正式命名為「五七幹校」，成為在中國大地出現的第一個五七幹校。從此，大批「五七幹校」在全國紛紛開辦。許多幹部、知識份子和文化人，相繼被下放到幹校，進行思想改造。「五七幹校」也就成為中國歷史上一個特定名詞。

北京大學江西幹校位於南昌鄱陽湖畔的鯉魚洲。一九六九年建，原名鯉魚洲北京大學教學實驗農場，後改為北京大學江西分校。根據這一年十月中共中央《關於高等院校下放問題的通知》，十月二十七日，北京大學大批教職員工，開赴江西幹校。

大家與小家

一九七零年五月，經我申請，北大同意我帶著兩個孩子去江

西幹校。五月中旬，幹校給了憲曾十五天的假，回北京接我們。當時，我們成家已近八年，但衣物，用品極為簡單。博物館發給下放幹校人員的一隻大木箱，竟然裝走了我們一個四口之家。五月二十二日，我們兩人抱著一歲的兒子，拉著六歲的女兒，舉家奔往「五七幹校」。原本不會走路的小兒，在一個候車站上，不經意間會獨立走路了。不曾想，在他邁出人生的第一步，便走在了五七的道路上。女兒正值入學讀書的年齡，眼看著孩子的學業荒廢，而我們又不知道五七道路有多長，此去前途茫茫。看著一雙幼稚可愛的兒女，他們的童年難道要陪伴父母在那茫茫荒原上度過嗎？一陣心酸，覺得對不起孩子，但又萬般無奈。

　　一路顛簸，中午到達南昌。下午乘船渡過鄱陽湖，到達住地已近黃昏。晚飯後，我帶著兩個孩子住進了女宿舍。這裡是十幾個人的大通鋪。夜間，可能是環境不適應，小兒哭鬧不停，我怕影響大家休息，便抱著他在房外踱步。月光下，野地裡的蚊子很兇猛，為防蚊子叮咬，我只好用小毛巾被把孩子包起來。五月末的江西，已是炎夏，太熱，他也哭鬧。不想入住的第一夜，便經歷了這麼一場「戰爭」。第二天，我帶著兩個孩子被安排在居住區邊遠的一間小房內，這是一間工具房，在橫七豎八的勞動工具的空間，架起一塊木板，便是我們的床。好歹沒過幾天，小兒便送進了托兒所，我帶著女兒又住進了女宿舍。

我來到鯉魚洲時，距北大教職工大部隊到此已半年有餘，他們度過了那一段最艱難的日日夜夜。如今生活，生產已經步入正軌。幹校就是一個大的勞動改造營，它依照軍隊編制，校部下分若干連，連下分若干排，排下分若干班。下幹校前，軍宣隊再三讓我們批判「勞動懲罰論」，實際上，他們所做的，正是通過繁重的體力勞動和艱苦的生活，對知識份子名為改造實為懲罰。我所在的第六連，由地質地理系和地球物理系組成，每一個連就是一個大家庭，大家在同一個廚房吃飯，在同一片地上勞動，宿舍分男舍女舍，亦即太平天國時期的男營女營。幼兒送托兒所，學齡兒童由專人管理，十足的軍營生活。

　　這種男營女營的生活大約持續到一九七零年秋收以後，上級決定要為同來幹校的夫妻建房。知識份子發揮了自己的才能，經過簡單的平面測量，稍加平整，便打好了房基，栽上房柱，搭上橫樑，全連一齊動手，用稻稈編草簾，用稻葉搓草繩。不幾天，兩排草房便整整齊齊地矗立在梅蘭池的大地上。草房前還有一排五、六間的磚瓦房，分配給帶小孩的夫婦。單身的員工仍住男舍女舍。草房儘管簡陋，簡陋得以致於張家和李家只用一張草簾相隔，但是，在大家庭中，終於有了自己的小家，有了屬於自己的空間，人們還是高高興興地遷入新居。

我們住進了一間磚房，這是這個荒灘上少有的一排舊磚房。記得我們住進去不久，我大學同學陸庭恩來鯉魚洲幹校出差，順便來看望我們。回去告訴李淑蘭同學說：王凌雲一家住的是「北京飯店」。有了自己的小家，可以把飯打回來，一家三口同「桌」用餐，這是同女兒相互交流的唯一的機會。

每天早晨孩子還沒醒，我們就到大田裡幹活去了。幾乎每天晚上大人都有政治活動，待回到房間，孩子已經睡著了。趕上農忙，往往把飯送到地頭，小孩只能自己打飯吃。有一天，我聞到屋裡有異味，發現床下有一小堆剩飯，原來是小女兒打來的飯沒有吃完，不敢倒在外邊，怕挨批判。連內十幾名兒童也是一個小群體，他們有自己的作息時間和活動，自己洗澡，自己洗衣服，生活基本自理。當時，當地沒有洗澡設備，只能在宿舍附近的空地上，用草簾圍上兩個圈，即是男浴處、女浴處。我稱它為「處」，是因為露天，又沒有水源，各人只能提一桶水，一沖了之。小孩子也每天提一隻小水桶，洗完澡，順手洗了自己的小衣服。嚴酷的環境，竟把本該享受童年快樂的孩子培養成了小大人。江西氣候酷熱，又天天在大田幹活，每天一身大汗歸來，只能用一桶水沖一沖，所以幹校要說艱苦，洗澡首當其衝。

幹校規定，學員每兩個星期休息一天。趕上農忙，還不能保證。要去托兒所接孩子的媽媽，每逢休息日的前一天下午，可以提前收工。所以，我所在的那個排的同事們，每到這時候，都眼巴巴地看著我。如果我不提前離開，那就意味著第二天加班。大家那種失望溢於言表。人們太需要休息啦。

　　孩子半個月不見媽媽，記得第一次帶小兒回來，只見他神情緊張，沒有一絲快樂。讓他叫媽媽，他叫「阿姨」；再讓他叫，還是「阿姨」。再讓他叫，他便不耐煩地把臉轉到一邊。聽六連的一位在托兒所任教的小金說，小丹時常跟在她後面，喊「丹丹吃點心！丹丹吃點心！」有人不知道從哪裡搞到幾塊廣東月餅，給兩個孩子兩塊，我們像得了寶貝一樣，把兩塊點心反覆包紮好，用繩子吊在房樑下，以防被老鼠叼去。結果，還是招來了老鼠，幸虧發現得早，繩子還沒有被咬斷。鯉魚洲的老鼠又大又壯，很厲害。聽說，中文系的一位老師帶著吃奶的孩子來幹校，有一天，她給孩子餵完奶，便匆匆下田去了。可能奶順著孩子的口流到耳邊，貪婪的老鼠便將嬰兒的耳朵咬去了一塊。真是天地不仁。

　　大家中的小家，生活雖然艱苦，但是，一家四口生活在一起，卻免去了許多牽掛和思念。半個月一次難得的團聚，兒女繞膝，也苦中有樂。

大田與小田

　　從事繁重的，苦痛的體力勞動，是共產黨對知識份子進行思想改造的必要手段。我到鯉魚洲不久，第一天參加勞動，便是整修一片場地，作為追悼會的會場。一位年輕教員在鄱陽湖岸邊作業時不幸犧牲。我五月末來到北大幹校，鯉魚洲大地已是一片蔥綠。六連座落在梅蘭池（地名），據說，前一年初冬，大部隊來到此地時，這裏原是一片荒地，人跡罕至，地道的「黴爛」池。經人們修渠、整地，如今已是阡陌縱橫，秧苗茁壯。

　　種水稻我這是第二次。第一次是一九六四年十月至一九六五年七月，在湖南湘潭參加「四清」運動。那時是以國家機關幹部的身分，清查所謂的「四不清」幹部，以搞運動為主，勞動為輔。誰能料到，七年之後，來到鯉魚洲，卻是以資產階級知識份子的身分，接受貧下中農的再教育。那一次是去整人，這一次是來進行改造。命運就是這樣令人難以捉摸。

　　種水稻是一種很繁重的勞動，從整田到插秧、薅秧都是在水中作業，插秧、薅秧、割稻被稱為「三彎腰」。所有這些，對北方人來說，就更加艱難。我來到鯉魚洲第一次下大田，便是薅秧。彎腰低頭，全神貫注，尋找稗子苗。一不小心，就會將稻苗誤認為稗子苗。第一次下田，心裡緊張，待薅到盡頭，起身時眼前一

黑，便暈倒在田頭。

第二年的四月，大田插秧。適逢這一年技術改進，說是要「小苗帶土移栽」。我不明白。插秧自然是將秧苗插到水裡，如今怎樣將小苗帶土移栽？原來是用鐵鍬將秧苗帶土薄薄的剷下來，人們站在田埂上，將帶土的秧苗掰成一小片一小片丟在水田裡。當然，仍然要人把它插成橫豎成行，以便除草。這樣，不但減少了勞動強度，也提高了勞動效率。我有詩為證：

「站在田頭望四海，污泥滾滾腳下踩。
鯉魚洲上忙插秧，小苗帶土來移栽。」

走出北京的大樓，來到這遼闊的原野，勞動雖然艱苦，但卻省心。在這大自然的陶冶中，一下子放鬆了心情。一九七一年三月的一天，修整水田，天氣驟然轉暖，晴空萬里，春日融融，站在梅蘭池大地上，心曠神怡，欣然成詩：

「塊塊水田映藍天，蛙聲悅耳鳴一片。
鐵牛滾滾翻作浪，春風拂面菜花香。
五七戰士一片忠，衣著單衫忙春耕，
雙手繪得地如畫，耕者猶在圖畫中。」（三月二十七日）

四月的一天，突然傾盆大雨，冒雨整田，給我一種無以言表的感受，回來便寫了如下幾句詩：

　　「春風吹雨撒江天，手舞鐵鍬平大田。
　　五七戰士經風雨，風裡雨裡來鍛鍊。」（四月二十五日）

　　一九七一年三月十九日，六連宣佈要撥出一小塊，大約半畝地，作為試驗田。抽調地球物理系的謝安老師、地質地理系的劉心悟老師和外單位的我擔任這項工作。謝安年輕、幹練，是主將；劉老師年老，我體弱，自然是副手。試驗田距住家很近，勞動強度和大田比較輕鬆很多，讓我去，顯然是出於照顧，但我卻想了很多。種試驗田就是培育良種，責任重大，它關係到日後大田水稻的科學種植，接受任務後，腦海中第一閃念是：沒有在大田幹活省心。當時正在批判「勞動省心論」，即所謂的每天「三飽兩倒」。大田幹活就是省心，不用問為什麼，也不用費心巧幹，反正是別人咋幹我就咋幹。可是，種試驗田就不同了，它關係到大田能不能增產的問題。況且，植物也是有生命的，你若不善待它，便會死亡。那麼，這一季度就完了，不可能再重來。

　　試驗田雖小，但其流程卻與大田無異。接受任務後的第三天，我們三人便首先整修秧田，以備培育秧苗。在宣佈設置試驗田前，

連部已經派謝安前往北京，向農業科學院討到十七種優質水稻品種。他將這些小量品種，一一點交給我，我縫了十七個小口袋，一一裝好，貼上標籤備用。三月二十六日，浸泡十七種小品種，催芽、育秧、移栽、撓秧，七月十一日開始收割。前後經過四個月，全過程幾乎與大田同步，但我們卻細緻得多，精心操作，小心呵護。有一天，校部來人檢查工作，我正在小田裡勞作，陪同人員介紹試驗田的工作，指著我說：「這是我們的農科院專家」。來人信以為真，引為笑談。作為學歷史，生活在中國北方，對水稻一無所知的我，居然能進行水稻雜交，似乎也可以稱為「專家」了。那是在這一年的六月下旬，六連派我去五連參加水稻雜交學習班，第二天，便在老師的指導下進行實際操作。兩天的學習後，我便回來在自家的試驗田裡進行雜交。怎樣進行操作的，我已經完全不記得了。效果如何，只有天知道。

　　回想當年，高中畢業時，曾準備報考農業大學，是因為上生物課時，老師講了蘇聯生物學家米丘林種蘋果的故事，便喜歡上了農業科學。後又改報了北京大學，成了歷史系的一名學生。不想十六年之後，在那樣的一個特殊的環境中，我搞起了水稻試驗田。這真是命運的捉弄。

學習與改造

幹校的知識份子，經受艱苦的勞動磨練還不夠，還要接受嚴厲的思想改造。我在北大幹校經歷了以批判聶元梓為主要內容的革命大批判，深挖「五一六」，學習馬克思、恩格斯、毛澤東著作，參觀井岡山等無休無止的政治活動。這些活動，多半都在晚上進行。

聶元梓，原北京大學哲學系中共黨總支書記。一九六六年五月二十六日，同哲學系六位教師寫了一張題為《宋碩、陸平、彭珮雲在文化革命中究竟幹了什麼？》的大字報，被毛澤東稱為「第一張馬列主義大字報」。她不久擔任北京大學革命委員會主任，一時成為風雲人物，在校內挑起武鬥，殘酷迫害知識份子。軍人和工人宣傳隊進入學校後，被隔離審查。聶元梓於一九六九年十月隨大部隊下放鯉魚洲幹校勞動改造，鄧小平掌權後被捕入獄，獲刑十七年。我聽過幾次揭發批判聶元梓罪行的大會錄音。揭發她反對毛主席的「五七指示」，汙衊「五七道路」的罪行。她公開提出不去鯉魚洲，給周恩來總理寫信，周總理讓她去江西勞動鍛鍊。來到鯉魚洲的當天晚上，她便召集親信在鄱陽湖大堤上聚會，說到這裡來的人都是處理品，和中國封建社會的充軍，沙俄時代的流放沒有兩樣。她站在大堤上，指著浩淼的湖水說：大堤一決口，誰也跑不了。

在大批判的同時，要求大家聯繫實際，對自己的資產階級思想進行「懺悔」。人人都要談感想、表決心。我當時表示：「自己剛來鯉魚洲時，覺得這裡緊張，對軍宣隊的嚴格要求不理解，為什麼下大雨還要出工，為什麼要連續作戰，為什麼時間安排得這麼緊等等。經過半年多的實踐，體會到軍宣隊對我們的嚴格要求，是對知識份子政治上的關懷，只有這樣才能更好地改造世界觀。知識份子在修正主義教育下，就是懶懶散散，鬆鬆垮垮。當我逐漸認識到緊張是思想革命的需要時，就能在三大革命實踐中逐步地自覺磨練自己。走在『五七道路』上，雖然時間不長，但在思想感情上有了一些進步，體會到『五七道路』是知識份子思想改造的必由之路。聶元梓汙衊五七戰士是勞改犯，只能說明她是地地道道的反革命。」這是留存至今的一份發言稿，是當時我發自內心的記錄。

政治學習五花八門。為配合大批判和深挖「五一六」，讓我們學習毛澤東的《將革命進行到底》和《人民日報》，《解放軍報》，《紅旗》雜誌（當時稱為「兩報一刊」）發表的社論《無產階級專政勝利萬歲！》。一九七一年三月十八日，為紀念巴黎公社一百週年，由歷史系工農兵學員和教員何芳川做報告。報告指出：巴黎公社的經驗，就是槍桿子裡面出政權和無產階級專政。為解決知識份子走「五七道路」是一陣子還是一輩子的問題，根

據毛主席「要好好讀書」和「進行一次思想和政治路線教育」的指示，上級要我們人人都要把毛澤東思想學到手，並作為當時「五七戰士」的一項光榮的戰鬥任務。不論生產勞動有多忙，都要擠出時間讀一些馬克思、恩格斯、列寧和毛澤東的著作，以自學為主，要讀原著，邊讀邊議。記得當時至少讀了毛澤東的《矛盾論》，馬克思的《一八七二年德文版序言》，《一八八二年俄文版序言》及馬克思和恩格斯的《共產黨宣言》。在此期間，還大舉批判地主、資產階級人性論，其用意不言自明。

如今看來，當時，讀書也好，大批判也罷，都不是目的，而是用來促使知識份子思想改造的手段。每一項學習，都要求班組開會討論，聯繫本人的思想談認識。看來是自覺革命，實際是強制改造。但是，大多數人都很認真，誠心誠意，洗心革面，激情滿懷地跟黨走。這就是共產黨高明之處。一九七一年五月，在紀念「五七指示」發表五週年時，上級要求每位「五七戰士」要「三回顧」：回顧毛主席的關懷，回顧鯉魚洲一年來的變化，回顧個人一年來的進步。回想一年來，從幾座草房到營房連片，從一片荒原到田連阡陌。自己初來時，不適應那種軍事化的緊張，把走灌渠小路視為畏途。經過一年艱苦的磨練，逐漸適應了這種生活，並能承擔種試驗田的重任，寫下了《憶徵程》小詩：

「才報春插一片青，又慶五月似火紅。

主席點上來鍛練，五七佳日憶徵程。

七月驕陽戰雙搶，大寨渠上鬥寒風。

陋屋燈下讀馬列，一輪紅日心中生。

五七路上闊步走，煉顆紅心為工農。」

　　改造知識份子，無時無刻，手段多多。六連設立「一事一議」不定期的議題。三月的一天，晚飯後，通知我們班要「一事一議」，就地質地理系的王寶豐在抓飯裡邊挑肉吃一事，請大家議論。名為議論，實為批評。上綱上線，王先生無言以對。他原是燕京大學職員，待人彬彬有禮，未言先鞠躬。用現在的話說，就是很有「民國範」。這樣一位謙謙君子，假如真的在飯裡挑肉，也不是他的錯，而是那個時代的悲哀。還有一次，「一事一議」是王乃良先生北京家中寄來一個包裹，不用說，其中全是食品。他寄我收，有何過錯？但卻被上綱為「腐朽的資產階級生活」，食品被沒收，分給了連裡的孩子們，類似的事情還發生過幾起。

　　幹校生活既然軍事化，拉練是免不了的。但是，常搞突然襲擊，卻是為了整人。有一天凌晨，我在熟睡中被哨聲驚醒，連長老趙大喊：「十分鐘後，打好背包，食堂前集合！」我平日雖有所準備，但臨陣還是缺東少西，匆匆把被子一卷，三捆兩捆，背

上就往外跑。在黎明前的黑暗中，隊伍跑了一圈，東方剛剛發白的時候跑回了連隊，大家互相一看，背包千姿百態，我背包裡的被子已經掉出了長長的一截，令人忍俊不禁。軍代表一陣痛訓。他叫林超出列，背對大家，只見他肩上的行李哩哩啦啦，完全不像背包。林超是地質地理系知名教授，又是一位老者，如此被當眾獻醜，人群中卻沒有一點笑聲，氣氛格外凝重，這就是惺惺相惜吧。

鯉魚洲幹校各個連隊，除大田耕種外，還要自己種菜，自己養豬，自給自足。要吃豬肉，得由自己宰殺。有一次，不知是誰的主意，讓博士殺豬。陳博士也是隨夫人前來勞動改造的，殺豬現場我沒有去看，聽說捅了幾刀，沒有把豬捅死，一時引為笑談。難道博士一定要會殺豬嗎？顯然是在捉弄人家。

幹校娛樂活動很少。報告會、批鬥會、學習會，安排得滿滿當當。偶爾也會放場電影，但卻少之又少。我記得只看過《南征北戰》和《送瘟神》。看電影，也要聯繫實際。

走與留

鯉魚洲幹校，即北京大學教改實驗農場。一九七零年五月，改名為北京大學江西分校。既然是學校，長期辦下去，就得有教

師，然後才能招學生。就我所知，中文系、歷史系都招了學生，稱工農兵學員。誰走誰留，顯然與我個人無關。我最終還得回原單位。但是，卻與我這個家庭有關。憲曾要是留下，我們這個家庭就必然得留在鯉魚洲。兩個幼小的孩子怎麼辦？我希望他能調離北大，到基層生產單位更穩定。大約一九七零年末，上級通知夫妻雙方，一方是外單位的，可以申請到北大江西分校來。一石激起千重浪，我考慮很久，不想到教育戰線來。到鯉魚洲半年多以來，親身經歷了學校的政治運動，感到北大的鬥爭太複雜。本來我情緒還比較平靜，生活、勞動已經基本適應。全家在此，也沒有牽掛。至於將來怎麼樣，由不得自己，多想也沒用。但是，發誓一輩子走「五七道路」，那是騙人又騙自己的。當時，面臨很多問題：孩子的教育，還有就是血吸蟲的危害。

北大，清華所在的鯉魚洲，是一片爛泥灘，附近的老表（農民）都不來耕種，他們知道血吸蟲的屬害。血吸蟲潛伏在水中，我們每次下水田前，都要在腳上腿上塗上一層防護劑，若是小雨，孩子們也要塗防護劑，以防小孩淌水玩。校領導也做過專題報告，要求大家積極防護。同時，把如何對待這一問題提高到同貧下中農的感情問題。言外之意，在血吸蟲的問題上，要求我們與當地的貧下中農共存亡。大堤決口的擔憂，也一直困擾著我們。鄱陽湖好比一個大水盆，鯉魚洲在水盆的外沿下，湖面就在我們的頭

頂上。大堤一旦決口，人人在劫難逃。凡此種種，讓我長期，無條件地留在鯉魚洲，卻是很難下決心。因此，申請調來北大的報告，我遲遲沒有寫。一直拖了兩個多月，在上面一再的催促下，無奈的我，草草寫了一份請調報告。交上去後，很長一段時間沒有回音。最後告訴我說，革命博物館不同意放人。至此，我懸著的一顆心才算落了地。

一九七一年七月，正值農忙季節。上面突然要求每個人都要作自我鑑定。一個月前，剛剛做了年中總結，讓每個人講收穫談體會、表決心。時隔一個月，為什麼又讓大家作鑑定呢？根據經驗，大家猜測，是不是要結束鯉魚洲的生活了？但又不敢相信，人心開始浮動。七月二十四日，我所在的小組開會，為每人作鑑定。我給自己的鑑定是：一、讀書學習中比較努力，但見諸行動不夠；二、積極參加各項政治活動，但經常開展思想鬥爭不夠；三、在勞動中能盡自己所能，認真負責，但死打硬拼的勁頭較差。小組基本同意個人意見。有人認為工作踏實，看問題比較尖銳，有人提出鬥爭性不夠強。

八月三日，在大家不知情的情況下，突然宣佈一批返校人員名單。人們心中原有的預期得以證實。可是，留下的人，是留還是走？不覺心中忐忑。八月六日，歡送戰友返校。同一天晚上，

「四人幫」幹將，時任國務院科教組副組長的遲群，來鯉魚洲宣佈：北京大學分校和清華大學幹校遷校。這一決定，在北京的北大和清華，同時宣佈。至此，大家懸著的一顆心，才算落了地。有跡象顯示，兩校搬遷早在七月就已經決定。此前，遲群、謝靜宜曾來到鯉魚洲瞭解情況，大家反應最強烈的是血吸蟲的危害，特別是帶孩子的家長。兒童畢竟是無辜的。促使遷校，可能還有另外一個原因，那就是這一年的七月，在北京召開全國教育工作會議。自一九六六年六月文化大革命開始，至此已有五年，大革命的浪潮衝擊最厲害的，當推教育戰線，用土崩瓦解來形容不為過分。學生四散，教師種大田。作為一個泱泱大國，這終不是長久之計。名為遷校，實為解散，回原單位，各司其職。

我們一家是第三批返校。九月七日晨，攜兒帶女，告別鯉魚洲，離開了這塊灑滿艱辛和汗水的土地。我們乘汽車前往南昌。汽車剛剛開動，我家小兒和另一個小孩一齊大哭不止，原來是害怕開動的汽車。來到南昌，等待北上的列車。小兒聽到火車鳴笛聲，跑過來摟著我喊道：「殺豬啦！殺豬啦！」原來是他所在的托兒所與八連相鄰，時常聽到殺豬聲。其間，我們帶孩子逛商店。那時，物資極為匱乏，商店內冷冷清清，但兩個孩子卻興致勃勃。弟弟猛然看見陳列櫃裡的糖果，像是發現了新大陸，拉著姐姐，指著櫃子，激動地大喊：「糖！糖！」看著這番情景，令我心酸

不已。孩子們像是從沙漠來到人間。鯉魚洲封閉的生活，使孩子們失去了許多童年的樂趣。十五日，回到北京的家。這個緊緊十六平方米的居室，已是空空如野。

　　「五七道路」走過來了。回首那一年又三個月的生活，令人感慨。毛澤東一封信，「五七幹校」在全國開花，上千萬教職員工和國家機關幹部被送往幹校。在那邊遠荒蕪的地方，開荒種田。有的全家隨同改造，大部分兩地分居，困頓不堪。鯉魚洲那段歲月，是那個瘋狂時代的一頁。我們在那裏付出了艱辛，撒下了汗水。五位教員付出了生命。不論怎樣，那一段歷史，還是應該留在記憶中。

2016.10.6. 一稿。
2016.10.21. 二稿。

四、一九七六年

哀思

　　一九七六年一月九日，我正在封煤球爐，準備去上班。突然從收音機裡傳來周恩來總理逝世的噩耗。上班後，大家再次聽廣播，無心工作，一天都在淚水中度過。一棵大樹倒了，我們怎麼辦？當天下午，館領導決定，舉辦周總理生平展覽，以寄託哀思。

第二天，又宣佈展覽不大搞了，只搞個小型的，供本館人員參觀。十日，《參考消息》報導各國對周恩來總理逝世的反映，對總理高度評價，但《人民日報》卻冷冷清清。十一日，是個星期日，總理的遺體被送往八寶山火葬場火化。下午，百萬群眾佇立在十裡長街兩旁，冒著嚴寒，為敬愛的總理送行。

　　在北京，不許單位設靈堂，人民群眾發現天安門廣場人民英雄紀念碑，是祭奠的好場所。幾天以來，數十萬北京市民絡繹不絕，來到人民英雄紀念碑前敬獻花圈。晚上下班，經過廣場，只見黑壓壓一片，隱約聽到哭泣聲，我不禁潸然淚下。正如一位外國記者所報道：「北京市民靜靜地克制著悲痛的心情。」十四日，是群眾悼念活動的最後一天，我滿懷期望能從報紙上看到全國各地人民的悼念活動。早上一上班，我便急忙打開當天的《人民日報》，只見頭版頭條竟是《大辯論帶來大變化──清華大學教育革命和各項工作出現新面貌》。文章寫道：「近來全國人民都在關心著清華大學關於教育革命的大辯論……」查遍《人民日報》，看不到一點關於群眾悼念活動的文字，我很失望。

　　我和幾位同事走出大樓，來到廣場，隨著人群靜靜地走上人民英雄紀念碑。放眼望去，成千上萬的花圈盡收眼底。哀哭的人們，感人肺腑。一對年輕夫婦，抱著孩子對著總理遺像放聲痛哭，

執勤人員眼含熱淚。真是花山、人海，哀思如潮。十五日下午，博物館的領導和群眾，不顧上級不許舉行追悼會的禁令，在四層展覽聽的結尾廳舉行追悼會。大家對著面帶微笑的總理遺像鞠躬致哀，場內一片哭聲，還有人悲痛過度而暈倒。與此同時，黨和國家領導人及北京群眾代表，在人民大會堂舉行周恩來總理追悼會。博物館楊振亞館長參加大會。當時，人們最關心的，是毛主席出不出席周總理的追悼會。

　　館裡的會一散，我們便急忙往西門跑，等待楊館長歸來以探究竟。我館和人民大會堂隔廣場相望。上午十一時，天安門廣場開始戒嚴。這時，人民大會堂外一片肅穆。楊館長回來，剛剛踏上臺階，便被大家團團圍住。得知毛主席沒有出席追悼會，我們都非常非常失望。聯想到兩年前江青大喊大叫「批林批孔批周公」，覺得事情不是那麼簡單。

「四五」怒潮

　　早在一九七四年一月，經毛澤東批准，中共中央轉發了由江青主持選編的《林彪與孔孟之道》。隨即，江青便連續召開在京部隊單位和中直機關，國家機關的「批林批孔動員大會」。一月二十七日，國家文物局召開大會，傳達二十五日中共中央在工人體育館召開的「批林批孔大會」的精神，提出『批孔』是批判林彪的組成部

分。二月，革命博物館為準備舉辦「批林批孔展覽」，派人赴上海，浙江，河南，山東及東北三省，徵集有關批林批孔的文物，資料。二月二日，全館大會傳達江青，紀登奎關於我館舉辦「批林批孔展覽」的批示。九日，上邊來人又把批示的原件和複印件全部收回，只說另有安排。四月，我館舉辦「批林批孔展覽」內部試展，至一九七五年結束。不知為什麼一直沒有公開展出。從江青的批件被收回看，答案應當在上層。在此期間，報刊上大量刊登各個寫作班子的所謂批判文章，假借批林批孔，實則批周公、批宰相，攻擊總理周恩來，引起了很多人的反感和警惕。

一九七五年十一月，中共中央在北京召開打招呼會議，宣讀了經毛澤東審閱，批准的《打招呼的講話要點》，隨後又以中央文件的形式發到各地。一場「反擊右傾翻案風」的運動波及全國。運動中心是批判剛剛主持中央工作的鄧小平。毛澤東發動的這場運動極不得人心。記得有一天，不知為什麼事，讓我們去遊行。當分發標語牌子的時候，有一個是「反擊右傾翻案風」，結果給誰誰都不要。隊伍出發了，牌子丟在了原地。

被毛澤東稱為「四人幫」的王洪文、張春橋、江青、姚文元，在周總理逝世後，下達一系列的禁令，壓制群眾的悼念活動。三月二十五日，又在「四人幫」控制的《文匯報》上發表的一篇文

章中，公然寫出「黨內那個走資派要把被打倒的至今不肯悔改的走資派扶上臺」，明顯是攻擊周恩來和鄧小平。人民忍無可忍，長期壓在心中的怒火終於爆發。正如貼在紀念碑旁的一首詩所寫的：

「興風作浪二三月，賊喊捉賊真卑劣。
怒火難忍要直言，人民總理喚熱血。
八億天兵沖霄漢，紅心化劍搗鬼穴。
神洲清明大反擊，捍衛總理灑碧血。」

在北京，清明節前夕，人們陸續來到人民英雄紀念碑前，張貼悼詞，敬獻花圈。最惹人注意的，是中國科學院一零九廠的職工於四月二日在紀念碑的北面台階上樹起的四塊詩牌，上寫：

「紅心已結勝利果，碧血再開革命花。
倘若魔怪噴毒火，自有擒妖打鬼人。」
當時，還有一首令千萬人傳頌的詩：

「欲悲聞鬼叫，我哭豺狼笑。灑淚祭雄傑，揚眉劍出鞘。」

這首詩道出了人民的心聲，也是射向「四人幫」的一把利劍。

事後,「四人幫」將該詩的作者作為首犯進行追查。據說這位志士來自山西省。在紀念碑北面,還矗立著一個三米高的大花圈,中間安放著周恩來總理的遺像,遺像四周紮著八朵大紅花,潔白的輓帶上寫著:「周恩來總理永垂不朽」八個大字,落款是「中國人民解放軍第二炮兵後勤部」和二十四個人的簽名。紀念碑四周矮矮的松牆上,拉著一條橫幅,上寫「若有妖魔興風浪,人民奮起滅豺狼」。廣場上,朗誦詩詞和悼文的聲浪此起彼伏。

我所在的資料室幾位同事和地圖組的同事,共同做了一個花圈。鄰近清明節,已經呈現出黑雲壓城的氣氛,有人善意來規勸,資料室兩位領導沒有參加製作,但卻到現場來看了看,表示支持。四月四日上午,花圈剛剛做好,還沒有來得及寫題款,有人來報信,說接上級指令,一律不許往天安門廣場送花圈。說時遲那時快,我們幾個人抬起花圈就往廣場跑。黨委委員、陳列部主任老方緊追,待他出了西門,我們已經跨過馬路,到了廣場。在鋪天蓋地的花山中,獻上我們的一點心意。這是革命博物館送出的唯一的一個花圈。我和小範被廣場上那花山人海深深感動,久久捨不得離開。先回去的幾位,被叫去黨委辦公室,狠狠地批評了一頓。革命博物館還有幾位同事,以「部份革命群眾」的名義送了一首詩:

「大鵬瞑慧目，悲歌慟九重。五洲峰巒暗，八億淚眼紅。丹心酬馬列，功過任說評。灰灑江河裡，碑樹人心中。」

辛子陵在《紅太陽的殞落──千秋功罪毛澤東》一書中寫道：「毛遠新向毛澤東匯報天安門情況，張玉鳳在場。據張披露，毛說：『是炮打我，是對總理的緬懷，是對江、張的聲討，是對翻案主帥的下臺抱不平，總之要推翻文化大革命』，毛澤東批准鎮壓在天安門廣場表達民意的群眾。」

四日，廣場上的紀念活動達到高潮。據有關資料統計，這一天來到廣場的群眾多達二百多萬人次。群眾的悼詞、詩文、演講，明顯地指向「四人幫」和對「反擊右傾翻案風」的不滿。當晚，根據毛澤東的指令，中共中央政治局開會，決定鎮壓。五日凌晨，下令撤走所有的花圈，銷毀所有詩文，逮捕了守衛花圈和觀看詩文的五十多名群眾。同時，在紀念碑周圍設置封鎖線。

這一天，我來上班。七時許，在廣場東側下車，只見廣場空空如野，一片肅殺。我心中驟然一冷，不知一夜之間發生了什麼事。大家都無心工作，我所在的辦公室在大樓的最高層，辦公室外的走廊西牆是一條十幾米長的玻璃窗，廣場上的一舉一動盡收眼底。我們先看到十幾個人進入廣場，高喊「還我花圈！」，「還

我戰友！」，後來，人越聚越多。大約十點鐘左右，廣場上已經是黑壓壓一片，主要集中在廣場西側人民大會堂東門外。喊聲鼎沸，聽不清楚喊什麼。估計是大家認為中央領導，也就是「四人幫」在人民大會堂內。一輛北京市公安局的宣傳車，帶著高音喇叭，在廣場四周遊蕩，憤怒的群眾在人民大會堂前一舉將宣傳車推翻，但沒有看見起火。大約十一點左右，有人聽說鎮壓群眾的聯合指揮部設在博物館大樓西南角的小灰樓內，群眾便呼啦一下子擁到那座孤零零的小灰樓前。下午聽說，小樓前的兩輛小汽車被燒了。群眾中有人發現一位日本記者在拍照，便強制他將膠卷曝光。

大概是星期六下午不上課，十二歲的女兒帶著七歲的弟弟，從新街口乘車來博物館找我吃午飯。他們下車後，穿過人山人海的廣場，幸好那時廣場還沒有發生大的騷亂。要是再晚一會兒，小灰樓前起了火，兩個孩子被裹挾在人群中，後果將不堪設想。事後很長一段時間，每想到此事，還是後怕不已。

下午，廣場上仍然人潮湧動。我怕交通中斷，沒等下班，便早早帶了孩子回家了。聽下班回來的同事說，下午五時左右，歷史博物館的小灰樓也被燒了。小灰樓內原住有幾戶歷史博物館職工，可能在設指揮部前，已讓住戶離開。據說有一位老人仍待在

家中，起火後被救出。星期一來上班，天安門廣場已經戒嚴。上午我們看到廣場上一些人在沖刷地面和紀念碑的台階。不用說，那是要洗去五日晚上公安人員對天安門廣場群眾施行暴行時留下的斑斑血跡。這是當權者妄圖洗刷罪證。

那一天晚上，留在博物館的同事們見證了那場暴行。晚十一點以後，廣場上還有一百多人。公安人員手持棍棒，對他們下了毒手。每抓到一個，先是一頓毒打，然後再用繩子，將雙手和雙腳綑起來，用一根棍子抬著，扔到博物館的中央大廳裡，計有幾十人，竟然對一個十二、三歲的小姑娘也不放過。

「四五」運動被毛澤東定為天安門反革命事件，遭到嚴酷鎮壓。緊接著便在各單位進行整肅。革命博物館有兩個重點，一是我們七個人送了花圈，另一個是幾個人送了一首詩，都是陳列部的人。當時，社會氣氛很沈悶，好像從陽春三月一下子跌入了寒冬。陳列部主任王漁主持我們開會，他口氣倒還緩和，只是讓大家談談當初是怎麼想的，對這起反革命事件怎麼認識。記得那一天下午，天陰沉沉，大家的情緒很低落。說什麼呢？清明節緬懷為國操勞的總理，送個花圈，再正常不過。如今我們這一行動硬是同反革命聯繫起來，這豈不是「天下本無事，庸人自擾之」嗎？我心裡很抵觸。大家心中都明白，我們這一行動除對周總理緬懷

外，更主要的，還是對王、張、江、姚「四人幫」幾年來的惡行不滿。對毛澤東不出席周恩來總理的追悼會也耿耿於懷。這些真話我沒有勇氣說，違心的話又不想說，只有沈默。沈默，也是一種反抗。連續開了兩、三次會，只有我和周正本始終一言不發。全國都在清查，說來也巧，就在天安門事件發生沒幾天，我弟弟從山東濟寧出差來到北京到天安門博物館來找我。在傳達室看到一些軍人在走廊裡走來走去，把他嚇了一跳，沒想到事態會這麼嚴重。我趕緊請假把他帶回了家。在那個時候，凡是到過北京的人，回去都要被問話：去過天安門沒有？都看見了什麼？聽到了什麼？

一九七八年十一月，「四人幫」被粉碎兩年後，天安門事件獲得平反。中共十一屆三中全會公報指出：「天安門事件完全是革命行動。」誰能料到，革命博物館當年徵集收藏了一根沾有血跡的棍棒，見證了那一段政治風雲的變幻。當時，是作為革命文物收藏，兩年後，搖身一變，成為鎮壓革命群眾的罪證。同一片土地，同一個執政黨，同一種社會制度，風雲如此變幻，百姓何去何從？

唐山大地震

十年文化大革命，以「四人幫」為主導的所謂的黨中央，依

靠毛澤東作為後台，倒行逆施，激起人怨，也激怒了天公，致使天崩地裂。

這一年的三月八日，吉林省吉林地區，大大小小的隕石自天而降，下起了隕石雨。散落的範圍，據當時報導，約有五百多平方公里。中國科學院聯合調查組收集了一百多塊隕石，最小的重零點五公斤，最大的一塊重達一千七百七十公斤，是世界上最大的一塊隕石。

七月二十八日，凌晨三點多，我被睡床的激烈搖動驚醒，第一反應就是「地震」！放在床頭的衣服不見了，待我從地上撿到衣服，跳出門外時，院子裡已經站了不少人。前一天晚上，天氣熱得出奇，所以，待天剛濛濛亮，大家彼此一看，令人忍俊不禁，只有我一人衣裙整齊。平房小院八戶人家，我是最後一個跑出來的。

因為正值暑假，兩個孩子跟爸爸到北大度假去了。他們怎麼樣，無法聯繫。我便去上班。沿途看到牆倒屋塌，驚魂未定的人們，扶老攜幼，冒著大雨站在街頭，一片災象。我是第一個到辦公室的，按照先到者要為大家打開水的慣例，我提了兩個暖水瓶為大家打好了開水，一切照常。八點過後，遲遲不見人來。我們

七、八個人的資料室只有我和範春榮兩人來上班。大約上午九時，陳列部召集開會，堂堂幾十人的陳列部，到會者不足十人。會上宣佈，館領導決定，暫時放假三天。我從天安門冒雨去位於海澱區的北京大學，尋找憲曾和兩個孩子。幸好當時公共交通還沒有中斷，可是，車上的乘客卻寥寥無幾。坐在車上我想，大災之時我為什麼置家人的安危於不顧，仍然按部就班去上班？是特別敬業嗎？不是。是對家人不親嗎？也不是。想來想去，不知為什麼。用今天的話說，想來是一種慣性思維的反映。

　　到北大時，已是午飯時刻。這時，雨已經停息。我到當時的大飯廳，順利地找到了他們爺仨，憲曾講起，他們被地震驚醒的一剎那，女兒很機靈，瞬間從上鋪跳到桌子上，他抱起兒子拉著女兒倉皇出逃。據他講，跑出樓道時，看到西方升起一團一團的火球，同時，聽到劈劈拉拉的爆裂聲。我感到疑惑，問他是怎麼回事。他解釋說，北京西郊種水稻，稻田下面在與空氣隔絕的情況下，會產生沼氣，地震時，地層強烈摩擦產生熱量，引起沼氣燃燒，看似一串一串的火球。至於聽到像是鞭炮劈劈啪啪的響聲，那是因為樓體搖動時木質門窗發出的聲音。當然這些現象都是在幾秒鐘之內出現的。第二天，從廣播裡得知，地震發生在河北省冀東地區的唐山、豐潤、灤縣一帶，波及天津、北京，震級為七點八級。

我們一家住在北大二十二號樓。餘震不斷，一夜數驚。七月三十一日，中共北京市委要求全體市民做好長期抗震的思想和物資準備，並要求完全從室內搬到室外居住。自茲，各式各樣的防震棚便風起雲湧，遍地開花。我們將兩張床搬到樓外較空曠的馬路旁，在床上用床單支起一個帳篷，這就是我們的家。一日三餐從食堂買回來，過起了風餐露宿的生活。左鄰右舍很快都熟悉了，大人天南地北閒聊，孩子們結伴玩耍。我有時也到博物館去看看，這樣的生活一晃就是二十天。八月十七日，一早來上班，發現沿途馬路兩旁及天安門廣場上的防震棚，都不見了。原來是十六日早晨上級指示：鑑於震情已經趨於緩和，大家可以回到房內居住了，所以防震棚便一掃而光。我們也回到了新街口的家。中國人就是這麼聽話，儘管你心中不踏實，也只能聽天由命。

這場大地震，據官方報道，總共死亡二十四萬零兩千多人，重傷十六萬零四千人。我大學一位同學全家遇難，一位同事的弟弟一家三口遇難，一位同事的愛子在天津遇難。北京老舊平方倒塌數萬間，我家的小平房的東山牆也震裂了一條縫。這在中國的歷史上，儼然是一場大災。

毛澤東逝世

大地震的驚魂甫定，九月九日下午，又傳來毛澤東逝世的消

息。那天下午，館領導要全體職工去大禮堂，等候收聽重要廣播。噩耗傳來，禮堂內一片哭泣聲。在我回家的路上，車廂內外一片寂靜，有的人已經戴上了黑紗。廣播電台不停地反覆播放《告全國人民書》。我在日記中寫道：「可詛咒的一九七六年，一年之內失去三位最高領導人，三顆巨星同年殞落。」第二天上班，我們眼含淚水為偉大領袖做花圈。大家有一種共同的擔憂：「毛主席逝世了，中國人民怎麼辦？誰還能管得住江青一夥！」那時，善良的中國人民心目中，毛澤東仍是「紅太陽」。

從十一日起，在北京舉行為時七天的群眾弔唁活動。天安門廣場同時戒嚴。十八日下午，首都一百多萬群眾在天安門廣場舉行追悼大會，我們博物館的隊伍，記得是在廣場的偏西方向，比較靠前。三時大會開始，王洪文主持大會，華國鋒致悼詞。三時半結束，匆匆半小時。主席臺上，只見江青披一件黑色大衣，氣氛有些詭異，引發大家熱議。二十日，天安門廣場解除戒嚴，群眾源源不斷來到廣場致哀，攝影留念。我和五位同事，也曾臂帶黑紗留下一影。

粉粹「四人幫」

毛澤東逝世不到一個月，時任中共中央副主席，中央政治局常委的葉劍英，中共中央第一副主席華國鋒和中央辦公廳主任汪

東興，經過周密計畫，於十月六日晚，一舉抓捕了王洪文、張春橋、江青、姚文元，從而宣告十年「文革」這場深重災難的結束，順應了民心、軍心，獲得了全國億萬人民的擁護。

革命博物館在「文革」後期，來了幾位高級幹部的子女，消息比較靈通。十月十一日，我們便從小道獲知了王、張、江、姚四人被捕的消息。初次聽到這一消息，感到震驚，但也覺得並不意外，只是沒想到會來得這麼快。二十日下午，傳達華國鋒在部份大軍區和省負責人打招呼會上的講話和中共中央十六號檔，正式向全國人民通報粉碎「四人幫」這一歷史性的重大事件。第二天，國家文物局假革命博物館召開一千二百多人的慶祝大會，王冶秋局長和劉季平書記講話。十年浩劫，老幹部的感受更深。會後遊行，群眾敲鑼打鼓，燃放鞭炮，已經走上街頭，來到天安門廣場。北京市民壓抑了十年的情緒，今日得以釋放，一發不可收拾。二十一日至二十七日，一連七天，廣場上像歡度重大節日，歡聲雷動，鞭炮齊鳴。我坐在大樓裡，聲聲扣動心弦。這，就是人心。博物館組織兩次遊行。二十七日，廣場上遊行的群眾達到高潮。二十八日，下午三時，首都百萬群眾舉行慶祝粉碎「四人幫」大會，我在家收聽廣播。

在此期間，北京民間散發一些傳單，大家互相傳抄。我保存

了幾張。在這裡抄兩份內容簡短的，以作為那個時代的一頁見證：

詩一首
王八烏龜夢發財，洪水風波起上海。
文面鼠輩大流氓，絞盡腦汁想上臺。
張牙舞爪陰氣霾，春風作面容狼豺。
橋上抽板設陷阱，殺盡忠良心太壞。

江湖巫婆臭戲子，青竹蛇口毒牙栽。
碎骨吸髓欲稱王，屍落黃泉鬼不睬。

姚尾巴狗爬得快，文過飾非兩面派。
元兇惡鬼徒遮日，焚作骨灰糞中埋。

大江南北齊憤慨，快刀斬麻除四害。
人民歡呼慶勝利，心花怒放齊開懷。

《水調歌頭·粉碎四人幫》（郭沫若）

大快人心事，粉碎「四人幫」。政治流氓文痞，狗頭軍師張。還有精生白骨，自比則天武后，鐵帚掃而光。篡黨奪權者，一枕

夢黃粱。野心大，陰謀毒，詭計狂。真是罪該萬死，迫害紅太陽。接班人是俊傑，遺志繼承果斷，功績何輝煌。擁護華主席，擁護黨中央。

一陣歡騰之後，緊鑼密鼓，上級便佈置批判「四人幫」。我們館決定從批判張鐵生考試答白卷入手，抽調小林、老蘇和我三人執筆。十二月十日，中共中央印發《王洪文、張春橋、江青、姚文元反黨集團罪證》（之一）。此後，之二、之三相繼下達，全國掀起揭發，批判「四人幫」的高潮。第一批罪證材料於十四日傳達到革命博物館，長達一百多頁。我被列入館批判組成員，經過三天學習培訓，受命寫一篇批判江青在三十年代文藝界罪行的文章。為此，我們還拜訪了三十年代作家葛一虹先生，瞭解江青三十年代在上海的活動。文字材料幾乎找不到，原來我館有一些三十年代上海出版的有關文藝界活動的報紙和雜誌，如《世界日報》，《聯合畫報》，確實有江青的身影。有一期《聯合畫報》的封面就是藍蘋的頭像。當時我們就知道，她就是第一夫人江青。可惜，這些材料在文化大革命中神秘失蹤了，也就是被江青調走了。七拼八湊，寫出一篇《從一篇黑文看江青的賣國嘴臉》交差。

一九七六年，毛澤東逝世和文化大革命結束，標誌著一個時代的終結。但是，歷史的車輪並沒有停止。鄧小平執掌政權後，

在胡耀邦、趙紫陽的鼎力協助下，開啟了改革開放的新時代。豈料，十年之後，鄧小平又親手摧毀了那個來之不易的改革開放的新時代，迫使兩任共產黨的總書記胡耀邦和趙紫陽下臺，並且，對要求民主，反對腐敗的學生和市民大開殺戒。中國，又陷入了鴉雀無聲的黑暗中。

2016.11.23. 一稿
2016‧12.9. 二稿

第七章 八九民運

一、學潮驟起

山雨欲來

一九八九年的春天，來得比往年遲。

四月十五日，天色陰沈，不時飄著濛濛小雨。我同憲曾已經購好火車票，準備當晚前往山東探親。傍晚，兒子從北大回來，為我們送行。他一踏進家門，便衝著我們說：「胡耀邦今天早晨逝世了！」我心中一驚。原來，他們中午便知道了這一噩耗。話沒有多說，他便匆匆踏上自行車返回學校了。

坐在南行的火車上，聽著中央電視台《新聞聯播》播放的哀樂，心情很沈重。兩年前，聽傳達檔，得知中共中央總書記因反對「資產階級精神污染」不力，被迫辭去總書記職務，受人愛戴的胡耀邦同志突然下臺，在人們心中留下了陰影。「文革」結束

後，他在理論戰線，組織部門，科研機關，直到擔任中共中央總書記，殫精竭慮，任勞任怨，鞠躬盡瘁，親自發動了「實踐是檢驗真理的唯一標準」的大討論，平反了大批冤假錯案。他尊重知識，愛惜人才。辭職後，便很少知道胡耀邦的行蹤。如今突然獲悉他逝世，我感慨好人為什麼不長壽！望著窗外淅淅瀝瀝的春雨，真是天與人同悲。

我到家後，北京爆發了以大學生為主的大規模的悼念胡耀邦的活動，我卻一無所知。但是，十五日我們離京前，王丹匆匆告別及他那副不安的神情，一直在我眼前晃動，總有一種不詳的預感。

王丹熱心校園活動。一九八八年寒假，他忙得不可開交，為迎接五四運動七十週年，他和同學們籌辦一個名為《新五四》的刊物，請了冰心和夏衍兩位老人為他們的刊物題詞。八九年初開學後，他又和幾位同學組織了一個專題討論會，請了吳祖光，許良英等校外的知名人士來校演講，就是所稱的「民主沙龍」。他們又以正當的手續，在北大學海社下註冊了一個「北大學生社會問題研究部」。所有這些當時並沒有引起我的特別注意。因為在我入學的那個五十年代，這些活動都是極為正常的，它彰顯了北大的民主傳統。可是，當時王丹的這些活動卻引起了北大校方和

歷史系的關注和不滿。他們要請家長了！

　　四月中旬的一天下午，我們來到北大歷史系辦公室。一位姓陳的老師接待了我們。沒有一句寒暄，只見他滿臉陰雲，開門見山，向我們歷數了半年來王丹種種「不安份」的行為。不容我們質疑，他最後甩出一句話：「我們對王丹已經做了我們所能做的工作。如果他再這樣下去，一切後果由他自己負責。」他那決絕的話語，使我感到問題的嚴重性。

　　走出歷史系辦公室，看著熟悉的校園，我真是感慨萬千。當年我就讀北大歷史系時，安分守己，用心讀書，何曾料到，二十幾年後，再來歷史系，卻是為了「不安份」的兒子。陳老師沒有告訴我們，王丹的這些行為，哪一條觸犯了法律，哪一條違反了校規？作為一名大學二年級的學生，王丹究竟要負什麼樣的責任？

　　作為家長，說實話，我們並不希望還是一名學生的兒子參與政治活動，只要求他安安靜靜地把書讀好。但我們還沒來得及同他細談，便應父母的要求，匆匆忙忙返鄉探親去了，這一課，再也沒有補上。

回到父母身邊，心卻時時牽掛著北京的兒子。

電詢安危

四月二十日，從電視新聞節目中，得知北京學生於十九日晚「衝擊」新華門。這只是官方報導，學生為什麼『衝擊「，也是一家之言。北京究竟發生了什麼事，我無從知曉。二十二日，胡耀邦追悼會通過中央電視台向全國實況轉播。我雖然不知道當天十萬大學生齊集天安門廣場，但卻從畫面上看出追悼會的氣氛有些異常。趙紫陽致完悼詞後，在場的領導人便急匆匆離開會場。此後兩天，官方媒體繼續報道新華門事件，看來一場學潮不可避免。聯繫到兒子往日在學校的活動和歷史系的警告，我十分不安。當時，家中沒有電話。二十四日，我們就給他發了一封電報，詢問他：」是否還在上課，平安與否？」他很快回了電報：「稍稍參與。尚安。」

獲悉兒子已經參與了這次學潮，我們決定儘快回北京，以觀事態的發展。四月二十六日晨到達北京，走出西直門地鐵站，便看見一群學生在講演，只聽見說；在新華門前，員警毆打學生，要求嚴懲「四二零」血案兇手。一位學生手捧一個小紙箱，請求路人捐款。我沒問緣由，便順手投進了五元錢。

「四二六」社論

四月二十六日上午，我同憲曾來到北京大學，走進南校門，只見三三兩兩各色各樣的人們在大路兩旁議論著什麼。我們隨著人群來到小飯廳南面的「三角地」，只見周圍宿舍樓的牆壁上貼滿了五顏六色的大字報。原來，幾天前北京各高等院校的學生已經罷課。

這一天，我在北大看到了當天《人民日報》社論《必須旗幟鮮明地反對動亂》。據悉，在這篇社論出籠前，四月二十五日上午，當時的國家主席楊尚昆與總理李鵬代表政治局常委向軍委主席鄧小平匯報學潮情況。根據他們的材料，鄧小平做出指示：「這不是一般的學潮，而是一場否定共產黨的領導，否定社會主義制度的政治動亂。」他要求，要旗幟鮮明，措施得力地制止動亂。

當晚，中央電視台播出了《人民日報》的這篇社論，二十六日見報，被稱為「四二六」社論。社論認為，這次學潮是「有領導，有組織，有綱領的反黨反社會主義行動。」將學生因悼念胡耀邦引發的愛國民主運動定性為「動亂」，無疑是給學生定了罪，在為後來的鎮壓製造輿論。這篇殺氣騰騰的社論，令我想起一九七六年四月清明節發生在天安門廣場的「四五」事件。當時，《人民日報》在第一版發表了《天安門廣場的反革命政治事件》

一文，將群眾在清明節悼念周恩來總理的活動定性為「反革命事件」，而且是「一小撮階級敵人打著清明節『悼念』周總理的幌子，有預謀，有計劃，有組織地製造反革命政治事件。」文章發表後，迴響強烈。有些歷史確實耐人尋味。一九七六年的「四五」運動，當時的中共，也就是「四人幫」的所謂的「有預謀，有計劃，有組織」是針對鄧小平，十三年後，對於這場初起的學潮，鄧小平站在台前，將學生的愛國行動定為「政治動亂」，社論更指出是「有領導，有組織，有綱領」的反黨反社會主義行動「。何是何非，有待歷史來定論。

一九七六年四月五日傍晚，員警和民兵包圍了天安門廣場，用木棍驅散了廣場上的群眾，留下了斑斑血跡。眼前的這場學生運動，將會付出什麼樣的代價？我為學生們擔憂，也為兒子擔憂。

我們從學生宿舍到飯廳，從飯廳到未名湖畔，在校園裡轉悠，沒見王丹蹤影。因學校已經停課，滿校園都是學生，夾雜著社會上各類人群，亂哄哄的。傍晚，王丹急急火火來到十二樓地質系辦公室，找到了我們。他說，上午他在政法大學參加記者會，下午又參加一個記者會。他告訴我們，下午在記者會上聽說：政府當局可能要抓捕他和北京師範大學的學生吾爾開希，讓我們做好思想準備。

上午剛剛發出社論，下午便傳出要動手的消息，學生的厄運難道會來得這麼快？沒說幾句話，他便急著要走，說是還有事。和他同來的還有兩個同學。我送他們到門外，千叮嚀、萬囑咐，要他一定要和同學們一起行動，不要一個人在校園裡亂跑，以防不測。

二、觀「四二七」大遊行

嚴陣以待

四月二十六日，同兒子匆匆見了一面，在暮色中目送他淹沒在學生人群中。孩子隨時可能被捕的傳言，雖然在我心中投下陰影，但還是將信將疑。大概是怕我擔心，第二天要舉行大遊行的事，他沒有對我講。回到家中已是掌燈時分，一夜的火車勞頓，在北大一天的奔走，情緒的激動，這時方感到疲憊不堪，便早早地休息了。

第二天去上班，我在天安門站下車時，廣場上的情景一下子使我驚呆了。只見廣場內空空蕩蕩，往日熙熙攘攘的遊人已無蹤影。再仔細一看，三人一行、五人一陣的武裝員警佈滿廣場四周。博物館西門外，一隊隊軍警在快跑。廣場的東西兩側，軍警組成一個個方陣，在緩緩移動。這異常的氣氛，好像在告訴人們，一

場搏鬥即將發生。

　　來到辦公室，同事們正在議論紛紛。有人聽說，鄧小平在四月二十五日的講話中，聲言要不惜流血，堅決制止動亂；有同事的親屬參加了二十六日中共北京市委召開的基層黨員萬人大會，市委書記李錫銘要黨員、幹部制止動亂，「不制止動亂，國無寧日」。聽著這些議論，又聯想到廣場上密佈的軍警，猶如一把利劍懸在頭頂上，我坐臥不寧。

　　不一會兒，傳來消息說，各校的大學生要上街遊行，抗議「四二六」社論。聽說學生要遊行，我想，也許他們不知道，天安門廣場已被封鎖，密佈如林的員警正在嚴陣以待。學生們若來廣場，可能會發生一場流血事件。我心急如焚，立即給北大的一位老師打電話，告訴他廣場已經戒嚴，請他設法轉告學生，千萬不要來天安門。他說：「北大的學生已經走出了校門。」我問：「什麼時候出來的？」「九點鐘左右」。我無力地放下電話。當時，我還估計不到，數十萬名大學生純情、誠摯的愛國行動因被譴責為動亂而激怒了的行動，一發不可收拾。

　　我怕交通斷絕，被困在博物館大樓裡，便決定立即回家。這時大約是上午十時許，我走出博物館西門，只見幾輛大轎車和麵

包車停在西門內的場地上，裏面坐滿了員警，都在窺視著廣場，像是在等待著什麼。西門外的小樹林裡，隱藏著三五成群的員警，坐在地上待命。我沿著馬路往前門方向走，一輛輛警車，齊刷刷地車頭向著廣場。來到二十二路車站，候車的人很少。月臺上坐著兩個員警，他們也不避路人，只聽見其中的一人問：「學生要是來了怎麼辦？」另一個說：「上邊不是說了嗎？如果有人搞打、砸、搶，我們就採取行動。」

大遊行

我剛剛到家，王丹的父親也從北大回來了。他看見北大的學生遊行隊伍在圍觀群眾的歡呼聲中浩浩蕩蕩地走出了南校門，正向白石橋方向進發。我們顧不得吃午飯，便來到復興門立交橋，估計北大的遊行隊伍要從這裡經過。這時，橋上橋下等著觀看學生遊行的群眾已經人山人海，我們找到一個有利的位置，焦急地翹首張望。

大約下午二時左右，學生遊行的隊伍過來了。從橋上往下看，一條洶湧澎湃的人的河流，正由北往南而來。群眾歡聲雷動，「大學生萬歲」的呼聲在天空迴盪。橋下有一隊員警，組成一道防線，在滾滾而來的學生潮流面前，顯得那麼單薄、無力。橋上的群眾喊：「員警讓開！」「員警讓開！」

中國人民大學的隊伍走在最前面。他們在員警的防線前停下來，兩相對峙。圍觀的群眾也安靜下來，學生沒有衝擊防線。不一會兒，員警撤到了兩旁，學生和觀眾同時爆發出一陣歡呼聲。人民大學後面是外國語學院、北方交通大學等院校。旗幟招展，人潮洶湧。

北京大學的隊伍來了！遠遠地便看見一面紅底黑字的大旗迎風招展，「北京大學」四個大字，發出耀眼的光輝。作為北大校友，我激動得跳了起來。北京大學這面大旗，七十年來，在民主愛國運動中，都走在前面。校旗後是兩條醒目的大標語：「擁護中國共產黨領導！」、「擁護社會主義！」

我們拼命往前擠，睜大眼睛，尋找我們的兒子。當隊伍來到橋下時，我看見在北大校旗的後面，有一個由幾十名學生手拉手圍成的圓圈在緩緩地向前移動，圈內有兩、三個學生，其中一個像是王丹，在奮力地帶領大家喊口號。我拼命地向他招手，沒有回應。學生隊伍中有節奏地喊著：「北大北大，人民養大；為民請願，流血不怕！北大北大，就是不怕！」我不禁想起，一九三二年，在中華民族生死存亡的危急關頭，北大學生組成南下請願團，前往當時國民政府所在地南京，要求蔣介石抗日，呼喊著：「北大北大，一切不怕！搖旗吶喊，示威南下！不怕不怕，

北大北大！」想不到五十多年後，北大學生為了反對腐敗，推進民主，又喊出了這樣的口號。

群眾組成兩道人牆，把學生夾在中間，悉心地保護著他們。我們無法接近學生，始終沒有找到王丹。我們隨著洪流前進，有人推著自行車，邊走邊演講，聲援學生；有人提著一桶水，奔走在學生中，不時地向學生送上一碗水；一個小販，推著一車麵包，分送給學生。目睹這感人肺腑、催人淚下的一幅幅畫面，再看看一張張稚嫩的學生的臉龐，誰又會相信這是一場動亂！「得道多助，失道寡助」，廣場上嚴陣以待的軍警，顯得多麼渺小，多麼無力。

「四二七」大遊行，以慷慨赴義的大無畏精神，衝破了政治上的高壓，衝開了一道又一道封鎖線，以和平、勝利宣告結束。

第二天，我到北大去看望兒子，一進南校門，便看見教員宿舍樓牆間懸掛著一條醒目的大橫幅，上面寫著：「後生教先生，先生趕後生，生生不息。」

三、在學生絕食的日子裡

以生命抗爭

我所工作的博物館大樓，位於天安門廣場東側，同廣場一路相隔。天安門廣場是中華民國以來的政治中心。在這裡發生過諸多重大的歷史事件。我有幸見證了一九七六年和一九八九年兩次「天安門事件」。

一九八九年五月十三日下午大約四時，我和同事們忽然發現一隊隊學生舉著大旗向廣場進發，大家不知道發生了什麼事情。不一會兒，有人從廣場回來，說：大學生要在廣場絕食。「絕食！」我心裡咯噔一下。往西望去，只見人民英雄紀念碑前，已經聚集了一些人。校旗林立，圍觀群眾熙熙攘攘。回到家，憲曾也從北大回來了。我急切地問他：「大學生已經到天安門廣場絕食，你知道嗎？看到小丹沒有？」他說：「中午在東校門內，看到一些學生和青年教師在餐廳聚餐，門口掛著一幅為同學送行的大標語。午飯後，又遠遠地看到大約二百多人的隊伍走出校門。走在前面的好像有小丹，不知道他們要到哪裡去，也沒在意。」

確知兒子已經在天安門廣場絕食，一時不知如何是好。我不贊成學生們採取這種決絕的行動，但又理解孩子們。他們肯定是

出於不得已，才以生命抗爭。可是，作為父母，誰不心痛自己的孩子？第二天是個星期日，憲曾想到廣場去看看兒子。不料，來到廣場，只見坐在紀念碑前的學生，早已被圍觀的群眾重重包圍，不得入內。

十四日晚，中央電視台報道了統戰部長閻明復和國務院主管文教工作的李鐵映在統戰部接見絕食學生代表，氣氛還算緩和。群體性絕食，這在共產黨奪取政權以來還是第一次。不論後果如何，眼下孩子們正在挨餓，只想為他們做點什麼。聽說絕食可以喝糖水，十五日一大早，我們將家中僅有的兩隻熱水瓶裝滿糖水，趕頭班車，從新街口來到天安門廣場。廣場上的風很大，這是學生絕食後的第二個早晨。孩子們已經熬過了兩個寒夜。晨曦中廣場靜悄悄，一面面校旗下，一簇簇學生，或坐或躺在冰涼的水泥地上，幾個人共披著一件大衣。顯然，他們沒有作禦寒的準備。一面寫著「絕食」的黑底白字的大旗，樹立在紀念碑前，十分耀眼。後來，這面大旗被我們博物館看中，文物徵集組的同事曾向我打招呼，讓我看到王丹時轉告他，待到絕食結束後，希望同學們將這面大旗送給中國革命博物館，作為文物收藏。誰能料到，這面召喚千千萬萬民眾的大旗，卻在六月四日中國人民解放軍的槍林彈雨中葬身。

我們找到了兒子，只見他滿面倦容，聲音嘶啞。我趕快把兩隻熱水瓶交給他，讓他和同學們趁熱把水喝下去，驅一驅寒氣。同他還沒說幾句話，便被同學叫走了。這時，一位雙目緊閉，口裡流著鮮血的同學被人抬著，匆匆從我面前經過。當時那一瞬間的景況，深深地留在了記憶中。我們離開學生陣地後，身後傳來王丹的聲音，駐足聆聽，原來是他正帶領同學們宣誓：「我宣誓，為了促進中國民主化進程，為了祖國的繁榮昌盛，我自願絕食，堅決服從絕食紀律，不達目的，誓不罷休。」

　　五月的北京雖是初夏，但夜晚還是寒氣襲人，中午又驕陽當空。絕食的同學，既沒有禦寒的準備，又沒有防曬的設施。我和幾位同事商議，請求博物館領導設法為廣場上絕食的學生搭頂帳篷。當天上午，便在廣場東面偏北方向，豎起了一座軍綠色的帳篷。這座帳篷便成了日後的救護室，一些來不及送往醫院的絕食學生，便在這裡進行救治。同一天，與我們同在一座大樓裡的歷史博物館，在廣場東側偏南方向，也搭起了一座更大的帳篷，還安裝了電話。這座帳篷後來成了北京大學為北大絕食學生服務的場所。這兩座帳篷猶如一聲號令，很快，廣場上就豎起了許多五顏六色的遮陽傘。

　　此前，學生們向政府提出要求：一、撤銷「四二六」社論；二、

同學生對話,並通過電視向全國直播。照理講,這兩點要求對於一個向全國人民負責的政府並不難做到。但當時,李鵬政府卻不予理睬。學生們迫不得已,只能以生命抗爭。

從學運到民運

隨著學生絕食時間的拖延,北京市民對學生的同情和對政府的失望、憤慨也與日俱增。五月十七、十八日兩天,北京各界人士幾百萬人上街遊行,聲援學生,譴責政府。他們舉著各式各樣的標語,表達人民的心聲。「面對腐敗,不可輕生」,「為了民主,長期鬥爭」,「政府無情,人民有情」,「我們全家聲援學生愛學生」,「如此絕情,良心何在」「死不認錯,鑄成大錯」等等。遊行隊伍中有中共中央宣傳部,中共中央組織部,中共中央編譯局,國家體改委等。中央黨校的大幅標語就高高掛在人民英雄紀念碑上,十分引人注意。人民日報社的遊行隊伍足有七、八百人,一位老者走在隊伍的最前面。他們的口號是:「堅決反對四二六社論」,「我們要說實話」。上街遊行的各學校教師,各國家機關的幹部,各群眾團體等,數不勝數,就連員警和僧人也走上了街頭。我所在的革命博物館的同事們在戒嚴前後,也幾次遊行,我欲參加,都被同事勸阻。我明白他們是在保護我,以免日後牽涉其中。與此同時,一輛廣播車,往返於長安街上,反覆播放十所大學校長的公開信,敦促政府儘快同學生對話。冰心老人著文:

「現在天安門廣場上有幾十萬受苦受難的我的子孫，這苦難何時才能了結？我極其贊成北京十位大學校長公開信說的『我們希望黨和政府的主要負責人儘快與學生們直接見面和對話』。」

在學生絕食的日子裡，我一直懸著一顆心。坐在辦公樓裡，心繫廣場。每當端起飯碗，就想到幾千名挨餓的孩子，淚水就止不住的流。在那條由學生糾察隊悉心維護的「生命線」上，隨著絕食天數的增加，救護車的呼嘯聲越來越急促。到絕食的最後兩天，竟每隔兩分鐘，便有一輛救護車開出廣場。救護車載著生命垂危的學生，從廣場奔向北京城的四面八方，淒厲的呼嘯聲，是抗議，也是召喚，各個階層的人們從四面八方湧向天安門廣場。「我愛學生，學生愛國」，冰心老人道出了千千萬萬北京人民的心聲。

北京學生絕食後期，外地來聲援的學生越來越多，政府不予安排食宿，幾乎全靠熱心的北京市民捐錢、捐物供養。博物館大樓西面的台階上，有一個用玻璃建成的亭子間，這時便成了「外地學生聯合指揮部「的辦公處。每天都有一些吃住無著的外地學生聚集在這裡。我和同事們用自己的飯票，從食堂買些饅頭送給他們。有兩天，食堂的師傅們乾脆把饅頭一筐一筐地抬給學生。這對於成千上萬的外地學生，只是杯水車薪。記得五月二十日下

午,突然狂風大作,天氣驟然變冷。南方來的學生衣著單薄,有些女生還穿著裙子。北京市民心疼他們,單衣、棉衣、羽絨服,源源不斷地送往天安門廣場。學生們離京前,將衣服疊得整整齊齊,堆放在前門地鐵站入口處,旁邊張貼了一張感謝信,讀來催人淚下。

北京學生絕食,牽動著全國人民的心。上海、西安、重慶等地,學生和各界群眾紛紛上街遊行,聲援北京學生,譴責李鵬政府。很快,由學生發起的愛國民主運動便匯集成一場全國性的全民民主運動。

四、京城戒嚴前後

李鵬同絕食學生代表對話

五月十八日清晨,我和憲曾在博物館西門外見到了兒子,只見他滿面黑灰,疲倦不堪,身上穿了一件不知是誰的黑色皮夾克,髒兮兮的。我不禁衝著他說:「看你怎麼弄成這個樣子,就像從垃圾堆裡扒出來似的。」此時,他還不知道上午即將同總理李鵬對話。當日晚,中央電視台向全國播放了李鵬等人在人民大會堂同絕食學生代表對話的現場。李鵬看到王丹,不冷不熱地說了一句:「你怎麼穿這麼多!」只見他穿了那件夾克,頭上紮著一條

上面寫著「絕食」二字的白布條。有幾位代表，像是直接從醫院來的，吾爾開希還插著氧氣管。李鵬要求全體學生撤出廣場，代表們則表示，當初同學們提出的兩項要求，政府還沒有答應，很難動員全體學生撤出廣場。李鵬那冷冰冰的面孔和決絕的語氣，向人們傳達出一種不祥的訊息，令人不安。

改絕食為靜坐

五月十九日，天氣晴朗。下午，一位同事想去廣場看看她正在絕食的兒子，懇求我同她一起去。我們來到學生防線的周邊，守衛很嚴，不得而入。我只好悄聲對一位糾察隊員說：「我是王丹的媽媽，想去看看他。」他放我們進入了第一道防線。我們打著這張牌，通過了三、四道防線，來到了廣場中心。經打聽，得知王丹可能在北邊的那輛大車上。來到大車前，不見王丹，我們正往回走，只見從紀念碑方向，從南往北過來一隊人，風風火火，像一陣旋風。前面是幾位扛著攝影機的外國記者，面對著人群，邊退邊行，王丹在一群人的簇擁下走了過來。他的身後有人扛著一副擔架，左右兩邊有兩個穿白大褂的醫生抱著氧氣袋。我立刻意識到，孩子隨時準備搶救，止不住淚水流了出來。王丹一行人走了過來，他看到我呆呆地站在那裡，十分意外，生氣地對我說：「媽！你怎麼到這裡來啦？這裡到處都是便衣，趕快回去吧！」接著他又補充了一句：「今天有重要的事情要宣佈。」，說著，

頭也不回，便隨人群而去。我們母子在絕食現場相見，這是第二次。我一句話也沒說，也不容我說話。

我和同事稍稍一停，便看見對面的幾個人正對著我們拍照。身邊一個小夥子不知怎麼得知我是王丹的媽媽，便要求採訪，被我婉言拒絕。我的同事找到了兒子，我便匆匆離開了廣場。

五月十九日晚，廣場傳來消息：學生們宣佈停止絕食，改為靜坐。我才想到，下午王丹所說的「有重大的事情宣佈」，原來是這件事。這時，我正在博物館北門傳達室，聽到這一消息，我久久懸著的一顆心，也悄悄地放鬆了一些。幾位大學老師來傳達室借用電話，通知各自的學校，學生已經停止絕食。一位農業大學的老師，要求校方儘快送些稀粥來。從話語間聽得出來，他們個個欣喜萬分。老師愛護學生，就像母親愛護孩子一樣。

發布戒嚴令

就在學生宣佈停止絕食的同一天晚上，李鵬在軍級以上幹部會上，宣佈這次學潮是動亂，北京要實行軍事戒嚴。消息傳來，學生們被激怒了。廣場氣氛一下子又緊張起來。還沒等稀粥送來，有的學生又要絕食。我和同事們不知道當晚廣場上將會發生什麼事情，大家聚集在西門小院內，靜觀動靜。學潮已經被政府確確

鑿鑿地定為動亂，距離鎮壓已經不遠，大家心情都很沈重。在座的館長老沈安慰我，讓我放寬心。

五月二十日，北京市政府正式發布戒嚴令。這一天上午，幾架直升機在天安門廣場上空盤旋，向人們拋灑傳單。我沒有看到傳單，只聽說，有人撿到，回來就扔到了廁所裡，以洩憤慨。軍事戒嚴也激怒了北京市民，又有成千上萬的人上街遊行，標語口號更為激烈，有「李鵬下臺」，「反對鄧小平垂簾聽政」等等。更多的市民湧上街頭，阻攔軍車，勸告士兵不要傷害學生。在戒嚴之後的幾天裡，每日早晚都有一隊騎摩托車或自行車的人，繞廣場三圈，疾駛而去，高呼「學生萬歲」，被稱之為「飛虎隊」。與此同時，廣場上傳言四起，一會兒傳李鵬要求騰空幾座監獄，準備關押學生；一會兒傳戒嚴部隊要用瓦斯清場，讓大家準備防毒面具。光明日報社很快就送來了一車毛巾。一天晚上，有學生到我們大樓來尋找毛巾，我因學生在廣場絕食後期住在博物館內，所以便帶領兩名同學，到凡是沒有鎖門的辦公室，見毛巾就收。一會兒又傳來當時中共中央政治局常委喬石的建議，由學生家長和員警，共同把學生架離廣場……人心惶惶。

五月下旬，本市大學生大部分回校，外地學生也日漸減少。許多市民堵截軍車，來廣場聲援的人也越來越少。天氣日漸炎熱，

廣場遍地是垃圾，一片凌亂。這樣的局面真不知怎樣了結。大家一致認為，只有學生撤離廣場，才能結束這危在旦夕的局面。記得五月二十七日，王丹來我館傳達室借用電話，正巧我在那裡。只聽他通知北京大學校方，廣場上的學生要在五月三十日大遊行後返校，要求校方屆時派車在動物園門前接學生回校。後來不知為什麼，三十日大遊行沒有舉行。廣場上的局面依舊。

2017.6.25. 一稿。

第八章 六月腥風

一九八九年那場愛國民主運動，我是見證者。同年六月，那場腥風血雨的大鎮壓，我是親歷者。那一樁樁、一件件，心中藏之，何日忘之。如今寫來，猶如昨日。

一、在慌恐中度日

六三之夜

六月二日，我到北大圖書館查閱資料。中午，去學生宿舍看望兒子。因為他從天安門廣場回校後，一直沒有回家。不一會兒，見王丹拿著兩個包子，邊吃邊進屋來。見我坐在這裡，吃了一驚，我心疼地問了一句：「這就是午飯？」他說，下午要到天安門廣場去，看望在那裡絕食的劉曉波、周舵等人。此時的北大校園，躁動不安。傍晚，我乘公交車回家，途徑北京師範大學門口時，車被堵塞，無法通行。在昏暗的路燈下，只見聚集著上千民眾，正在聆聽學校高音喇叭的廣播：同李總理嘮嗑（北京方言，聊天

的意思）。有問有答，大家聽得津津有味。也許我們這一代人經歷太多，我總有一種不祥的預感。

六月三日去上班，不料，從新街口通往西單方向的公交車已經無法通行。我步行到護國寺站，見一輛軍車滿載著士兵，被市民阻攔。顯然，這輛車是開往天安門廣場的。市民情緒激昂，竭力勸告士兵，不要傷害學生。一位父親把孩子放在肩上，孩子向士兵送去一瓶水。士兵們一臉茫然，木訥地不知所措。下午，聽下班回來的同事講，天安門廣場周邊已經出現了戒嚴部隊的軍車，市民也越來越多。為了驅散群眾，在六部口一帶，戒嚴部隊施放了催淚彈。

晚飯後，中央電視台播發了中國人民解放軍戒嚴部隊指揮部的緊急通告，要求北京市民當晚待在家中，不要去天安門廣場，否則，戒嚴部隊、公安幹警和武警部隊有權採取一切手段，強行處置，一切後果，由組織者、肇事者負責。措辭之嚴厲已達極限。

當晚，兒子和一位同學突然回家，想要一張折疊床。大約晚十時，他和同學帶著那張床離開了家。事後，聽那位同學說，他們聽到槍響，便打了一輛出租車，要求去天安門廣場。司機無論如何不肯去，他們只好回到學校。萬萬沒有料到，那一晚竟是生

離死別。

　　他們剛剛走出家門，便從西南方向，隱隱約約傳來槍聲，由遠及近，一陣緊似一陣。我告訴同住家中的女兒、女婿，要他們不要睡覺，以便隨時應對不測。我無法證實兒子是否回到學校，即便他回到北大，又擔心他聽到槍聲，一時激憤，再帶領同學們衝向天安門廣場。夜已深，我們無法去北大，便給北大的一位老同學打電話，顧不得深夜打擾，請他代我們去看看小丹在不在宿舍。若在，請一定轉告他，今晚不要外出。

　　這一夜，北京市內大多數市民沒有入睡。我通過窗戶從樓上往下看，小院中三三兩兩的人們在議論著。是啊！北京的市民恐怕八十多年以來在城內沒有聽到槍聲了。那一晚，我和憲曾坐在床邊，面對著窗外，聽著一陣緊似一陣的槍聲，儼然是一場戰爭。令人不解的是，響聲為什麼由西向東，由遠及近？大約凌晨四時，一隊學生從窗前的馬路上呼嘯而過，我清楚地聽到他們喊：「天安門已經開槍！」「血債要用血來還！」終於，還是用血的代價結束了這場運動。

　　天亮了！一位鄰居在胡同口看到一隊學生走過，有人滿身血跡。她回家大哭，鄰居們聽到哭聲，以為王丹在廣場上出事了，

紛紛來到我家探詢。是啊！孩子昨晚是否去了廣場，安危如何？我如夢初醒。待到天大亮，憲曾便騎上自行車，匆匆趕往北大。到了他的宿舍，不見人在。同學說，夜裡還在，現在不知到哪裡去了。他等到約十點，不見人來，便懷著一顆忐忑不安的心回到家中。路上看到一隊隊驚魂未定的學生，由南向北行進。

這一天，我的堂弟海林、大學同學王俯民夫婦冒險來我家，詢問王丹安危。我們的一位中學老同學王光軍，六月三日出差來北京，住在木樨地一家旅館裡。這裡是戒嚴部隊必經之地。六月三日晚，這裡聚集了許多市民阻攔軍車。在這裡，市民和學生死傷最多。和他同住一個房間，出差來京的一位幹部，出去就再也沒有回來。六月四日清晨，槍聲剛剛停息，光軍便冒險徒步，穿過一輛又一輛正在燃燒的軍車，通過一個又一個戒嚴部隊的崗哨，走了兩個多小時，來到我家。他還沒進家門，氣喘吁吁急急地開口便問：「丹丹怎麼樣？現在在哪裡？」他陪我們在家中坐了整整一天。是他們為我們分擔了恐懼和憂愁。

黑雲壓城

六月五日，不時還能聽到稀疏的槍聲，城內還有幾處飄著軍車被燃燒的焰火。我來到樓下院子裡，鄰居們便圍過來，關切詢問王丹的情況。我聽說，人民大學有幾個學生被打死，清華大學

為死難同學設了靈堂，北京大學南門兩側，貼了「血沃中華」、「慘絕人寰」的輓聯。有人告訴我，很多人在搶購食品和糧食。和我同住一樓的一位退休老工人，五日清晨外出散步，親眼看到在阜成門立交橋上，一位晨練的老人被戒嚴部隊開槍打死。

兒子下落不明，為防不測，我令女兒、女婿搬到另處去住。

五日傍晚，一位同事來我家，沈痛地告訴我們說，同仁醫院有五具屍體無人認領，其中有身穿黑色Ｔ恤白色褲子的像是王丹。他含著眼淚向我們要了一張王丹的照片，準備託人去辨認。他走後，我如墜入了五里霧中，腦海一片空白。我們倆默默對著桌上的晚飯無法下嚥。人，大凡遇到巨大的震撼，便沒有眼淚。我沒有哭泣。那一夜，我們備受煎熬，不久，同事告訴我們，那具屍體已經被認領。

幾天以來，我天天把自己關在屋子裡。腦子裡空空蕩蕩。鄰居們不時來坐一坐，勸我們出去住幾天，免得一旦半夜三更戒嚴部隊來家搜查，使我擔驚受怕，表示家裏的事由他們照顧，盡可放心。他們的溫馨話語，像嚴冬裡的一束陽光，給我溫暖，也給了我面對嚴酷現實的勇氣。在大家的勸說下，我們決定出去住幾天。到哪裡去呢？在這黑雲壓城的日子裡，城內的交通還沒有恢

復，只有地鐵可以通行。再者，平日即使是親朋好友，今遭此變故，也不便貿然登門。思慮再三，決定到北京東郊我們中學時的一位同學家試一試。

六月七日午後，我們來到新街口豁口地鐵站。「六四」屠殺後，曾傳戒嚴部隊要進駐各高校。北京大學貼出佈告，同時，向留校學生分別發出通知，要求「全體學生離校回家」，「未接學校通知，切勿返校」。我們也收到一份給王丹的通知。因此，月臺上，滿眼都是離校回家的學生。他們沒有了往日的嬉笑，個個表情凝重。他們之中，或許有人經歷了天安門廣場那腥風血雨的夜晚，或許有人剛剛走出圖書或實驗室。我坐在他們中間，止不住熱淚盈眶。多麼好的青年啊！他們滿腔的愛國熱情，換來的竟然是坦克和機槍。蒼天何忍！

走出朝陽門地鐵站，到同學家還有一段路程，我們只能步行。這一天，我是「六四」後第一次走出家門。天陰沉沉，路上行人稀少，因為沒有公交車，幾位拉三輪車的工人在路口招攬生意。重要的路口和立交橋頭，都有頭戴鋼盔、荷槍實彈的士兵站崗。來到東大橋，只見在十字路口停著兩輛正在燃燒的無軌電車，車上赫然放著兩個大花圈。北京大地儼然呈現一片戰爭過後的肅殺景象。

到了同學家，受到仲春夫婦的熱情接待。他告訴我們，昨天，他在小關（位於東郊）一帶，看到了小丹，正在人群中看燒毀的軍車。他不敢大聲喊他，便走到他面前。小丹認出了他，告訴他，準備出去躲一躲風頭，過幾天就回來。

這是一個稍稍令人寬慰的消息，但孩子此去何處，卻是茫茫。

六月九日，鄧小平以一副勝利者的姿態，滿面笑容，在電視上露面，身後跟了一群各類官員，可謂彈冠相慶。鄧在中南海接見戒嚴部隊軍級以上幹部，對屠殺人民的「有功」人員，讚賞有加，對「六四」大屠殺作了肯定。就在鄧小平公開露面的第二天，北京市開始了全市範圍的大搜捕。大街小巷不時傳來刺耳的警車長鳴的聲音，令人惶恐不安。

收看通緝令

六月十二日晚，中央電視台《新聞聯播》播放了公安部轉發北京市公安局的通緝令，兒子的形象赫然出現在電視螢幕上，名列榜首。我極力控制住情緒，聽完了二十一名學生的名字，只覺得事情來得有點太快，因為政府「不對學生秋後算帳」的承諾還言猶在耳。

那一夜，我幾乎沒有成眠。那是一個月黑之夜，我想了很多。

我想到行蹤不定的兒子，他現在在哪裡？知道被通緝嗎？能承受得住嗎？我想不明白，這個政府，為什麼殺了還要抓！

六十多年前的一九二六年三月十八日，段祺瑞執政府下令槍殺徒手請願的北京學生，四十六位熱血青年陳屍執政府院內。屠殺之後，又將他們誣為「暴徒」，這一天，被魯迅稱為「民國以來最黑暗的一天」。之後，軍閥政府也曾發出通緝令，嚴拿被指控為幕後操縱者的共產黨人李大釗和國民黨人徐謙等。但是，沒有抓捕他們。段祺瑞被迫下臺。六十三年後，共產黨人鄧小平竟然下令用坦克、機槍、達姆彈向手無寸鐵的學生和市民大肆屠殺。

通緝令中王丹的年齡和籍貫都寫錯了。二十歲寫成二十四歲，山東人寫成吉林人。我注意到通緝令中的照片，就是他學生證的照片。按理說，只要拿到他的學生證，年齡、籍貫不會搞錯。更何況，王丹早已列入安全部門的黑名單，應該不會出現這樣的錯誤。有人認為，可能是有人有意保護他。對此，我不能苟同。我認為是有意搞錯的。試想，二十歲應該說還是一個大孩子。這樣將二十一名大學生作為政治要犯公開通緝，在中共執政的中華人民共和國，四十年來還是首次，在中國的歷史上也是罕見，而為首的竟是一名年僅二十歲的大學生，豈不是大煞風景，令人恥笑？

這份通緝令，彰顯了當政者的虛弱和惶恐，也令政府當局遭遇尷尬。通緝令發出不久，我弟弟的工作單位的領導找他談話：「通緝令中的王丹是不是你外甥？」我弟弟回答：「我是有個外甥叫王丹，在北京大學讀書。他今年二十歲，山東人。通緝令中的王丹不是我外甥。」

「六四」屠殺後，王丹生死未明，親戚、朋友都牽掛著他。如今王丹既然上了通緝名單，說明人還活著，這無疑是一大安慰，儘管這種安慰是苦澀的。兒子成為了被政府通緝的政治要犯，我決定回家。我們謝絕了主人的挽留，於六月十五日回到家中。

家被抄

回到家，心情依然難以平靜。

六月三十日下午，我聽到敲門聲，前去開門。一湧而進五、六個公安人員，他們身後跟著一名頭戴鋼盔，手持衝鋒槍的戒嚴士兵。來人向我出示了北京市公安局的搜查證，問我哪個房間是王丹的住房，我告訴他們，王丹考入北大後，便住在學校，家裏沒有他的住處。他們又問，哪一張桌子是他的？我只好將他那張破舊的書桌指給他們。來人很輕鬆地撬開了鎖，仔細搜查。抽屜裡有些什麼東西，我不知道，為尊重孩子的隱私，我從不翻檢他們的私人物品。

抽屜裡的所有物品被搜查一空，沒留半張紙片。後來我才知道，當時在軍事博物館搞的所謂「平暴」展覽中展出的王丹日記，就是這次從家中抄去的。此後，北京市檢察院竟然以日記作為罪證之一，進行起訴。我悔之莫及。

　　他們問我，王丹有沒有裝衣服的櫃子。我指給他們，從中搜出的都是他小時候玩的小畫片和小人書。他們不甘心，又要搜查書架，我趕忙制止，說：王丹的書都在學校，這都是我的書。因為王丹看書時，常常在書中亂寫亂畫，我怕他們在書中發現什麼蛛絲馬跡。他們沒有動書。

　　該查的都查了，他們仍不甘心。一個員警用商量的口氣對我說，我們想打開這個沙發看看。徵得我的同意後，他們打開沙發，反覆拍打。原來他們懷疑沙發藏有武器。我暗自好笑，王丹自小連鞭炮都不敢放，竟然敢於窩藏武器？

　　不足七平方米的小屋，除了那一架書之外，幾乎翻了個遍。臨出門時，他們丟給我一句話：「王丹要是回家，到公安局報告一聲。」我心中一驚，莫非孩子已經回到北京？

二、鐵窗軼事

懵懵懂懂入獄

　　七月三日，我獨自在家。日前得知兒子已經回到北京。在我們看來，回到北京，無疑是自投羅網，只能躲過一天是一天。這一天，我總有一種不祥的預感。無意中，我發現樓下傳達室門口有幾個陌生人在走動，止不住我的心咚咚直跳。身邊沒有一個人分擔那種不安的心情，我只好一遍又一遍來回拖地。好像這樣，心情才能平靜一些。

　　大約中午十一點時，四、五個陌生人敲門。站在門前，沒等我說話，便奪門而入。他們說是市局二處的。我見他們沒有出示證件，又沒有穿警服，便問：「你們到我家來，我工作的單位知道嗎？」他們說，去過啦，是陳列部的一位負責人接待的。說話間，一個人舉起攝影機對著門廳拍攝，我家的每一個角落都落入了他的鏡頭。

　　來人說，他們找我想瞭解一些情況。我說：「就在家裏談吧！」他們說：「還是到市公安局去談吧。」王丹被通緝後，公安機關遲早要找家長談話，對此，我們已有思想準備。此時，憲曾恰從外面回來。他說：「她身體不好，正在吃藥，要談，還是

我去吧。」「她瞭解情況多，還是讓她去吧！」他們向他保證說：「一會兒就回來」。並走到窗前，指著一輛停在胡同口的白色麵包車說：「我們還用這輛車把她送回來。」

我沒帶分文，只帶一把家門的鑰匙，便跟著他們上路了。

車子開出後，經西直門立交橋，往東北方向行駛。我覺得不對勁，便問：「你們不是說要到北京市公安局嗎？為什麼車子往東北方向開？」因為我知道，北京市公安局位於天安門廣場東南側。他們說：「車要繞路」。我將信將疑，沒再說話。車經雍和宮，向南轉進一條東西向的小胡同，開進一座大院內。大門旁「北京市公安局看守所」的大牌子一晃而過，我不禁一愣。雖然還沒有意識到，這對我意味著什麼，但心裡總是恍恍惚惚。

車子停在院子中，我和幾位員警坐在車裏等候。眼前是一座陳舊的院落，坐北朝南，院內南邊是一排平房，東邊是一座三層樓房，西邊是圍牆。我猛然發現，牆頭豎著密密麻麻的鐵絲網。心中不覺一驚。再看院子的北邊，是一座形同倉庫的平面建築，朝南開著一扇小門，兩個員警持槍守衛。我立刻聯想到進大門看到的那塊大牌子。當時只是想，為什麼帶我到這種地方來談話？沒作更多的猜想。

等了好一會兒，一男一女兩個員警走過來，讓我下車。女員警帶我到一個簡陋的小屋內，說要搜身，只搜去了一把鑰匙，別無他物。她邊搜邊問，是為什麼事進來的？我說：「我是王丹的母親，不知道為什麼帶我到這裡來。」

　　出來後，仍由二處的人帶我進入北邊的那座平房。一陣陰冷氣迎面撲來。辦完登記手續後，我聽見喊：「帶到西四去！」「西四」？原來是西邊的筒道第四號牢房。二處的人辦完交接手續後，就算完成了任務。他們中一位胖胖的小夥子，略帶歉意地對我說：「你就在這裡啦。我們也是執行任務。」沒等我說話，他便匆匆轉身走了。

　　進入四號牢房，大鐵門在我背後「怦」的一聲關上了。這是一間大約八、九平方米的小屋，一個小窗戶高高地嵌在南牆上。木板地，軟乎乎的牆壁，靠近門口右邊有一個方形水池。此時，地板上已經躺了十幾個人，正在午休。見進來一個陌生人，躺在門口的一位姑娘審視了我好一會兒，問道：「你是因為什麼事進來的？」我說：「我也不知道，可能因為我是王丹的媽媽。」話音剛落，躺在地上的姑娘們「呼」地一下子都坐了起來，像是見到了親人，一個個爭著作自我介紹。問我話的那位姑娘說：「我是北京師範大學的，劉曉波是我師兄。」「我是市民敢死隊的」，

「我是工自聯廣播站的播音員」,「我是個體戶,聲援學生的」,「我是公共汽車司機,在廣場上見過王丹」,看著這一張張娃娃似的臉,我不禁潸然淚下。多麼好的孩子啊,她們有何罪!她們把最好的位子讓給我,勸我先躺下休息一會兒。下午可能要提審。

提審

這一天下午二時左右,來人把我帶走。出了牢房,通過小院,來到一座三層樓上。哪一個房間記不清了。進門只見迎面是一個高高的檯子,檯子後面坐著四、五個人,旁邊架著攝影機,進門的左側放一個大木墩子,同高臺相對。木墩右邊的地上,放著一隻水杯。這分明是審訊室。為什麼帶我來這種地方談話?我正恍惚間,獄警示意讓我坐在木墩上。

主審官五十多歲,看來很老練。他首先讓我自報姓名、年齡、工作單位、職務,然後開始審訊。所問無非是同王丹有關的情況,我也坦誠相答。他話題一轉,又問我同方勵之、李淑嫻是什麼關係?我說:「我們根本不認識,從來沒見過面。不信,等他們出來可以對質(此時方,李正在美國駐中國大使館避難)。」他又問王丹是不是跑出去了,我們海外有沒有親戚等。

審訊結束已是傍晚,我要求送我回家。他說:「我們研究研

究字啊說，你先回房間去！」等我回到那個大房子裡，還沒進房間，在筒道裡早有人等在那裡，見我進來，他趕緊拿出來一張印好的單子讓我簽字。在昏暗的燈光下，我只看見上面寫著「收容審查通知單」。「收容審查」是一種什麼樣的處罰？既然已被「收容」，肯定暫時不能回家了。我問他：「根據哪條法律對我進行收容審查？」回答是根據國務院五十六號檔。

還是七月三日這天晚上，十時左右，我剛躺下，忽聽門外呼叫我的名字。有經驗的難友告訴我：「這是叫你去提審。沒有大事一般夜裡不會提審。「她安慰我不要緊張。

這一天的夜晚，月明星稀。我當時心中沒有恐慌，也沒有哀怨，只有任人擺布的感覺。黑夜中，我走在前面，兩名獄警走在後面。因為道不熟，我走走停停，示意讓他們先走，「老老實實在前邊走！」遭一頓訓斥。

審訊大樓燈火通明。又來到下午來過的那個房間，還是那位主審官，但氣氛同下午卻迥然不同，人員也多了幾個。我心想，看來，真正的審訊開始了。一開始，主審官就用一種威逼的口氣問我；「你想知道王丹的下落嗎？「我暗暗一驚，莫非孩子已經落入他們手中？若是這樣，何必用這樣的口氣問我。我很反感，

一言不發。沈默了好一會兒，他見我不說話，便非常得意，狠狠地指著地說：「現在我可以告訴你了，他就在我們北京市公安局。「不知為什麼當時我那麼冷靜，聽後，稍稍停了停，我非常平靜地說：「那好啊！這我就放心了。」他大概沒有料到，一位母親聽到兒子被捕的消息時，竟然這麼平靜，說話這麼安然。過了好一會兒，他才慢慢地說：「是啊！是啊！他到處亂跑，你也不放心啊。」

之後，他又問起王丹回到北京後，我託人給他送錢的事，說我是資助他潛逃。我拒不承認。我說，我們知道，王丹一旦回到北京，孩子不可能再逃。他已身無分文，給錢是想讓他暫避一避風頭。況且，王丹經濟尚沒有獨立，給他生活費是作父母的義務。他沒再說什麼。

主審官再一次問我，我們同方勵之到底是什麼關係？學生在廣場時，李淑嫻到我們家來幹什麼？我冷笑一聲，說：「我下午已經說過，我們根本就不認識，李淑嫻也從來沒有到過我家。」

這次提審不到一小時便告結束，在此後的五十多天裡，我再也沒有被提審過。

初嚐階下囚的滋味

懵懵懂懂進了監獄，不論你承認與否，來到這裡，便成了囚徒。我嚐到了階下囚的滋味。

入獄的第二天，女看守稱管教，找我談話。來到她的辦公室，我順手拉過一個板凳，正要坐下，她趕忙示意阻止。我不知所措，看著她，她指著堆在地上的一堆發黃的草紙（又稱馬糞紙，專供犯人作手紙用），讓我坐在上面。原來犯人同管教人員不能平起平坐。這是我第二次意識到，自己失去了與人平等的資格。第一次是在被提審時，看到放在地上供犯人使用的那個水杯。我雖然沒有用它，但卻強烈地感受到，人格尊嚴受到侮辱。

既然來到監獄，就要遵守監規。聽同牢房的姑娘們說，進來以後，每個人都要「滾大板」。滾大板！我立即聯想到清朝時，凡是到公堂喊冤的人，先要在釘板上滾過，以試真偽。電影《楊乃武與小白菜》中，小白菜為楊乃武喊冤時，在鐵板上滾動的畫面，立刻在我眼前晃動。儘管我不相信二十世紀的監獄會有這樣的事，但還是心中發怵。不久，果然叫我去「滾大板」。我被帶到二樓筒道一張桌子前，在工作人員的指引下，在一張表格上按手印。這種方法果然不同尋常，伸開五指一齊按，五個指頭逐個著紙，似在滾動。五指又連著手掌，像一塊板，故被形象地稱為

「滾大板」。

之後，工作人員說要照相。我被帶到筒道右邊一個用鐵皮搭成的亭子間，像個站籠，只能容下一個人。工作人員給我一張寫有編號的紙條，讓我貼在胸前，並要求我昂首挺胸，面對鏡頭。恍惚間，我好像是在刑場上，照相機的鏡頭就是槍口，心中油然升起一種慷慨赴義的感覺。

有一天，牢房的鐵門突然被打開，只見管教帶一幫人站在門口，指著坐在角落裡的我嘀嘀咕咕。看來是有些人，不知出於什麼動機，想看看頭號通緝犯的母親是什麼樣子。自己就像縮在籠子裡的動物，任人參觀。那種屈辱感刻骨銘心。

七月三日，我被公安人員帶走後，家人苦等到夜晚不見人回來。憲曾找到新街口派出所要人，不果。第二天，他又去博物館，他們也不知我的去向。按照規定，某人一旦被收容審查，應當隨即通知其家屬。可是對於我，卻在五十多天後我被取保候審時，才將「收容審查家屬通知書」交我帶回。我認為這不是工作失誤，這是當局瘋狂後又感虛弱的表現。

我被關押四、五天後，方允許我給家裡發一張索要衣物的明

信片。至此，家人方才知道我被關在東城區砲局胡同的看守所。第二天，憲曾給我送來一包衣被和生活用品，還有一隻燒雞。燒雞不但拒收，還挨了一頓訓斥。依照規定，家人送進來的物品，要經過獄方檢查，這無可非議。但是，當我被叫到看守處去取衣物時，只見已被翻得亂七八糟，扔得滿地都是，一卷衛生紙也被抖開，滾滿一地。當我俯下身從地上撿拾衣物時，心一直在顫抖。

據有資料記載，「收容審查」始於一九六一年，是為對付大量因飢餓而四處流動的所謂「盲流」而設立的。「一律堅決收容起來，統一處理。」一九七五年又將「收容」用於對付流竄犯。一九八九年六月大鎮壓，又舉起「收容」大棒，對付大批市民和學生。儘管「收容」不算正式逮捕，但在對待被收容者的嚴厲程度上，同罪犯沒有兩樣。這是對法律的蔑視和破壞。

幻覺
在看守所的日子裡，不時傳出犯人被打的慘叫聲，這聲音令我心痛。有一天，晚上熄燈後，我所在的四號牢房對面的男牢房裡，傳來要求管教開電風扇的喊聲。喊聲剛停，便聽到對面男號的鐵門「哐噹」一聲被打開了，喊叫的那個孩子被拉到筒道裡，隨即「噗通」「噗通」，人體落地的聲音伴著慘叫聲、怒吼聲，響成一片。霎時間，我只感覺天昏地轉。女孩子們都搗著臉，一

言不發。直到一個女孩嚇得心臟病發作，打人才停下來。那一天異常悶熱，二、三十個男孩子擠在一間九平方米的小房間裡，小小的窗戶對著緊閉的大鐵門，空氣無法對流，原來的一個電風扇熄燈後也被關上了。其悶熱難耐可想而知。孩子只是要求再給開一開電風扇，便遭此毒打。毫無人性！

當時我想，被打的孩子也許是一位剛剛被抓進來的學生。他媽媽要是知道兒子遭此毒打，該有多麼心痛！我的兒子會挨打嗎？能挺得住嗎？兒子還年輕、幼稚，能經得住嚴酷的審訊和威逼利誘嗎？我不敢再想下去。

母子雙雙身陷囹圄，當今社會，還有哪一個家庭會蒙受這麼大的苦難？我天天在心中呼喚兒子！你在哪裡？何日能夠母子相見？可能是神靈的安排。一天中午，正在午休，十分安靜。我剛剛入睡，突然聽到鐵門外有人喊：「媽！」聲音凝重、淒涼，分明是丹兒的聲音。「他怎麼來了？」我騰地翻身坐起側耳再聽，外面什麼聲音也沒有，只有身邊姑娘熟睡的鼾聲。屋子裡格外寂靜，我好像置身於遼闊的曠野，隻身子影。原來是幻覺。那悲涼、凝重的喊聲，久久在我耳邊迴盪。如今寫來，仍聲猶在耳。

特殊的群體

　　鄧小平接見戒嚴部隊後，北京便開始大肆捕人。監獄、看守所一時爆滿。我所在的看守所也不例外。每個監號原本定員九人，此時，男號多達三十人，女號也有十七、八人。人員嚴重超額，生活待遇就更差了。有一天開飯時，聽所長抱怨：「送菜的車就這麼大，人員超幾倍，還是這輛車。你讓我怎麼辦？」每日兩餐，每餐兩個玉米麵窩窩頭、半碗菜湯，上面飄著幾點油星和菜蟲的屍體。晚飯後，不論人多少，每個監號，只供應三杯熱水。平時，只能喝水龍頭裡的生水。這隻水龍頭下面是一個一米見方的水泥池子，底部連著下水道，位於門內的右側。平時人們洗漱、洗澡、洗衣、洗碗筷，都在此進行。令人不堪的是，大小便也在這裡，毫無遮掩。我們除一兩週放一次風以外，平時不能越鐵門一步。

　　我初到四號牢房時，這裡已經有十個人。其中，九人是因為「天安門運動」被「收容」進來的，大家彼此親切地稱「天安門人」；另一人是刑事犯。據她說，來這裡已經一年多了，是「二進宮」。據她介紹，這間牢房，此前管教人員曾在此辦公，不久前才騰出來。大約是六月八日，把她調到這間空房子來，交待給她的任務，就是監視「反革命」。第二天，她迎來的第一個「反革命」竟然是戴著腳鐐和手銬，著實把她嚇了一跳。這個「反革命重犯」是位二十歲的姑娘，從事工業設計，天安門民主運動中，

擔任工人自治聯合會廣播站的播音員。

　　九位「天安門人」來自各行各業，有研究生、保育員、糧店售貨員、公共汽車司機、個體戶等。她們中年齡最大的三十歲，最小的二十歲，都是六月十日北京開始大逮捕後進來的。大家的情緒都比較好，沒有沮喪和悔恨。只要自由活動一到，姑娘們便有說有笑，蹦蹦跳跳。管教們很不理解，訓斥道：「有什麼好笑的！別忘了這是監獄！」她們便回敬說：「不笑，難道還要哭嗎？」

　　平日裡，談話的中心議題是各自在運動中的所作所為、所見所聞，生動有趣，毫不避諱。大家約定，待到「六四」平反的那一天，通過《北京晚報》，相邀在天安門廣場重聚。我正是在這種氣氛的感染下，減少了許多憂愁。而此時，大牆之外，社會各界正在進行整肅，五十多天來天安門廣場所發生的一切，在人們中間已經噤若寒蟬。監獄生活雖苦，但在鐵門之內，能夠無拘無束地談論天安門運動，精神很充實，又可免受整肅之災，也算是不幸中之幸。

　　這群「天安門姑娘」，熱情、正直、勇於犧牲，都是這場「天安門運動」的積極參加者。我卻發現，他們對「民主」理解不深，

對近代中國的歷史知之更少。她們知道我是學歷史的，每到晚飯後的一段自由活動時間（按規定，其他時間不許交談，閉口思過），便要求我給她們講故事。我極不擅長講故事，便給他們講歷史。從鴉片戰爭、甲午戰爭，戊戌變法講到辛亥革命，從中華民國講到中華人民共和國。從孫中山、康有為、梁啟超，講到陳獨秀、李大釗，說明中國一代又一代的知識份子，為了中國的富強，民主，不屈不撓。從袁世凱稱帝失敗，說明民主是中國歷史進程中的主潮流。我還向她們講述歷次學生運動，從五四運動、一二九運動，到天安門廣場的學生民主運動，說明歷次學生運動都是愛國的。一九八九年六月四日政府當局出兵鎮壓，是歷代統治者所不敢做的。

姑娘們對我以「老師」相稱，引起管教注意。他們把我叫去，問：「她們為什麼稱你為老師？」大概獄方意識到了點什麼，不久，便把我從四號牢房調到六號牢房。

在這樣一個特殊的群體中，論年齡我最大，論資歷我最深，出於幾分敬意，大家對我很尊重，生活上給予力所能及的照顧，睡覺讓給我最好的位置，每晚僅有的三杯熱水，總是先讓給我。碗筷、衣服，姑娘們總是搶著給我洗。我也盡可能地關照他們，熱水先讓給有特殊需要的女孩。時值七、八月，天氣炎熱，獄方

偶爾也給我們發冰棍。可能是出於安全考慮，冰棍卻沒有棍。每次發冰棍，我都捨不得吃，分給年紀小的孩子。有的孩子飯菜不夠吃，我時常把自己的一份，今天分給這個一點，明天分給那個一點。患難之中，我們相處得很融洽。

六號牢房裡，大部分是刑事犯。我初來時，說話很謹慎，因為不知道哪些人是刑事犯，哪些人是政治犯。經過幾天接觸後，彼此有了一定的瞭解。因天安門運動進來的，彼此有一種他鄉遇故知的感覺。她們之中，一位是剛剛大學畢業，在原子能研究所工作，同未婚夫一起，在運動中做市民的工作，結婚證還裝在衣袋裡。未來得及入洞房，便雙雙被捕，關押在同一個看守所裡。她待人誠懇熱情，很快，我倆便成了忘年交。一位是北京某大醫院的在職研究生，因為是受牽連，不久便被釋放了；一位是公共汽車售票員；一位是北京體育大學的養馬員。年齡最小的一位僅十六歲。據她講，六月三日晚上，她跟母親到天安門看「熱鬧」，在市民憤而推翻一輛軍車時，她去推了一把，此舉落入了公安人員現場的錄像中。還聽說，她在現場撿拾了一些子彈殼，在與同伴們「分贓」時，被抓獲。她是這裡「罪行」最嚴重的要犯，但她卻滿不在乎。審訊時，她竟繪聲繪色地在大堂之上，向審訊官講述六月三日晚上在天安門廣場上的見聞及戒嚴部隊怎樣在廣場北側的南池子的一個胡同內追殺市民的情形。搞得審訊官聽也不

是，不聽也不是。

各式各樣的刑事犯，經過一段時間的接觸，她們也向我傾訴各自的煩惱和苦悶。我誠心誠意地開導她們，理解她們，鼓勵她們要自尊自立。有一個女孩哭著對我說：「看見您，就想起了我媽，她也像您一樣瘦弱，現在還不知道怎樣為我擔心呢。」

有一天，管教叫我出去，我正忐忑不安，不料，她客客氣氣地把我讓到辦公室，心平氣和地同我聊天，問我身體怎麼樣。她也流露出一種擔憂，怕因「天安門事件」關進來的女孩子，同刑事犯關在一起，日久天長，會學壞。畢竟她們都還年輕。

左腿罹病

九平方米的牢房裡，最多時關了十七、八個人，吃喝拉撒全在其中，大鐵門始終緊閉，一扇窗戶又高又小，很少見到陽光，空氣也不能流通，其汙濁、潮濕可想而知。晚上睡在這潮濕的地板上，人多擁擠，每人只有約兩尺（六十多釐米）寬的空間，只能側身而臥，翻身頗感困難。偶爾借用別人的空間平躺幾分鐘，便是天大的享受。在這裡，最大的奢望，就是能有自己的一張床。

承蒙難友的照顧，我睡在最好的位置上，即一側靠牆。後來，

原四號房的朋友又給我送來一條褥子。按說，我的條件比別人要好得多。但是，畢竟我已年屆五十。由於向左面牆側臥，長期壓迫左腿，加之白天只能坐在地板上，不許走動。大約七月末的一天，坐在我身邊的一位姓孫的姑娘，發現我的左腿明顯比右腿細。我仔細一看，果然如此。此後，左腿逐漸無力。大家勸我儘快向獄方申請就醫。我說：「我不想去求他們。有朝一日，用擔架抬我出去，看這個政府臉上有什麼光彩。」有一天放風，我走路明顯不便，遠遠地落在隊伍的後面。管教人員看在眼裡，問我是怎麼回事，我以實情相告。她們責怪我為什麼不早說，我冷冷地回了一句：「說了又有什麼用呢！」

不知是女管教心軟，還是出於同情，也許二者兼而有之。她們當天就帶我到看守所內的醫務室看病。醫生經過檢查，兩腿確實不一樣，便開了點顛茄之類的藥。按照規定，犯人的藥不能自己保存。一日三次服藥，每次都要對著大鐵門的監視孔，高聲喊叫：「報告管教，XX該吃藥了！」若是有人就給送來，若是沒人，藥就別想吃上。所開之藥，本來就治不了病。我也不想治病。一日三次喊叫，實在是一種精神折磨。藥沒吃完，我便自動停止了。

病情日漸嚴重，左腿日漸癱軟，全靠右腿支撐。見此狀，管教便從獄外請來一位醫生，經診斷，說是神經性肌肉萎縮，只有

到外面（只是放出去或到監獄外醫院），才能治療。

　　病人能不能到監獄外的醫院去看病，必須由負責該人案子的主審員同意，並陪同前往。管教沒有這種權力。對於我，女管教們積極向上反映。經查，在這裡根本就沒有給我立案，自然也沒有主管案子的主審員。也就是說，無法帶我到外邊醫院去看病。女管教們當著我的面表示不滿：「根本就沒有給人家立案，竟然關了這麼多天，這叫什麼事兒！」照這麼說，有朝一日，「六四」得以平反，我卻無「反」可平。因為在北京市公安局看所守裡，我無案可查，豈不是冤上加冤嗎？

　　既然無人可以帶我去看病，管教們也只能在自己的權限內，給予可能的照顧。

　　醫生說，要多曬太陽。她們一有空，便帶我到院子裡坐一坐，同我聊聊天，問我做什麼工作，一個月拿多少工資，家中還有什麼人。有時也勸勸我，想開點，孩子大了，父母也管不了。也有員警，聽說我是王丹的媽媽，也走過來問一問。有一天，一位員警見我一人坐在院子裡，看看四周沒人，走過來對我說：「今年四月份，我在新華門前見過王丹，是一個挺有氣質的小夥子嘛。」

管教還從八號牢房調來一位醫科大學第三附屬醫院的年輕大夫，與我同住，奉命每天給我按摩一次。由於長時間關押，她身體比較虛弱，天氣又熱，每次按摩，都大汗淋漓。我實在心疼，便瞞著管教，讓她每兩天按摩一次，她很感動。

　　管教張隊長，在她的職權範圍內，給我開了一個星期的病號飯。我明白，我的病不是感冒發燒，也不是腸胃不適，肌肉萎縮無須吃病號飯，只是盡盡心意而已。我被這一絲人性的溫暖感動。病號飯就是每頓一碗麵條，菜湯依舊。這裡的人已經很長時間沒有見過白麵了。病號飯第一次送來時，管教當著眾人的面警告我：「不要給別人吃！」大家眼巴巴看著這碗白麵條，我怎麼能夠下嚥呢？每當開飯時，待到鐵門一關上，我便迅速地分給別人。今天給這個幾口，明天給那個幾口，一個星期下來，無疑都改善了一次生活。恰逢一位女孩過二十一歲生日，在監獄吃上了長壽麵，她應當不會忘記。

取保候審

　　五十天之後的八月二十一日，來人把我帶到那座提審大樓一層的一個房間裡。這個房間比前次提審的房間小些，檯子也低一些。它雖然不同於一般的辦公室，我卻感到氣氛同前次大不一樣，看來不像是審訊。坐在那裡等我的，是一位中年男士，旁邊還坐

著一位年輕人。那位年紀大一點的問了問王丹回到北京後，我們曾經給他一筆錢的經過。又問我的左腿病情是否好些。問者漫不經心，我也只做了簡單回答。話鋒一轉，他說：「以後要好好學習黨的政策，同王丹劃清界線。」回到號子裡才聽獄友說，那位中年人是北京市公安局十三處的領導。為什麼找我談話，話裡話外傳遞的是什麼信息，我沒有多想。當時在這裡，因天安門民主運動被關押的人，來的都比我早，況且，還不時有學生被抓進來，所以，我也沒有迫切希望被放出去的念頭。

八月二十三日早飯前，參與過提審我的那位年輕人，把我叫到號子外，說：找我家裡的人沒有找到，問我女兒工作單位的電話。我很警惕，不知道外面發生了什麼事情，便謊稱不知道女兒的電話，並建議他有事找我工作單位，並把中國革命博物館的電話告訴了他。他說，不必啦。

我惴惴不安，不知道還會有什麼樣的災難降臨我這個家庭。一家五口，已有兩人蒙受冤獄，還能再會怎麼樣呢。我滿腹疑雲回到號子裡。開飯了，我無心進食，隨便吃了幾口，便呆呆地坐在地板上。

大家剛剛吃完飯，鐵門忽然被打開，管教站在門口高喊：「王

凌雲！快收拾東西！」有經驗的人都知道，這是要放人。我還沒有搞清楚是怎麼回事，姑娘們一下子都跳了起來，放下手中的活，趕忙幫我收拾東西。一位姓張的養馬女孩，在一小塊硬板紙上，用指甲刻上她男朋友的電話號碼，偷偷塞到我手裡。我向她點點頭。管教站在門口監視著，不許交談。一切盡在不言中。我抱著一個小包袱，回頭用目光向夥伴告別，戀戀不捨，蹣蹣跚跚走出了牢門。

我被帶到一間辦公室，還是那位年輕人，手裡拿著一份檔向我宣讀，說根據法律的某某條，我可以取保候審。我接著問：「誰是保人？」他說：「你女兒。現在就在傳達室。」怎麼這麼快就找到我女兒？我將信將疑。我也不理解，我是在職的工作人員，為什麼不找博物館擔保？公安機關信口雌黃，我已經領教。今天，他們把我女兒叫到這裡來，不知又要幹什麼。正疑惑間，他又向我宣佈兩條紀律：一、不許逃跑；二、不許自殺。他大概也覺得，面對這樣一位行路困難、身體虛弱，年過五十的婦女，宣佈這樣的紀律，猶如演戲，邊讀邊笑。我也覺得好笑，便對他說：「我的腿已經這樣了，走路都困難，怎麼逃跑呢！至於自殺，我還沒有想過。」

辦完了一切手續，我隨女兒走出了大門。七月三日，我懵懵

懂懂進來。八月二十三日，我又糊里糊塗出去，始終沒有被告知，我究竟犯了什麼罪。回頭再望這座大門，只見大門兩旁懸掛著兩個牌子，一是北京市公安局交通管理局，一是北京市公安局看守所。女婿早已開車在此等候。原來是，女兒所在單位通知她，讓她立即到北京市公安局看守所去，並沒有告訴她是去接母親出獄。她很緊張，以為又要把她關進去呢，便打電話告訴丈夫。女婿比較沈著，他想，岳母被關押已經五十多天，叫她去，可能是讓她接母親出獄。所以，便開車在此等候。

這座監獄，清朝時，是存放槍炮的地方。這條胡同，因此得名，稱砲局胡同，延用至今，位於北京城的東北部，離國子監不遠。清朝末年改為監獄，老百姓稱它為「砲局」。日本人佔領北京時，這裡也關押過政治犯。抗日將領吉鴻昌曾在此關押，並槍殺於此。這個看守所，前不久已經遷往城外，原建築是否還存在，不得而知。

回到家，猶如一場夢。第一感覺是，終於有了一張可供睡覺的床。這在監獄，可以說是夢寐以求。同事、鄰居、朋友，前來探望。我沒有委屈，沒有怨恨，好像忘卻了那五十三天的煎熬，似乎是從他鄉歸來，向人們講述所見所聞。因為我心地坦蕩，正義在我一邊。

但畢竟我是從監獄出來，又是受了兒子的牽連，不同於一般。博物館的領導對我持審慎態度。聽說他們在我回家的第二天，便向上級單位國家文物局做了報告，文物局的回答是：在家養病。同時，聽說館長告誡全館職工，凡是與我同住一棟樓（本館職工宿舍）的，都可以去看我；別的人，暫時不要去。儘管如此，少數同事還是衝破禁令，前來探視。館長也託人帶話，他們不便來我家。也有一些往日的朋友、老同學怯步。對此，我都非常理解，因為各機關、學校，正在進行清查。我也主動託人帶信，請同事們、朋友們、各位老同學，近期不要到我家來，以免給大家增添麻煩。

三、風雨如晦

故鄉所聞

九月三日晚，突然接到家中電報，告訴老母病重，令我速歸。家人均不知我曾經坐過監牢。次日，我在憲曾的陪同下，乘長途汽車，前往山東老家。近二十個小時的顛簸，我幾乎難以支撐。來到老母病榻前，我還要強打精神，怕她看出什麼反常。

回到家，親戚、朋友來相見，中心話題自然是六月四日開槍屠殺和王丹的狀況。六月十二日，公安部轉發北京市公安局對

二十一名大學生的通緝令發出後，很快就將該令下達給了我的家鄉菏澤和憲曾的家鄉鄄城的公安機關。這也證實了我對通緝令中王丹的年齡和籍貫寫錯是故意的，而非失誤的判斷。我有一位遠房親戚，在菏澤地區公安局工作。據他講，菏澤地區公安局成立了追捕王丹小組，並授權「王丹若是拒捕，就開槍。」七月三日，王丹被捕的第二天，便在中共菏澤地委所屬幹部中進行了傳達。

家人和親戚各自講述了他們的經歷。菏澤東城區派出所的人，首先來到我父母家，把我父親和弟弟叫到院子裡，向他們說明，王丹在逃，一旦他跑到了你們家，要立即向公安機關報告。還特別囑咐，如果見到王丹，一定要摸一摸他身上有沒有槍；要是有，一定要先把槍拿下來。我父親問來人，要不要到屋裡看一看？他們忙說：「不必啦，不必啦。」有意思的是，公安人員竟然安慰頭號通緝犯的家屬：「你也不要緊張，這又不是啥丟人的事！」我的叔叔、嬸嬸、堂弟、堂妹，都受到同樣的騷擾。

鄄城的家也沒能倖免。縣公安局把王丹的叔叔叫去，欺他是農民，對他進行威脅恐嚇。他告訴我們這樣一件事：有一天，公安機關獲悉王丹乘坐一輛白色麵包車要過黃河，回鄄城老家。於是，公安人員晚上進村，在他家四面設下埋伏。他焦急萬分，在四面包圍中抱著一個收音機，偷聽《美國之音》電台，祈盼聽到

王丹逃離中國的消息。鄉親們知道後，幾個年輕人在進村的各個路口分兵把守，企圖阻止王丹進村。結果，是一場虛驚。

這件事當時使我想起了四十多年前，老百姓冒著生命危險，掩護共產黨的幹部和八路軍的故事。時光流逝，如今，在共產黨執掌政權的共和國，老百姓又冒險掩護國家通緝的政治要犯。這究竟是為什麼？

在家鄉，我接待了一批又一批親戚、鄰居及往日的同學，他們都懷著敬意和同情瞭解北京發生的一切，探聽王丹的近況，給我們以安慰。我直接或間接聽到了各階層人士，有革命老幹部、政府公務員、中學老師，還有純樸的農民，對「六四」屠殺，對王丹等青年學生的評價。他們對政府調動軍隊，向學生和市民開槍，表示不解和憤慨，對所謂「反革命暴亂」表示懷疑。有人仔細看了六月三日晚的電視畫面，看到在天安門廣場的一角，從一輛軍車上扔下一捆槍，明顯是嫁禍於學生和市民，將他們誣之為「暴徒」。大家都對學生表示同情。有人說：「那份通緝令在報上一公佈，我就覺得這個政府暈了頭。二十一名全是在校大學生，大部分出自清華和北大，個個都是國家棟樑。不公佈還好，這一公佈，肯定會失去很多民心。連幾個青年學生都容不下，這個政府還有什麼希望！」一位農民說得好：「這些學生犯了啥罪我不

知道，我只知道，他們都正在學校唸書，又都是十幾、二十歲的孩子，他們能犯多嚴重的罪呢！」

我還碰到一位白髮蒼蒼的老農民。我們同在一棵大樹下休息，他聽我說話不像本地口音，問我從哪裡來？當得知我是從北京來時，老人一下子就來了精神，問我：「你們北京人知不知道王丹？他可是我們菏澤的外甥！」我笑而未答，陪同我的弟弟問他：「您說，王丹是好人還是壞人？」他沈吟片刻，說：「那你看怎麼說，在鄧小平眼裡，王丹是壞人；可在咱老百姓眼裡，王丹是好人。」多麼純樸的言語，多麼簡明的道理！

一張紙條

回到北京當天，忘記是為了什麼事，李鵬等國家領導人舉行記者會。有記者問：「對王丹將怎樣處理？」只見他臉色陰沈，說：「他們都觸犯了刑律，一定要嚴懲。」兒子將要面臨什麼樣的厄運，我想過很多，也流過很多眼淚，但始終沒有驚慌失措。我堅信，學生是愛國的，愛國是無罪的。在家鄉的所見所聞告訴我，對於這場運動，人民已經作出了公正的判決。他們給了我信心和勇氣。任他怎麼「嚴懲」，縱是無期徒刑，只要給孩子留一條性命，我將會堅強地活下去，等待兒子回來。

十月三日午後，我家來了兩人，稱是市公安局的，是王丹一案的預審員。他們送來丹兒一封短信。我緊緊握著這薄薄的一頁紙，怕被風吹去。這可是我們第一次得知兒子的確切消息。看著這熟悉的筆跡，淚水奪眶而出。在那風雨如晦的一百多個日日夜夜裡，多少牽掛、多少憂愁、多少委屈，險些像決堤的洪水一瀉千里。在來人面前，我竭力壓住了心頭的情緒。我曾經暗暗發誓，在任何代表政府的人員面前，絕不掉下一滴眼淚，絕不向任何人祈求憐憫。

信的大意是：離家已經三個月了，寫張紙條報個平安。說他在那裡尚好，一頓飯能吃兩個窩窩頭，也不挑食了。過去不愛吃的芹菜，現在也能大口大口地下嚥。從信的內容看，顯然是奉命寫的。不論怎樣，總算看到了孩子的筆跡，稍稍放了點心。來人讓我寫張回條。我讓他保重身體，學會自己照顧自己，好好讀書。寫了幾句言不由衷的話。

學術會受阻

一九八九年十月，我收到瞿秋白學術討論會組委會的邀請函，請我到江蘇常州參加會議。該會原定於那一年的六月舉行，因「六四」鎮壓，全國整肅，故而延至十月。根據會議要求，我即將向會議提交的論文，需要列印若干份。為此，我來到博物館。

這是「六四」屠殺後，我第一次來到天安門廣場。廣場依然封閉。東西長安街入口處，由武警把守。博物館適置其中，工作人員須持工作證才能通行。博物館大樓內住滿了戒嚴部隊的士兵。這哪裡還是一個事業單位，簡直就是一座兵營。駐紮在博物館和故宮博物院的士兵，直到一九九零年六七月間方才撤離。撤離前，博物館大樓內，潔白的牆壁上，塗滿了汙穢的手印和腳印，臭襪子和爛鞋丟了一地。士兵們在大樓裡隱蔽了整整一年。又據說所有參與鎮壓的部隊官兵一律復員。他們的鬱悶和哀怨可想而知，只能朝著大樓發洩。

　　參加會議的準備工作已經做好，火車票已經由中央文獻研究室出資購得。不料，博物館館長把我叫去，說：參加會議他沒有意見，只怕公安局不讓去（指我正在取保候審期間），他堅持讓我行前向公安局打個招呼。館領導有此顧慮，可以理解，但他卻忘記了，我取保候審的保人是我女兒，出了事，自然找我女兒，應該不會殃及博物館。我表示，寧可不參加會議，也不會向公安局打招呼，因為離開「砲局」監獄時，獄方並沒有要求我，凡離開北京，必須向公安機關請假。況且，我回家不久，便回鄉侍奉老母，也沒有向公安機關打招呼。為此，我取消了常州之行。一些同事為我抱不平，我尚能淡然置之。運交華蓋欲何求！

治病

「六四」後，我一直沒有上班。先是博物館領導讓我在家休息。出獄後，國家文物局領導又讓我在家治病。應該說，他們都是出於善意。

自十月份起，我全力以赴治療腿病。在寬街中醫醫院掛了一位專家王友蘭大夫的號。每日湯藥兩碗，服了一百餘劑湯藥，病情不見好轉。老大夫表示，無意再治療下去了。

當初，大夫問我病因，我沒敢以實相告，只說到外地去，長時間受潮濕所致。他發現我的心情一直不好，所以失去了信心。可能出於做醫生的仁慈，不忍罷休，便再三追問致病原因，我只好如實相告，說，不久前，在監獄受潮罹疾。那段時間人們比較敏感，老大夫的一位年輕女助手忙問：「為什麼入獄？」我說：「我是王丹的母親。王丹被捕的第二天，也把我關起來了。」老大夫聽後的那副表情，令我終生難忘。他又是驚訝，又是同情。他面前的這位病人，好像瞬間變成了另外一個人。他連連向我表示：「我一定治好你的病，一定治好你的病！」我深受感動。中醫治療，很看重心情。每次就診，他都以一位長者的身分，諄諄開導。後因工作和家務諸事繁多，待病情稍有好轉，我便中止了治療，沒有遂那位老大夫的心願。左腿至今仍時感麻木，便落下了病根。

第一次會見

　　一九九零年一月二十三日晚，王丹的兩位姓劉的預審員登門，通知我們：春節前安排一次你們同王丹見面。明天上午八點半在半步橋（即位於半布橋的北京第一監獄）接待處等候，一定要準時到達，以免錯過這個機會。臨走前，還特別告誡我：「你被關押的事不要告訴王丹。」我答應了他們的要求。我本來就沒想將這事告訴他，因為我瞭解孩子，他一旦得知我因受他的牽連，遭受牢獄之災，他會同公安人員拼命的。至於他們是怎麼想的，明眼人也會猜出幾分。

　　一月二十四日，正是農曆臘月二十八，我同憲曾早早出發，七時到達半步橋，七時半來到接待處。已經有幾位家屬在此等候。看來，誰也不願意錯過這難得的機會。有一位北京師範學院（今首都師範大學）的學生家長，竟然以為是讓他們來接孩子回家的。還有一位家長，從鄰居那裡聽說，將有一批家屬在半步橋會見被關押的學生，第二天便聞風而至，被工作人員勸回。劉曉波的妻子，由其父母陪同，也早早來到這裡。只見她身體很虛弱，大家趕緊把靠近火爐的位子讓給她。一位中年婦女，身邊坐著兩個孩子，一男一女。我正猜想，這位不知是不是包遵信的夫人，她已先開口。幾個月前，我倆同在「砲局」監獄，卻未曾謀面，不料今天在這裡相見。共同的苦難把大家集合在這裡。

八點半，工作人員令我們辦理手續。我們正在排隊等候時，一位女孩跑過來，小聲問我們是不是王丹父母，我們點點頭，正待要向她問話時，她已經跑遠了。手續辦完後，我們便集合隊列進入高牆鐵門之內。在北京市第一監獄內，還有一個看守所，市公安局七處也在這裡。進入第二道鐵門後，被帶入一個大房間，擺了二、三十把椅子，看樣子像是一位領導的人，向大家講話，說政府以寬大為懷，春節前安排九人同家屬見面。他希望大家見面時要高高興興，不要哭哭啼啼。我環顧左右，每位家屬都神情嚴峻，沒有一個人有高興的樣子。可能是為了緩和一下氣氛，他揶揄道：「我看大家都還不錯嘛！包遵信的孩子胖乎乎的。」一位家長打斷了他的話，急切地問：「什麼時候放我的孩子？」有幾位隨聲附和。「什麼時候放我的孩子」，道出了所有家長的心聲。有人質問：「大過年的，為什麼不讓我們給孩子帶點吃的？」一位母親站起來，很激動，問：「我的孩子是我帶他去自首的，政府不是說，自首可以寬大處理嗎？為什麼到現在還不放我的孩子？」那位領導一看情況不妙，趕快讓工作人員分別把我們大家帶走。

　　我們兩人被帶著轉過一座樓又一座樓，來到一座門朝西的平房前，丹兒早已站在門口等候，身上披著一件軍大衣。他爸爸一眼認出了他，激動地大喊：「小丹！」我們來到屋內，裡面已經

坐了五、六位公安人員。孩子就站在面前，我倒冷靜了許多。他走過來，讓我們坐下，第一句話就說：「媽，您可不要哭！」我沒有哭。我們和孩子相對而坐，沒有悲傷的淚水，也沒有久別重逢的激動，彼此都很沈重。在眾多公安人員的監視下，都強壓著感情，十分冷靜。縱有千言萬語，無法傾訴，也不知從何說起。

在陰暗的房間裡，我仔細地端詳面前的兒子，猶如在夢中。我想起一九八七年秋，他參加北大軍訓歸來，還沒進家門，便大喊：「媽！我回來了！我要吃肉！」我已經給他做好了一碗紅燒肉。那是他離家最久的一次，一個月。如今，孩子離家已經八個月，面對著兒子，我能說什麼呢！此時此刻，再問他想不想家，想不想媽媽做的紅燒肉，還有什麼意義呢！兒子像是長大了許多，只是本來就瘦弱的身體，更加瘦弱。面色如土，兩只手像紙一樣慘白。四十分鐘的會見，很快就結束了，好像什麼也沒有說。

預審員和秦城監獄的一名工作人員送我們到第二道鐵門外，我拖著病腿，艱難地與他們同行。我再三向他們申明，學生都很單純，他們都是愛國的。那位工作人員說：「我曾看管過蒯大富和譚厚蘭（均為文化大革命時期的學生造反派領袖），這些學生和他們不一樣。」

四、見證一次終將被歷史推翻的審判

寒風蕭蕭

中國要於一九九一年在北京舉行亞洲運動會。據傳，亞運會前，政府要將被關押的學生全部釋放。我天天在期待中度日。八月初，中東燃起戰火，國際局勢發生了微妙的變化。看來，亞運會前放人，是不太可能了。我還是沒有絕望。十一月初，一位老同學給我打電話，高興地告訴我，據「上面」傳出的消息，要放王丹。我期盼著冬天裡出現春天。

但是，天不遂人願。十一月十三日，博物館保衛部門通知我，說北京市公安局看守所電話通知，要對我撤銷取保候審，讓我同保人一起去辦理手續。十五日，我同女兒一起去砲局胡同看守所，在一份「撤銷取保候審通知單」上簽了字，還按了手印。工作人員告訴我：「沒事了。」我向他要個文字結論。

「對個人不做文字結論。」
「對我工作的單位呢？「
「讓他們來找我們。」

據說，博物館曾派人去過看守所，給的結論，仍然是「沒事

了」。

　　「沒事了」就是結論。任意捕人，置一位公民五十多天失去自由的煎熬，用「沒事了」三個字輕輕一筆勾銷，不負任何法律責任。中國政府在世人面前還奢談什麼法治、人權。對我撤銷取保候審，可能與王丹一案的進展有關。

　　沒過幾天，幾位王丹北大的同學來我家，告訴我們，聽說王丹等一批關在秦城監獄的學生的戶口，已經由北京大學轉往北京市公安局。種種跡象表明，王丹的問題要結案了。事又湊巧，我到資料室去看報紙，翻閱《香港時報》時，一側紅色的大字標題赫然出現在眼前：《中共即將對王丹等進行秘密審判，國際正密切關注》。對著這則新聞，我怔怔地凝視好久。我恍恍惚惚，踏上了回家的路。北風呼嘯落葉滾滾，我踏著長安街旁厚厚的落葉，悽苦的心境更覺蒼涼。

　　孩子即將接受審判，他知道嗎？二十歲的他能挺得住嗎？我要寫信告訴他。信紙擺在桌子上，我呆呆地坐了很久，任憑淚水流淌。寫什麼呢？大牆內外，千言萬語無法傳遞。我只能告訴他，今晚颳了一場大風，寒冬即將來臨，要他加強自我鍛鍊，不論遇到什麼情況，都要自己照顧好自己。我還引用了雪萊的一句名言：

「冬天來了，春天還會遠嗎？」鼓勵他對前途要有信心。

　　不願意發生的事情還是發生了。一九九一年十一月二十四日，王丹一案的預審員來到北京大學，找到了王丹的父親，要求他在王丹的逮捕證上簽字。我在看守所關押時，聽說，逮捕證需要本人或家屬簽字才能生效。鑑於當時的種種跡象，政府對王丹一案很可能不久就要審理，我便同憲曾約定，公安機關不論找到我們中的哪一個，都要拒絕簽字。他拒絕簽字，理由是：你們對王丹審查了一年半之久，從來也沒有向家長交待過，至今我們也不知道他觸犯了哪一條法律才遭到逮捕，我不能簽字。預審員氣哼哼甩了一句：「簽不簽都一樣。」揚長而去。我們判斷，王丹本人肯定沒有簽字，所以才找到了家長。我們也知道，在這樣一個不講法治的國家，一切程式都是走過場，拒絕簽字只是表明父母的態度。第二天，北京大學派出所轉交給王丹父親一份家屬通知，通知我們，王丹已於一九九零年十一月二十三日逮捕，罪名是「反革命宣傳煽動」。

律師風波

　　兒子既然已經被正式逮捕，我們只能面對現實。下一步就是請辯護律師。為王丹請律師有很大的難度。

一九九一年一月十六日，王丹在北大的陳老師，派同學來通知我們，官方已經允許王丹請律師。王丹認為，父母在司法界沒有熟人，便委託法律系一位年輕老師代他聘請律師，那位老師不敢出面活動，便轉而找到國政系的陳老師。陳老師不避風險，一面親自為之奔走，一面派人通知我們，希望我們和他分別活動。只限一天，並且限定在第一和第三律師事務所聘請。

我們在法律界確實沒有朋友。「打官司」這種事，可以說，從祖輩到我們，從來都沒有經歷過。我和同住一樓的吳雪玲，找到老同事夏立平，她帶我們到中國人民大學，輾轉找到一位法律系的老教授，她帶我們去找人民大學律師事務所的一位領導。敲門久久不見人出來，好不容易有人來開門，我們站在門外說：受王丹家屬委託，前來聘請律師，並表示，因時間緊迫，深夜登門很抱歉。他沒發一言，「砰」的一聲關上了大門。

十七日中午，北大的一位同學來我家，說陳老師經過多方奔走，請到了一位第三律師事務所的趙律師，讓我們儘快同趙律師取得聯繫。憲曾立即前往第三律師事務所會見趙律師。他表示，願意為王丹作無罪辯護，並建議我們儘快同北京市中級人民法院取得聯繫，告訴他們已經請到律師。事不宜遲，我們立即趕往中級人民法院，向刑一庭報告，我們已經為王丹請到律師。對方表

示，同意接受，並讓我們儘快辦理相關手續。十八日一早，我們便趕往第三律師事務所，準備辦理聘請手續，不料，該所的一位領導走來，冷冷地說：「剛剛接到上級通知，王丹已經有了律師。」事出意外，趙律師也感到愕然。經過再三詢問，方知原來是政府當局指派的律師，即北京市第一律師事務所的康健。趙律師說，他認識康健，當即打電話，沒有找到她。據說，所有已被「聘請」，實則為政府指派的律師，都住到秦城監獄去了。

這一天中午，康健來電話，說要見我。我在博物館接待了她。初次見面，話不投機。她一見我便說：昨天同王丹見了面，原來他還是個孩子。她說王丹對她有戒心，還說王丹幼稚、自負，對自己沒有一個正確的認識，等等。她好像是來告狀的，不是來商量如何為王丹辯護的。我們可是依照規定交了律師費的。我要求她為王丹作無罪辯護，遭斷然拒絕，她只表示可以作輕罪辯護。

律師業已開始工作，距開庭的日子不會太久了。一月二十日，我們向北京市公安局，北京市檢察院和北京市法院分別寫信，對法院已經接受的律師突然取消提出質疑，認為這種做法嚴重侵犯了王丹和其家屬的權利。我們希望在下一步對王丹的審理中，能夠嚴肅、慎重、認真依法辦理，並要求給我們一份對王丹起訴書的副本。信發出後，沒有回音。

開庭審理

　　一九九一年一月二十三日，我們來到北京市中級人民法院，等候了約半個小時，一位女工作人員帶我們來到一個不大的法庭，已經坐滿了人。我們來到前排，尚未坐定，只見王丹被兩個法警押著，從側門走向被告席。一剎那，我的心好像停止了跳動。他爸爸輕輕喊了一聲「小丹！」，父子倆的目光碰到了一起。

　　審判開始，審判長令王丹報出姓名，出生年月日、籍貫、家庭住址等。公訴人宣讀起訴書和說明，然後進行法庭調查。沒見一位證人出席。王丹作了長達四十分鐘的自我辯護，對檢察院的指控逐條進行辯護。他指出，檢察院「指控我的行為旨在顛覆政府，推翻社會主義制度」，我認為這不是我的動機所在。我的動機概括起來只有一句話，那就是推動社會進步，振興中華民族。不論我做了什麼，我確實是為了使中國走向富強之路。」拳拳愛國之心，溢於言表。旁聽席上的聽眾，只要他還有良知，誰能會相信，站在被告席上的這位年僅二十一歲的大學生，是一名罪犯。坐在我身邊的一位像是教師、一位像是學生，聽王丹辯護，竊竊私議，喜形於色，不斷向被告席上點頭示意。

　　康健律師進行辯護。她通篇闡述了四點意見：一、應該放在當時那種大背景下，對王丹的言行進行考察；二、王丹年幼受騙；

三、所控罪行，多為參與，沒有主謀；四、一貫表現尚好。最後，律師和公訴人就利用王丹日記作為定罪依據展開論爭，不同意將王丹日記中的話作為罪證。

趁控辯雙方爭辯的空隙，王丹回頭在旁聽席上尋找我。母子目光相遇，我趕快向他點頭示意，表示對他的讚許。

審判歷時三個小時。我們正在隨人群離去，被那位女「陪同」叫住，說審判長要見我們。我們只好又跟她回到早上來過的那個小房間。她問我有何感想，我沒有多想，就半認真半調侃地對她說：「要說感想，第一個便是控方在起訴書和說明中使用的語言，如『肆無忌憚』等，聽起來同文化大革命時打派仗的舊詞，沒有兩樣。二十多年後，作為法律工作者的檢方的水準，實在不敢恭維。再者，我們的孩子被政府列為公開通緝的二十一名大學生的榜首，他究竟犯了多大的罪，我們始終不知道。今天，聽了公訴人的發言和法庭調查，原來只不過是一些年輕人的過激言論。言行不當，是教育，不應當訴諸法律，更構不成反革命宣傳煽動罪。」我調侃說：「今天在法庭上聽王丹的自我辯護和最後陳述，有條有理，看來孩子被關押一年半，還沒有被關傻。」她趕忙說：「哪裡會傻啊！你看他的思路多清晰啊！」

說話間，送來了兩盒午飯。我倆無心動筷子。在她的再三勸說下，我們兩人合用了一盒飯。飯後換班，陪同我們的是王丹一案的審判員。那一刻，我不知道自己哪來的那麼大的興致和勇氣，要利用一切機會為受難的學生辯護。我向他講述中國自「五四」運動以來的學生運動史，說明青年學生，不避槍彈，不畏牢獄，只是代表人民的呼聲，無意推翻當時的政權。一九一九年的「五四」運動，是要求北洋政府拒絕在巴黎和會上簽字；一九三五年的一二九運動，是要求當時的執政者蔣介石抗日；一九八九年的學生運動，只是要求政府遏止腐敗，推進民主。歷次學生運動都是愛國的。他表示同意，但是「只是王丹的事太多，別人都只有兩、三條，王丹卻有五、六條。」我立即反駁：「定罪不能看條條多少，應該看是什麼性質，殺人的話，一條就可以定罪。」

　　說話間，審判長針劉進來說：「你們不是要求見王丹嗎？打算說些什麼話？」不一會兒，兒子被帶到了我們面前。本來在房間中央給他放了一把椅子，他爸爸一把把他拉到我身邊。兒子真的坐在身邊，我倒不知道說什麼好。看著孩子蒼白的臉和手，想到法庭上那虛弱的聲音，真像大病一場剛剛出院的病人。此刻，真想立即把兒子帶回家。十幾分鐘很快過去了，望著兒子的背影，想著即將面臨的嚴酷判決，我再也無法自控，淚水奪眶而出。

審判長送我們到大門外，無言握手告別。

一月二十六日下午五時三十分，打開短波收音機，忽然聽到法國國際廣播電台報道：王丹等人已於今日下午開庭宣判，王丹被判刑四年。判刑四年，無論如何，總算有了盼頭，此時，我們別無所求，只希望他在精神上和身體上能挺得住。

真情暖意

國內外相識和不相識的朋友，始終關注著王丹一案的審理和判決。

就在王丹一案開庭審理的當日，幾位在美國加州留學的北京大學校友，寫信給我，信中寫道：「我們是您值得驕傲的兒子——王丹的同學和朋友。在北大期間，我們相處得很融洽和愉快，我們非常關心王丹的處境。」一月二十四日，香港大學十幾位同學聯名寫信給我，講述他們曾派代表於王丹開庭當日，來到北京市中級人民法院門前，要求出庭旁聽，遭到拒絕。不得已，他們又轉往人民大會堂，向全國人大常委會申述，也沒有結果。同學們安慰我：「他不僅是您的兒子，也是全中國人民的兒子。歷史將會對此做出結論。」

在宣佈判決的第二天，台灣高雄的一位姑娘，特地來信安慰我。從此，我們成了忘年交，書信往還，給了我許多慰藉。在此之前的一九九零年十二月，在瑞士留學的一位署名「北大校友」的人給我們寄來一張賀年卡，寫道：「您們的兒子王丹是我們北大的驕傲。王丹遭受牢獄之苦，對你們全家身心的打擊，是我們全民族的恥辱。願你們與王丹在大牆外團聚的日子，早日到來。願王丹在出獄後，能夠重新呼吸到自由之風。」

在我們生活的周圍，人們用各種方式，表達對王丹、對我們一家的同情和關懷。見面時，道一聲「多多保重」，千言萬語盡含其中。人間自有真情在，人們的理解和同情，給予我們一家人莫大的溫暖和安慰。

探監之路

在秦城監獄關押的學生，相繼被判刑後，將在哪裡服刑，是家屬最關心的。有傳言說，不久將把這些學生送往新疆服刑。我們雖然不十分相信，但也感到不安。

一年一度的春節將至，我們想給孩子送點食品，遭到公安局七處拒收，理由是怕吃壞了肚子，這也不能說他們沒有道理。

除夕之夜，爆竹連天，萬家歡聚，獨有我們家年味索然。我倆決定去闖一闖秦城監獄，把衣物和食品直接送到秦城去。同時，也打探一下兒子的服刑地點。大年初二凌晨，我們頂著滿天寒星，來到北郊長途汽車站，搭乘開往秦城的長途汽車。大年初二開始走親戚，滿車的人歡聲笑語。車子向東北方向行駛，我凝視著窗外，茫茫原野，覆蓋著一層薄薄的白雪。此時的心境，也像這蒼茫大地，無邊無際。車在一座小橋頭停下，我們隨著人群下車，左顧右盼，不知秦城監獄在哪個方向。正在踟躕，突然看見朝北徑直有一條寬寬的柏油馬路，馬路盡頭隱隱約約好像有建築。事又湊巧，和我們同時下車的還有一位軍人，只見他順著這條路向北走去。根據胡風夫人梅志在書中的描述，可以斷定，前面就是秦城監獄。

　　走到馬路盡頭，「警戒線」三個大字橫在眼前，後面便是高高的圍牆和碉堡一樣的瞭望塔。我們沒有介紹信，也沒有得到相關部門的許可，甚至連本人的身分證都沒有帶在身邊，能不能通過警戒線，我們稍微遲疑了一下。既然來了，就沒有退路，我們決定闖一闖。第一關沒有受到阻攔，因為我們什麼證件都沒有，傳達室不接待。我們找到市公安局七處設在這裡的接待室，說明年前蘇仲祥局長允許我們給王丹送一點食品，七處拒收，我們只好送到這裡來，並提出要見董所長。他們立即同董所長聯繫，他

同意見我們，但需要等候。

　　我們迎著寒風，站在大門外，只見大門寬廣、修潔，像一座普通的軍隊大院的大門，圍牆高大威嚴，但卻沒有看見鐵絲網。這就是著名的秦城監獄。它背靠燕山山脈，面臨一望無際的大平原。這座外觀並不顯眼的監獄，關押過幾代政治犯，濃縮了共產黨執政以來的政治風雲。我們在那冰冷的大地上站了約四十分鐘，董所長走出來，頗有歉意地說：「我們正在吃早飯，讓你們久等了。」迎我們到大門以內的接待室，向我們介紹了王丹的情況。我開門見山，說：外面有傳言，在這裡關押的判了刑的學生，不久要送往新疆服刑，我們很擔心。他說：王丹等人肯定在北京服刑，有關方面正在為他尋找一個條件比較好的監獄。我們想見孩子一面，他表示為難。我們沒有強求，只要求他將衣物和食品轉交王丹，他很痛快地答應了。

　　一九九一年四月十一日晚，收到王丹來信，告訴我們，他已於四月初來到北京市第二監獄。隨信寄來一份二監關於探視的通知和相關規定。第二天就去探視，我們一時不知所措。我們住的是博物館的職工宿舍，同事吳雪玲聽說明天去看王丹，當即送來一床棉被。祖桂珍去找副館長馬俊海，希望他派一輛公務車，以解決我們一家之困。館長立即通知司機，薛師傅慨然從命，說：

這個忙應該幫。此後，他還為我們家出過幾次車。同事們不僅是雪中送炭，更是秉持正義，我們非常感激。

一場春雨過後，郊外一片清冷。司機師傅一路打聽，幾經周折，來到北京市第二監獄。大牆外是一片耕地，一座工廠同它相對，尚不算太荒涼。獄方向我們介紹了二監的情況及對探視家屬的要求。我們將所帶物品一一點交給他們後，被帶到二樓接見室等候。我們三人在經過安檢時，女兒衣袋裡偷偷放了幾塊巧克力，準備見面時給弟弟吃，被查了出來。

接見室是一個約四平方米的小房間，前後兩道門，中間是一個水泥檯子。相見不能相近。看著檯子後面的孩子，臉色依然蒼白，說話氣喘吁吁，精神也不太好。我只以為是換了一個環境，一時還沒有適應。後來才知道，王丹同包遵信、王軍濤、陳子明、任畹町五人，一到二監便被關進了禁閉室。當時，王丹並沒有告訴我。

按規定，探視時間只有三十分鐘。我們因屬首次，延長了十分鐘。從此，我們一家便踏上了探監之路。

因環境惡劣，王丹咽喉反覆潰瘍。在一次探視時，在我們的

再三追問下，他才輕描淡寫地描述了他那不足四平方米的斗室：除了一張床、一個馬桶、一個洗手池之外，便無容身之地。他揶揄道：「我只能在床上散步。」禁閉室又稱「小號」，是為違反監規的人設置的，是一種嚴厲的懲罰手段。王丹等五人來到二監，沒等進牢房，便被送進了禁閉室。當政者對政治犯，判刑尚感不足，還要無端地予以長期禁閉。除顯示其虛弱外，也昭示了他們人性的缺失。

這一年的夏天，北京異常酷熱。王丹說，他的住處蚊子很多，希望下次來帶些蚊香來。我說，下次給你送頂蚊帳吧。他連連搖頭。我不解地看著他，獄警說，放不下蚊帳。我們沒有給他送蚊香，怕孩子睡著了，一旦著了火，鐵門高牆，後果不堪設想。後來給他送了一條大被單。

王丹被單獨關押已經三個月，令我們做父母的寢食不安。有一天，我收拾從監獄帶回來的書籍時，見兒子在一本書的夾縫中，寫有「爭取自由的代價是孤獨」。我看著這密密麻麻的十個小字，心很痛。由於王丹等在獄中的積極爭取和家屬們在外面的奔走呼號，八月中旬起，王丹、王軍濤、陳子明、包遵信和任畹町相繼搬進了「大號」，結束了那種非人的長達四個多月的痛苦煎熬。九月的一天，《參考消息》刊登一條消息，報道王丹等五人已經

改善待遇，搬入大牢房，有關當局真是做了婊子還要立牌坊。

　　每月一次的探視，對王丹來說，除同家人短暫的相聚，享受片刻的天倫之樂外，還有就是收穫一批他所渴求的書籍和報刊，主要有世界名著、中國歷史和世界歷史。在此，我要特別感謝原革命博物館圖書室的花實、陳家新等同事們，他們為王丹閱讀提供了各種便利，不限時、不限量，成為王丹的堅強後盾，免除了我們許多困難。

　　這近一千冊書刊，伴隨著兒子度過三年多的鐵窗生活。「問渠哪得清如許，為有源頭活水來」，為他增添了無盡的精神源泉。他來信說：「雖然屋子很小，且屬單獨監禁……因為一卷在手，我可以忘掉一切，所以並不感到太孤獨」，「此時窗外狂風呼嘯，暴怒的大自然把囚室的鐵門搖得格格作響，天空黃沙瀰漫，可謂天昏地暗。而我在斗室之中喃喃朗誦著《羅素文集》，書中這位偉大智者對理性所作的深刻剖析和熱情讚頌，使得我的心中充滿了興奮和愉悅，而又感到一種寧靜和諧的美，像和煦的陽光在心中拂過。這種微妙的內心感受與窗外的自然景觀，正好形成鮮明的對比。而我卻完全忘記了窗外的一切，沈浸在對理性的體驗中。」

春去夏來，我們一家人在漫漫的探監路上奔走，肩背著大包小包，乘公交車，轉人力車，有時還要以步代車，在寒風中鵠立，在烈日下趕路。路邊的麥苗青了又黃，黃了又青，月復一月，年復一年，苦度歲月。

王丹坐牢期間，國外和境外的記者，時常找我們證實王丹被釋放的傳聞。一九九二年十一月二十五日，幾位境外記者先後打電話，說：「今天要放包遵信和你的兒子，請證實一下。」第二天便獲悉包先生被釋放。何時放王丹，我們翹首以待。

十二月二十六日，是規定我家每個月的探視日。我告訴他：「包遵信已被釋放，我去看過他。」王丹不動聲色，說他已向當局表示「絕不接受任何附加條件的假釋」。兒子的這句話令我感到欣慰。作為母親，何嘗不希望孩子早日結束那牢籠中的生活，但我又怕他熬不過這最後的歲月。特別是如今他們中有人獲釋，因而經不住當局的誘騙，會接受官方的什麼條件，換取自由。因為孩子畢竟還太年輕。當時聽到他這句話，我放下心來，鼓勵他再堅持六個月（一九九三年七月三日刑滿），用苦難換取無悔。

在國際社會，特別是美國柯林頓政府對中國人權狀況惡化一再施壓，和中國政府準備申辦二零零零年奧運會的背景下，中國

政府提前四個月對王丹予以釋放。

一九九三年二月二十七日下午，獄政科羅科長接我們去二監，說是領導要找我們談話。來到接待室，剛一落座，他便說：「今天下午要放王丹，我也是上午才知道的。」他讓我們在這裡等候。聽到這一消息，我們也沒有太感震驚，因為昨天我們探視時，兒子向我們透露了一點風聲，只是沒有想到這麼快。下午五時許，不知是誰在外面喊了一聲：「王丹出來啦！」我們應聲走出來，只見監獄的大門前聚集了許多人，攝影機架在門口。我看見兒子右手打者 V 字形的手勢，左右由兩位員警「陪同」，走出了北京市第二監獄的大門。這時，北京市勞改局的孔處長、李監獄長、與獄政科的王科長，一同走過來。我們對他們兩年多來為王丹所花費的心血表示謝意，畢竟他們都是基層工作人員。

勞改局出車送我們回家。車子在暮色中駛向城內，我們和兒子一同坐在車內。我心潮起伏。回想自一九九一年四月至今二十三個月，嚴冬酷暑，我在這條路上往返四十六次，每來一次我都癡想，能帶孩子一同回家該多好啊！如今，真的接孩子回家了，該不會是做夢吧？

那天下午，我同憲曾被員警帶走後，鄰居們都很擔心。我女

兒和女婿憑著直覺猜想，我們此去有可能是接弟弟回家，便準備了一桌飯菜。我們到家已是晚上六時許，剛剛擺上飯菜，一家人正沈浸在團聚的欣喜之中時，一位自稱是美聯社的記者，捷足先登。我們問：「你怎麼這麼快就知道了王丹今天被放的？」「今天下午你們的新華社發了消息。」他說。後來聽說，在當天的中央電視台《晚間新聞》中，播放了當局釋放王丹的消息，還出現了我們和他一同上車的畫面。

緊接著，各大通訊社、報社、電視台的記者、攝影師聞風而至，一批接著一批，把我家小小的居室擠得滿滿的。我們應接不暇。他們來採訪、錄像、當場發稿。我目睹了民主國家的新聞自由，也感受到記者們的敬業精神。我還注意到，在登門採訪的記者中，竟然沒有一位自己國家的記者。

王丹回到了家，正沈浸在和家人團聚和同朋友重逢的歡樂中，他或許還沒有想到，用三年零七個月的鐵窗生涯換取的這份自由，能維持多久。我原來結滿冰霜的心，並沒有因為兒子的歸來而完全融化。他面前的路還佈滿荊棘。

2017.9.14. 二稿。

第九章 想念新街口的家

一、小家融融

　　一九六二年夏，留學波蘭的王光軍回國度假，住在北京。女朋友安呈琪來北京同他相會。兩人都是我和憲曾高中時的同班同學。八月十一日晚，我們兩對戀人假北京大學一間會議室舉行婚禮。四位同班同學，今日同堂喜結良緣，一時傳為佳話。同為同班同學的葉學明和韓承潢特地從山西前來祝賀，北京的同學也聞訊趕來。同學、同事濟濟一堂。令我們沒有料到的是，這場婚禮竟然驚動了憲曾所在的北京大學地質地理系的系主任，中科院院士樂森璕教授。樂老的到來，就權當我們的證婚人吧。記得光軍送給他一盒從波蘭帶回來的香菸，這在當年確是彌足珍貴。

　　一九六二年大饑荒剛剛過去，市場還一片蕭殺，物資極度匱乏。來賓沒喝一杯喜酒，更沒吃一頓飯。我們只由憲曾用半個月的工資買了五斤所謂的「高級糖」以表答謝。雖然是一場婚禮，

一陣清風，但場面還算熱鬧。記得大家要新娘表演節目，呈琪唱了一首《解放橋》，我唱的是《唱支山歌給黨聽》。同學們、同事們濃濃的情誼令我難忘。一張賀卡、一本書、一座毛主席小石膏像、一塊塑膠桌布，都蘊含著歷史的記憶。

學明有感而發，即興在別人送給我的筆記本上揮筆寫下幾首詩：

一、

憶前十載初相聚，異日怎知結夫妻。
志合乍遇身心近，情深遠阻山河移。
炎煥百練誇金玉，風雲屢經傲松菊。
白首因緣疑天定，憑誰移筆留傳奇。

二、

東風頻奏歡喜音，相諧一闋陶令琴。
曼舞方歇看絳霍，輕歌將盡指河汾。
無能妄自恨才淺，曲短只緣友情深。
祝賀從不畏拙笨，兄嫂本是自家人。

三、

眾芳時節集貴賓，不須酒醲興已深。
兩對新人皆故友，定當一笑盡千樽。

成了家，但這個小家卻無處安放。我們只好住在憲曾的兩人一間的宿舍裡。那位室友因為放假回家了。我們沒有添置任何一件新用具，連一個臉盆也沒有買。那時，每人每年只有二尺布票，幾位女同學湊了四張布票，我們高高興興地跑到王府井百貨大樓，挑選了一塊漂亮的花布，準備給我做被面。不料放在宿舍裡，竟然被人偷去了。我很痛惜，它不僅是我們結婚添置的僅有的一件新東西，還承載著那個時代的一片不平凡的友情。

開學了，我們便各住各的集體宿舍。

一九六三年初，革命博物館給了我一處位於西直門內新街口東新開胡同三十二號院內的一間半十六平方米坐北朝南的平房。我倆喜出望外，非常滿意。那時，各機關單位的住房都非常緊張，因為所有職工的住房，都是由公家提供。我結婚不足一年，便有了自己的住房。那份驚喜，自然是不言而喻。後來聽說，原房主遷離後，同時有幾位同事申請要這間房。論來館工作的年限，他

們比我長，論年齡都比我大，最後花落我家，這要感謝我的組長
褚良如女士，是她力爭的結果。

四月，春暖花開。我要搬家了。博物館依照慣例，給我兩張
單人木板床，兩個方凳，都是庫存的舊傢俱。記得方凳不夠數，
讓我自己去找。我在大樓裡上上下下，四處尋找，最後，在一間
廁所裡找到了。這幾件傢俱，權當是女方娘家的陪嫁吧。一輛平
板三輪車，把傢俱、連帶行李送到了我新街口的家。憲曾則一個
背包就把他的全部家當背來了。兩張單人床併起來，便是一張寬
二米多的大床。佔據了房內三分之二的空間。我們這個居室，原
本是一座三間的正房，每間十一平方米。可能是為瞭解決職工住
房需求，便從中打了一個隔斷，這便可以住兩戶人家。我能擁有
這樣的一間半正房，非常知足。沒有廚房，買個煤火爐，放在房
檐下便可成炊，不懼風吹雨打。我們有了自己的小家，一住就是
十七年。

一九六三年七月十一日，迎來了女兒，母親來京幫助照料。
一家三代，小屋頓時有了生氣。小女兒很可愛，別人送我的一條
大手帕，母親用來給她做了一件衣衫。從醫院抱回來時，一頭黑
髮，身穿白衫，像一個小天使。孩子十幾天，趴在床上，便可以
昂頭。不足一個月，竟能自己翻身，招得同院的大嫂們前來觀看。

抱著自己的女兒，一腔母愛油然而生。這種母愛，之前無法想像，之後也無法理解。這就是母親，母愛大於天。

女兒的到來，為我們這個小家增添了一道靚麗的光彩，她爸爸為她起名堇青。他是研究古生物的，同石頭打交道，他說，有一種石頭名堇青石，很漂亮。我們希望女兒像花一樣美麗，像石頭一樣堅實。

時間過得很快，轉眼五十六天產假已滿，母親不能久留，我又要上班，只好把孩子托給一位同事的親戚家。小家又恢復了平靜。小女兒越長越可愛，查我當年的日記，用詞是「超聰明」、「超伶俐」。我盼望女兒快快長大，在她半歲的時候寫了一首小詩：

「青青堇兒草，茁茁日漸茂。為爾辛辛苦，殷殷盼得報。」

一九六四年春節，是我們一家三口在自己的小屋裡度過的第一個春節，和女兒共用天倫之樂。

一九六九年二月二十六日，兒子出生。他沒有姐姐幸運。六十年代初，儘管物資匱乏，生活還算正常。他卻不幸出生在那荒誕的文化大革命的年代。一九六八年冬天，中國人民解放軍宣

傳隊奉命進駐北京各高等院校和中央黨政機關,實行全面軍管。博物館被軍管後,要求全體工作人員一律吃住在機關大樓裡,終日不見陽光。兒子出生後嚴重缺鈣,頭髮稀疏,不久又患了夜哭症,夜間時常哭鬧,成了夜哭郎。我本來體質就較弱,在「文革」運動中生活無常,特別是集中住宿後,一日三餐,伙食清淡,營養不良。孩子出生後沒有奶汁,只好用牛奶把他餵大。兒子不幸,還沒有出生便成了文化大革命的受害者。

我們給小兒子取名丹,這還真不是受當時中國大地一片紅的影響,是我在病房裡發現,每位產婦的床尾都掛有本人的名牌,有的是綠色,有的是紅色。我感到奇怪。原來是綠顏色的是女孩的媽媽,紅顏色的是男孩的媽媽。民間也有類似的習俗。我家已有一青,兒子就叫丹吧。丹青本是兩種繪畫原料,又指繪畫藝術,丹青一家,猶如一幅畫。我曾戲言,如果再來一個老三,不論是男孩還是女孩,都取名「如畫」。

那時,糧、油、肉、蛋等生活必需品,都是憑票供應。產婦須持孩子的出生證,方可享受一點特供。保存至今的女兒的出生證上寫有「小米已購」。這是一九六三年。記得我們共青團小組的同事們,將他們七月份的每人半斤肉票送給了我。我非常感動,因為這就意味著這一個月他們將沒肉可吃。到了一九六九年,生

活仍然沒有好轉，兒子的出生證上，寫有「雞蛋五斤、紅糖一斤」。這兩張出生證，也可作為新中國自上世紀五十年代開始的那種票證經濟的小小佐證。

一個四口之家，在當時，也算是一個不大不小的家庭。兩個人的月工資加起來一百一十二元（十七年沒變），在當時，不算高，也不算太低。兩個孩子都要托出去，托兒費就須花去一個人的工資，所以，經濟上還是相當拮据。我們沒有給孩子買過一個像樣的玩具。女兒玩得最久的一個玩具，是姥姥給她做的一個布娃娃。李淑蘭和陸庭恩同學新婚從上海歸來，送給女兒一個灰色的小象，她愛不釋手。有一天，她生病，我們帶她去打針。回家後，可能怕小象生病，不知她從哪裡找到一根利器，給小象打針，可憐的小象立刻癱軟。原來這是一個充氣玩具。我們多方補救，終無法挽回。小象站不起來了。女兒傷心地大哭一場。我們從幹校回來後，經濟也稍有好轉。女兒上小學時，記得花了兩元錢給她買了一個電子琴，這在同齡女孩中算是高級玩具。

兒子稍稍長大後，我們給他買了一個小汽車玩具，這在我們家已經是奢侈品了。我們要求他，只能在大床上玩，不許下地，一是房間的空間太小，再就是地面不平，會損壞汽車。孩子很聽話，以至於到他讀高中時，這輛小汽車還完好無損地擺在他的書

架上。他爸爸在他四、五歲時，不知從哪裡找來一根木棍子，找一塊紅布條，做了一桿紅纓槍。他扛著紅纓槍，雄赳赳地站在院內一塊石頭上，像模像樣地留了一張影。憲曾還給他買過一把木質的大刀片，記得他十五、六歲時，背著這把大刀片，在家中照過一張照片。

那時生活雖然清苦，但卻不覺得苦。大人孩子都很知足。那時候，大家的生活水準都差不多，生活必需品一律憑票證供應，能夠消費高檔生活品的，只是極少數。兩個孩子都很懂事，從來不向父母提出過分的要求。每逢週末從幼兒園回家，能夠吃上動物餅乾就已經很高興了。這種餅乾當時很流行，四毛錢一斤不須票證，各種動物的造型深得孩子們的喜愛。

每到冬天，小屋裡點起煤火爐，暖暖烘烘。在火爐邊烤上個饅頭片、紅薯片，一家人圍著火爐聊天、講故事、猜謎語。那種溫馨，那份放鬆，那份享受，無法用文字表達。現代的年輕人是無法想像的。

有個小家真好。正是「室雅何須大，花香不在多」。

二、小院往事

　　新街口地處丁字路口，由路口往西至今趙登禹路北口，當時稱新街口西大街。東新開胡同位於趙登禹路北口，北京人稱崇元觀，因此處有一道觀而得名。我來這裡時，廟宇已經不存在了。有一次查找義和團的資料，在一幅一九零零年北京的地圖上，看到了東新開胡同這一地名，就在現今的位置上。

　　上世紀五十年代初，中國革命博物館買下了東新開胡同三十二號這座院落。據說原房主是一位中華民國時期的軍人。

　　這座院子稱不上四合院，只能說是一處平房院落。院門坐南朝北，因陋就簡，簡得不能再簡，兩扇木門，兩道木栓，僅此而已。有時竟夜不閉戶，但卻從來沒有發生過入室盜竊的事件。大院的西半部由兩個小院組成。北院，又稱前院，三間正房，高出地面一個台階，三間分成兩半，住兩戶。東邊的一半便是我家。東廂房四間，住三戶；西廂房五間，也住三戶。南院，又稱後院，三大間正房，前有寬敞的廊廈，可以避風雨，遮太陽。這應該是原主人的居室。正房西端是兩間耳房，東西各有兩間廂房，共住有六戶人家。

大院的東半部，是一處開闊地。北部橫著一座小山丘。山上稀稀疏疏有幾棵樹。雖然稱不上林，每逢春夏，卻也鬱鬱蔥蔥。據說，當初買來這院時，山上還有一個小亭子，今已不在。山前有一片空地，山上山下，便成為孩子們的樂園。男孩子在山上玩打仗。女孩子在山下跳皮筋。其樂融融。令人沒有預料的是，一九七六年七月唐山大地震，嚴重波及北京，這裡成了全院住戶的避難所，山上山下樹起了各式各樣的防震棚。山的對面是一排坐南朝北的四間南房，西邊有三間東廂房，共住四戶。東南隅有一排正房，形成一處小小的獨院，住有三戶。沿著大院的東牆內，設有男女廁所各一間。廁所沒有下水道，每隔幾天，便由專職掏糞工人來掏。工人背著一桶大糞，在大院裡穿行，滿院飄臭，給我留下了特別的記憶。

三十二號大院共住有二十一戶人家，近百口人，都是中國革命博物館的職工和家屬，有工人、行政管理人員、業務研究人員，也有館一級的領導老幹部。大家平等相處，彼此關照，鄰里關係很融洽。我們前院八家，每天抬頭不見低頭見，親如一家。

前院有一架葡萄，每到夏天，綠茵瑩瑩。晚飯後，大家坐在葡萄架下，納涼、聊天，驅除了一天的疲勞和煩躁。一串串紫瑩瑩的葡萄非常誘人，但卻沒有一個孩子去動它。待到完全成熟後，

三位年紀較長，德高望重，熱心公益事業的老郭、老高和老崔，將它一串一串剪下來，分送給各家各戶。小山上有兩棵棗樹，也是在他們的悉心照料下，全院二十一戶，年年都能吃上鮮紅的大棗。

我們住進來的前幾年，每年春節，大年初一，早飯後，大院的同事們，相互登門拜年，孩子們在院子裡玩耍，全院喜氣洋洋。博物館的領導也到職工集中的幾個大院來拜年。記得是文化大革命開始的第二年，李兆炳館長來新街口宿舍拜年，因為我家距大門最近，所以一行人一進大院，便先到我家。家中只有兩條方凳，其他人只能坐在床沿上。我四歲的女兒跑過來，大大方方地說：「你們都坐好，我給你們跳個舞！」迎來一陣掌聲。

當時，生活物資還是匱乏，過年也只能憑購貨本，買一點花生、瓜子。我們在南方的一位親戚，過年時給孩子寄來兩塊年糕，我把它切成小小的薄片，放上一點油炸一下，灑上一點白糖，便是絕佳的點心。用它來招待拜年的芳鄰，增添一點喜氣。

在這個小院，令我最難忘的是冬天每晚的鈴聲。我們前院八家，共用一口水井。井口上裝一架抽水機，因此又稱壓水井。井口下有一個淺水池，連接下水道。這同農村一般的水井相比，已

經先進了許多。但是,也有弊病。嚴冬一旦抽水機被凍結,八家人便會斷水停炊。所以,一入冬,大家便用草簾子把水管嚴嚴實實地包紮起來,以防凍裂。每天晚上還必須關閉水龍頭。這項關乎十幾口人的大事,便由老郭承擔。每天晚上熄燈前,窗外便會響起一陣鈴聲,伴著鈴聲,一陣喊聲:「各家聽著,要關水啦!沒接水的,快來接啊!」就這樣,年過五旬的老郭,每一天、每一月、每一年,不畏嚴寒,頂風冒雪,一幹就是二十多年。

老郭名海樓,為人爽快,樂於助人。他和大嫂可以說是我們家的貴人。在我有困難的時候,他們總是伸手相助。那時,做飯、取暖都用煤火爐。用好煤火爐,既要有經驗,又要有技術。我成家之後,最難伺候的就是這個小小的火爐。往往是早上將爐子封好去上班,晚上下班回來,爐子卻冰涼,吃不上飯。到了冬天,更是飢寒交迫,非常狼狽。我只好拜託郭大嫂,請她幫忙照料。這一照料,就是八年。直到一九七零年,我們舉家去江西北大幹校。待我們一年後回來,大嫂已經辭世。

老郭有一顆童心,時常出沒在孩子群裡,大家稱他孩子王。他和一群男孩子玩瘸拐遊戲的情形,猶如昨日。如今,他已是百歲老人。

那時，大多數人家，因為居室狹窄，無處安放餐桌，只能用高約四十公分的小桌，北京人稱炕桌。它節省空間，移動方便。一到夏天，夕陽西下，大家把小飯桌擺在各自的門外，擺上飯菜，相互觀摩。大人邊吃邊聊，孩子們跑來跑去。只要有一個人看到哪個飯桌上有他愛吃的，其他小朋友便一擁而上。相鄰住戶把小飯桌擺在家門外吃飯的情景，多年後，我在台灣的台南市再次見到。

　　上世紀七十年代末，發表文章終於有了稿酬。我第一次拿到一筆微薄的稿費，便請前院大人、孩子吃了一次西瓜。也就是在這個時期，我們家買了一個電唱機。這在當時，可算是一種奢侈品。我們倆工資的結餘不足以購買，我便從我所在單位的財務處貸了十五元的款，從每月工資中扣回。我們在晚飯後，把電唱機放在房門外，播放當時的流行歌曲，有《妹妹找哥淚花流》，《太陽島上》《我們的生活比蜜甜》及《梁祝小提琴協奏曲》等等。大家聽得津津有味。

　　我們這個大院，也經歷了十年的文化大革命。在我的記憶中，大院和當時社會上的狂潮相比，要平靜得多。這個院子是博物館的職工宿舍，大家和胡同裡的街坊很少來往，孩子們也很少同外面的小朋友玩耍。這個大院比較封閉。就本院住戶來說，有個館

辦公室主任，也就是「走資派」，即「走資本主義道路的當權派」，有所謂的「歷史反革命」，有「黑幫份子」，也有被審查人員的家屬。儘管他們在機關單位遭到批判鬥爭，但一旦回到家來，彼此之間，還是一如既往，沒有人對他們雪上加霜。

革命博物館在「文革」中，在毛澤東的指揮下，也走過了全過程。群眾也先後成立了名稱各異的戰鬥隊。儘管各自的觀點不同，但始終沒有形成勢不兩立的兩派。同事們回到家，很少談及單位的運動，也許是厭倦了那種鬧鬧哄哄的大革命。家，畢竟是人們生活的港灣，是遮風避雨的地方。儘管如此，我總感到，文化大革命以來，大院的氛圍好像發生了微妙的變化。同事們之間像似隔著一層薄雲。

我們的大院也不是一處世外桃源。一位女同事受丈夫的牽連，被勒令每天早晨清掃大院。每次看到她低著頭掃地，心裡總是酸酸的，說不出一句話。我還注意到，每當她出來掃地，鄰居們便盡可能地避開，孩子們也沒有一個人跑出來看熱鬧、說怪話。這是一種人性的溫暖，是對她人格的尊重。我們不能改變現實，我們可以給她以慰藉。從事雕塑藝術工作的老楊的夫人，是一位和藹可親的大嫂，她臉上總是掛著笑容。一雙纏過的小腳，走起路來顫顫悠悠，是一位富態的老太太。誰能料到，「文革「中她

卻被冠以「地主份子」的頭銜被趕出北京，老太太被迫拋下丈夫、兒女，隻身回到農村。老家已經沒有近親，只能棲息在一間沒有門的房間裡，每天只能從一扇窗子爬進爬出。

文化大革命是一場全民癲狂的運動，連幼兒園的孩子也不放過。「文革「剛開始的一個週末，我接女兒回家，剛一到家，她便一本正經地把一張糖紙貼在牆上，說：「給你們貼大字報！」原來，這一天北京圖書館幼兒園的老師，帶他們到不遠處的國家文物局局長王冶秋家去看大字報。老師還教他們背誦毛主席語錄。三歲的女兒原本就伶牙俐齒，每逢家中來客人，我們便讓她給叔叔阿姨背一段語錄，總是引來一陣誇獎，我們也引以為驕傲。一九七四年，全國開展「批林批孔」運動，兒子在他所在的高井幼兒園「批林批孔」大會上，背誦孔子的一篇《兩小兒辯日》，頗得老師好評。此後，老師還帶他到別的幼兒園「批林批孔」會上去表演。有一天，在家裡，老郭逗他玩，他不耐煩了，便反擊道：「郭大爺鬧事，我給你貼大字報！」

從老人到天真無邪的兒童，都把毛澤東的指示，融化在心中，落實在行動上。那是一個全民盲從的時代。

一九七六年，隨著毛澤東的逝世，「四人幫」被清除，一

場長達十年的文化大革命，宣告結束。十年浩劫，百廢待興。一九八零年，革命博物館的領導，為了改善職工的居住條件，決定將新街口宿舍的平房改建為樓房。我們在這裡居住了十七年的小院，默默地消失在了歷史的長河中，留給我的，便是揮之不去的記憶。

一九八二年三月，作為新街口宿舍的原住戶，我們又回到原來的住處，住進了寬敞、明亮的新樓房。根據「住得下，分得開」的分房原則，我分得了一套三居室，兩間朝陽，南北通透，面積為六十四平方米。這要感謝我們的女兒和兒子。

住房條件改善了，生活質量也隨之提高。做飯用上了煤氣罐，冬天有暖氣，從此告別了那又愛又恨的煤球爐，再也不用在冰天雪地裡去打水，當時的感覺是一步登天。美中不足的是，住進了樓房，原來朝夕可見的鄰居，各住一方，關門閉戶，疏於來往。不過，新老住戶畢竟都是同一個單位的同事，彼此相互關心，相互幫助，還是有一種大家庭的感覺。在這裡，我們一住，就是三十年。

三、主雅客來勤

我們在新街口的家，五十年間（其中三年，因拆建，曾住博物館東門外一處平房裡）接待過各方來客。親朋好友的造訪，為我們這個小家帶來許多歡樂，成為我們生活中的一部分。之所以賓客盈門，無非是地利人和。新街口地處西直門內，交通十分方便。加之我工作單位在天安門廣場東側。天安門廣場，人人皆知，到北京來的同學和朋友，往往是先到革命博物館來找我。因此，大家借用文化大革命中的一個詞，稱革命博物館北門傳達室，是王凌雲的「工農兵接待站」。主雅不敢稱，只是我和憲曾，待人熱情坦誠，不會虛情假意，這也就是人和吧。

我們建立小家後，接待的第一批客人，是我大學時的畢業後留在北京工作的幾位女同學。那是一九六三年初夏的一個週末晚上，淑蘭、宏志、夢麟、續恪、力之，相約來祝賀我們成家之喜。我事先已令憲曾回北大去住。我們六個人在我那兩張單人床拼起來的大床上，唧唧喳喳，歡聚一床。那一晚，我們又彷彿回到兩年前的學生時代。

此後，便是一九六四年的「四清『運動和一九六六年開始的無產階級文化大革命。在」文革「中，昔日的同學好友大部分都

被捲入其中,不少人受到衝擊和迫害。因此,大家很少往來。直到「文革」後,局勢稍稍穩定,社會生活也漸漸趨於正常,人們也開始恢復交往。

一九七九年十月的一天,傳達室通知我,有客人來找。我急忙下樓,見是兩位老人,一時不敢相認。原來是我曾經就讀的山東省菏澤一中原校長劉瑞呈。我們畢業後,他便調往別處,已經二十多年不見了,又聽說他在「文革」中被遊街、批鬥,遭到殘酷的折磨。沒想到今日竟在北京相見。老校長說:我帶你大娘(伯母)到北京來玩,住在一位學生家,他家是樓房,上下樓很困難。他問我,能不能住在我家。我毫不遲疑,把兩位老人接到我新街口的家,住進平房,兩位老人很高興,說,這才像是到了家。

和劉校長談起家鄉菏澤的文化大革命,我不好直接問他本人的遭遇,怕引起他傷感,在一旁的大娘說:你的這個校長啊,日本人在的時候,他參加抗日遊擊隊,被日本人抓起來,關了八個月,我還常去送飯。文化大革命來了,共產黨又把他抓起來,一關就是八年,我連面也不能見。老校長無奈地笑了笑。他和我談天說地,就是不談他那八年的苦難。他很喜歡我的孩子,給姐弟倆講故事、說笑話,有時開懷大笑。我想,這也是一種釋懷吧。

劉校長陪老伴遊故宮，逛公園，在北京玩得很高興。有一天，他們從頤和園回來，大娘特別高興，原來她在那裡見到幾個洋人。更令她想不到的是，洋人還給她拍了照片，同她合了影。我一聽便明白了，又不能對老人直說。那幾個外國人肯定是對她纏裹過的小腳感上了興趣。因為，這樣的小腳老太太，上世紀七十年代，在北京已經不多見了。

我們新街口的家，從平房到樓房，包括在博物館東門外的兩年，整整五十年，接待最多的還是老同學。其中最多的，是中學時的同學，因為我和憲曾同是菏澤一中的同班同學，所以，同學們因公出差，或攜眷旅遊，只要是來北京，都會到我們家來看一看，或者住幾天。

一九七七年的金秋十月，馬洪元同學在夫人致翠華的陪同下，來北京看病，住在我家。令我至今不能忘懷的是，兩人竟然抬來一箱新鮮的蘋果。當時在北京，一般人家很少能吃上這樣的蘋果。那時交通還不方便，山東鄆城地處偏僻，他們需要乘汽車、轉火車，到了北京，再輾轉到我家，一路的艱辛可想而知，更何況其中一位還是病人。這種執著的同學情誼令我們感動。我們「責備」他倆，以後這樣的傻事再也不許幹了！

洪元是我們初中時的同學，後來，她讀了師範，終生執教鞭，是當地著名的數學老師。洪元來京期間，恰逢承潢出差來京，晚上來找洪元敘舊。二十多年不見，敘不完的舊情，不覺已至深夜，索性就住下來。在此後的幾天裡，在我們這個小小的陋室裡，高朋滿座、談笑風生。洪元說話非常幽默，不時逗得同學們開懷大笑。「文革「十年的壓抑，藉此一釋胸臆。

　　一九七八年四月，春暖花開，高中同班同學光軍、呈琪夫婦，攜小三、小四來北京玩，下榻我家。我們也是十幾年沒見。回想十六年前，我們雙雙在北京大學同堂舉行婚禮，如今我們都已步入中年，呈琪已經是四個兒子的媽媽。為了給光軍、呈琪接風，北京的同學，攜家帶眷，大小十一口前來歡聚，加上我們一家，濟濟一堂，熱鬧非凡。同學們歷經風雨，二十三年後再相聚，感慨良多。

　　和光軍、呈琪相處半個月，只覺時光匆匆。他們倆為人厚道，相交坦誠，一旦揮別，卻有幾分不捨。作為主人，雖然忙，但卻很高興。以「主雅客來勤」暗自得意。

　　這樣的眾人相聚一共有多少次，我已經記不清了。記得在一九七九年一個酷熱的七月，為了歡迎何力軍同學，金範、鳳環

夫婦，仲春、聶森及出差來北京的憲智、李平夫婦，相聚一堂。力軍是稀客。她是我初中時的同班同學，北京人，當時操著一口標準的北京腔，在滿是山東人的校園中，顯得很另類。一九五一年抗美援朝時，為響應政府號召，她參加了軍事幹部培訓學校，從此，便渺無音信。沒想到二十八年後，我們竟在北京相聚。當年的少男少女，如今都已兒女繞膝。

我們那一間半的居室，只有一張大床和支起的不足一米寬的一條木板，權作小床。兩個方凳，兩個孩子的兩把小椅子，一個可以收支的餐桌，一個價值十二元的碗櫃，裡面放衣物，上面作桌面。它可是我們最體面的一件傢俱。沒有廚房，在房檐下放個煤球爐便可以做飯。直到上世紀七十年代，每戶才有了一間小廚房。

我們教兩個孩子背誦《陋室銘》：「山不在高，有仙則名；水不在深，有龍則靈。斯是陋室，唯吾德馨。」在我們這個小小的陋室內，十七年間，接待的客人中，上有七十多歲的老校長，下有八歲的小姪女，就是聶森的小女兒。每次聚會，動輒幾人、十幾人，借住的客人，也有十天、半個月，吃、住是怎麼解決的，如今我已記不清了。但有一點可以肯定，那就是從來沒有去過飯館。打地鋪倒是常事。我多次對同學們說，要是能當個部長，有個大房子，該多好啊。他們總是說，你要是當了部長，我們就不來了。

一九八二年春，新街口大院拆除改建，我們住進了樓房，三十年間，這裡仍然是同學們相聚的中心。記得在一九八八年初，父親來北京。他是菏澤一中的老教師，擔任過多個班級的班主任，為高中班講授歷史課。父親這次來京，點了幾位他的得意門生，想見一見。誰知那一天一下子來了二十多人，我那十五平方米的臥室兼客廳（那時一般住房，沒有獨立的客廳）容納不下，只好臨時把大床拆開，搬到大門外。父親看著這一張張他曾經熟悉的面孔，叫著他們的名字，一個一個詢問他們的工作和生活，非常高興。那種桃李滿天下的幸福感，溢於言表。

外地同學到北京來，都會到我家來看看或住幾天，我便邀請北京的同學來相聚，這已經成為常態。在北京的高中同班同學九家十人，每逢春節，大家都要歡聚。攜兒帶女，舉家赴宴，熱熱鬧鬧，親如一家。三十年來，在我們那間臥室兼客廳的房間裡留下了百餘張合影。這些照片極為珍貴，它不但留住了我們從中年到暮年的記憶，也承載著同學們之間深厚的情誼。

四、是友誼更是責任

每逢聚會，同學們便敞開胸懷，談古論今，憂國憂民，可謂「談笑有鴻儒，往來無白丁」。談論最多的，還是中學時代的往

事。一件件趣事，百談不厭。每每此時，我們彷彿又年輕了許多。幾十年來，大家都經歷過風雨磨礪，可喜的是，歲月的流逝、經歷的坎坷，絲毫沒有沖淡我們的同窗情誼。每次見面，仍如當年，還是那樣純情激盪。只是隨著社會閱歷的不斷積澱，更加令我們感覺到，這種中學時代的友誼，格外清新、純然。

說友情，我又覺得有些輕，因為友情可重可輕，可長可短。同學情是一種純潔、樸素的感情。我們之間更是一種責任，是一種永藏心底的牽掛。

劉緒昌同學考取了北大數學系，即將畢業時，卻因健康原因失去了學籍。他在家休養期間，正逢全國大饑荒，為了給家人留一條活路，於一九六一年的冬天，隻身闖關東。在那千里冰封的大地上，邊討飯邊打工，歷盡千辛萬苦，僅僅是為了能夠吃上一口飯。九個月後，被當地政府遣返，回山東老家。同學們沒有忘記他。上世紀八十年代，他在學明和承潢的幫助下，先後在北京和山西謀得一席教職，成為一名優秀的數學教師。所著長篇論文《數學是什麼》，成為他所在學校不可多得的教材。

尹福生同學，一九五七年被錯劃為「右派」，還是一名大學二年級的學生的他，便被發配去進行勞動懲罰，歷經劫難，一去

就是二十二年。平反後，他重返青島醫學院，不久，來北京進修，常到我家來聊天。我們發現他心靈上的陰影還沒有完全消散，不願意見其他老同學。我們熱誠地關心他、鼓勵他，之後，他不幸又罹患癌症，各地的同學們寫信安慰他，有的同學專門到青島去看望他。他同癌症又苦鬥了十五年。二零零一年二月，在獲悉他病重的一天晚上，徵得他兒子的同意，我撥通了他的電話。拿起話筒，我一時語塞，對於一位不久於人世的同學好友，說什麼呢？又能說什麼！說你多保重，早日康復，這時候還有什麼意義呢！我眼含熱淚，說：「福生，同學們都很關心你，想念你。」他說話還清楚，語調也平靜：「凌雲，謝謝！謝謝！」不料第二天，他便與世長辭。十幾年過去，每憶及此，仍聲猶在耳。

二零零零年春，我同承潢同學專程去青島，住在福生家，請他講述二十二年的苦難。我回京後，即刻著手整理初稿，請福生過目。稍作修改後，即以《劫難》為題將稿件寄給王丹，托他設法發表。很快，香港《開放》雜誌摘要刊出。一來二往，雜誌到了福生手裡，已是這一年的年末。在他有生之年，總算看到了他的痛苦經歷為這個時代留下了一份紀錄，為後人留下一份史料。歷史貴在存真。二零零七年，在紀念「反右」運動五十週年時，王丹又將《劫難》在《北京之春》上全文發表。

如今，我們隨著歲月的默默流逝，已步入耄耋之年。十幾位同學已經先我們而去。每當獲悉噩耗，總有不盡的傷感。生者對逝者的懷念，更為殷切。同窗情誼地久天長。

五、遭遇拆遷

二零一二年十一月二十四日，我們這座革命博物館的職工宿舍院內，突然貼滿了什麼「配合光榮」、「抗拒可恥」等等莫名其妙的大標語。第二天，蓋有「北京西都地產發展有限公司」印章的《致被拆遷居民的一封信》送達各戶。

隨後，樓房各單元門口的牆壁上，都出現了一個大大的白色「拆」字。從標語造勢，到「拆」字滿牆，一股強拆的氣勢，一下子把五十多戶居民拋到了被拆遷戶的群體中。一個地產公司就可以氣勢洶洶地來拆中央機關的職工宿舍，是誰給他們的權力？

事先沒有任何一級政府部門向我們打招呼，就連博物館的領導也沒有派人知會我們一聲。大家很無助。我們尋求法律保護，憲法、物權法，還有國務院下發的拆遷條例。此時，對我們來說，猶如一張白紙。所給的理由，是我們腳下的這片土地為國家所有，原來，各級政府的當政者，為了搜刮民財，從城市到農村，掀起

了一波又一波拆房，徵地的惡浪，是因為各族人民賴以生存的土地為「國家」所有。名為國家，實則為一個政黨，一屆政府所有。一介平民，又能奈何！

　　拆遷辦公室就設在我所住的四單元樓下，工作人員要找住戶談話。十二月十三日，負責本單元的黃某上門來談，氣氛還算平和。我明白，不論你提什麼樣的要求，都不可能突破「被拆遷」的框架。但是，我還是提出，這套房的產權歸我所有，根據憲法和物權法，對於這份不動產，我依法享有「使用、收益和處分」的權利。我們雙方只是買賣關係。因此，應當在平等、公正的原則下進行協商。同時，我表示，這套六十四平方米的房產，是我們夫婦兩人辛苦工作大半生得到的唯一一處不動產，我不會輕易出手。

　　在協商的過程中，我多次表示，雖然拆遷後住房條件得以改善，還會得到一定的補償，但是，說心裡話，我還是不願意離開這裡，新街口地處皇城以內，交通、生活、就醫都很方便。我們的住房，兩間朝陽，南北通透，前無遮擋。這樣的房子，在北京也難尋找。但是，在中國目前的體制下。公民享受不到自己應有的權利。

二零一三年初，我們一家人搬離了新街口的家。我沒有哀怨，只有痛惜和懷念。我們一家三代先後在這裡生活了五十年，度過了太久的歲月，留下了太多的記憶和割捨不下的情感，因為每一棟房子，都承載著一段不平凡的歷史。

2018.8.22. 二稿乳山

國家圖書館出版品預行編目 (CIP) 資料

走過那個時代 / 王凌雲著 -- 初版 -- [臺北市] ：
匠心文化創意行銷，2021.02
面 ；公分 -- (王丹自選輯 ;7)
ISBN 978-986-98565-9-1(平裝)

1. 王凌雲 2. 傳記
782.887   109016238

渠成文化　　王丹自選輯 007

走過那個時代

作　　者　王凌雲
專書授權　公共知識份子
圖書策畫　匠心文創
發 行 人　陳錦德
出版總監　柯延婷
專案企劃　謝政均
內頁設計　顏柯夫
封面設計　顏柯夫
E-mail　　cxwc0801@gmail.com
網　　址　https://www.facebook.com/CXWC0801
總 代 理　旭昇圖書有限公司
出版日期　2021 年 2 月　初版一刷
總代理旭昇圖書有限公司
地址新北市中和區中山路二段 352 號 2 樓
電話 02-2245-1480（代表號）
定　　價　新台幣 320 元
ISBN 978-986-98565-9-1

【企製好書匠心獨具‧暢銷創富水到渠成】